동아대
마르크스-엥겔스
연구소 총서

한국 신자유주의의 꼼수 경제학 비판

동아대
마르크스-엥겔스
연구소 총서
❷

한국 신자유주의의 꼼수 경제학 비판

경제민주화와 복지국가를 위하여

김호균 지음

도서출판 길

동아대
마르크스-엥겔스
연구소 총서
❷

한국 신자유주의의 꼼수 경제학 비판

경제민주화와 복지국가를 위하여

2014년 1월 15일 제1판 제1쇄 인쇄
2014년 1월 20일 제1판 제1쇄 발행

지은이 | 김호균
펴낸이 | 박우정

기획 | 이승우
편집 | 이효숙

펴낸곳 | 도서출판 길
주소 | 135-891 서울 강남구 신사동 564-12 우리빌딩 201호
전화 | 02)595-3153 팩스 | 02)595-3165

등록 | 1997년 6월 17일 제113호

ISBN 978-89-6445-080-2 03320

머리말

한국경제가 망해 가고 있다. 성장률은 물론 물가상승률, 국가채무비율, 고용률, 지니계수, 대 · 중소기업 격차, 노인빈곤율, 출산율, 자살률 등 어느 것 하나 희망적인 지표가 보이지 않는다. 정부가 환율정책으로 지탱하던 경상수지 흑자와 수출 대기업의 막대한 영업이익도 일본의 엔저정책으로 인해 심각하게 위협받고 있다. 이에 재벌 중심의 수출주도형 성장모델이 한계에 이르렀다는 공감대가 급속히 확산되고 있다.

현재 한국 사회에서 전개되고 있는 새로운 성장모델에 대한 모색은 단지 새로운 성장 동력을 발굴하는 데 그치지 않는다. 한국경제 전반에 걸친 법적 · 제도적 개혁을 포함하는 성장 패러다임의 전환에 대한 절박한 요구가 제기되고 있다. 이 요구를 수렴하는 것이 경제민주화이다. 헌법에 명문화되어 있음에도 불구하고 오랫동안 주목받지 못하던 경제민주화가 2012년 대선을 앞두고 현안으로 급부상한 데에는 재벌 중심의 성장모델이 더 이상 한국경제의 미래를 담보하지 못한다는 인식이 작용했다. 지속적인 성장에 대한 희망은 갈수록 흐려지고 있는데 그나마 거둘 수 있는 성장의 결실은 소수 재벌에게만 귀속되고 경제력 집중은 더욱 가속화되면서 다수의 한국인은 경제성장에서 소외되는 현상이 심화되고 있는 것이다. 국민의 삶을 뒷받침해 주어야 할 경제가 삶을 망가뜨리고 있다.

1997년 외환위기를 극복하는 과정에서 한국경제는 노동시장의 유연화, 민영화, 개방화, 규제완화로 구성된 신자유주의의 세례를 받았다. 거시적 지표를 개선하는 데는 일단 성공했지만 그 구조적인 결과는 경제적 불평등, 불안정, 불균형의 심화로 나타났다. 이 변화는 내부의 균형 잡힌 필요성보다는 주로 외부의 강제에 의해 추동되었지만 국내 재벌들이 그 수혜자에서 빠지지는 않았다. 2008년 글로벌 금융위기는 한국경제에 별다른 상흔을 남기지 않은 것 같았지만, 그 뒤를 이은 세계경제의 장기침체는 대다수 국민의 삶은 물론 성장 동력마저 더욱 무기력하게 만들고 있다. 성장 동력을 선도적으로 개척해야 할 재벌들은 골목상권이나 중소기업 영역에 침범해 경제활동 의욕을 떨어뜨림으로써 한국경제의 역동성을 심각하게 훼손하고 있다. 그래서 경제민주화는 한국경제의 활력을 되찾기 위한 전제조건이다. 경제민주화 없이 한국경제의 재도약은 없다.

부진한 경제성장과 심화되는 불평등은 새로운 일자리와 소득 증가에 힘입어 보다 나은 삶을 꿈꾸던 국민들에게 갈수록 실망과 좌절만을 안겨주고 있다. 고용불안, 주거불안, 노후불안 등이 대다수 국민들의 삶을 지배하고 있다. '워킹푸어', '하우스푸어'에 이어 '렌트푸어'까지 등장했다. 아무리 노력해도 시장에서 인간다운 삶의 기회를 충분히 구하지 못하는 국민들은 결국 국가를 바라보게 되었다. 따라서 한국에서 복지국가가 새로운 시대정신으로 떠오른 것은 지극히 당연한 현상이었다.

경제민주화와 복지국가는 한국 사회에서 비록 시대정신으로 자리 잡았지만 순탄치 않은 앞길을 예고하고 있다. 한국 사회의 주류인 재벌과 신자유주의 경제학이 극렬하게 저항하고 있기 때문이다. 새로운 시대정신이 이들에게는 여타 경제주체들의 희생 위에서 안정적이고 편안하게 부를 축적할 기회가 박탈되는 것을 의미하기 때문이다. 담합과 횡포로 물들었던 관행을 상생과 협력의 경제로 전환하는 것은 문자 그대로 새로운 성장경로에 진입하는 것이기 때문에 저항이 없을 수 없겠지만 그래도 가야 하는 길이다. 재벌들 스스로도 변하지 않으면 결국 도태될 수밖에 없다.

이 책은 신자유주의 경제학이 재벌들의 이익을 옹호하면서 경제민주화와 복지국가에 반대하는 논리를 반박함으로써 한국 사회경제의 지속 가능한 발전을 위해서는 경제민주화와 복지국가가 필요하다는 사실을 논리적이고 현실적으로 입증하려는 시도이다. 아울러 신자유주의 경제학을 구성하고 있는 노동시장 유연화, 작은 정부론, 민영화 등의 허구성을 폭로하고자 한다. 이러한 작업이 필요한 이유는 신자유주의 이데올로기의 허구성을 밝히는 것이 새로운 시대정신을 살리는 첫 번째 과업이기 때문이다. 새로운 시대정신이 관철되려면 여론에 뒷받침되는 법적 · 제도적 개혁뿐만 아니라 발상과 의식의 전환도 병행되어야 하기 때문이다.

경제민주화와 복지국가를 저지하기 위해서 신자유주의 경제학은 나름대로 다양한 논리를 동원하고 있다. 특히 2012년에는 새로운 시대정신에 대한 한국 신자유주의 경제학자들의 폄하와 무지를 실컷 접할 수 있었다. 그 논리들이 대단히 허점투성이일 뿐만 아니라 부분적으로는 역사적 사실을 왜곡하거나 조작하면서 만들어진 것들이다. 핵심적인 학술 개념에 대한 몰이해도 놀라울 정도로 빈번해서 이들이 과연 학자들인지 의심이 들 정도이다. 내세우는 논리만큼이나 다양한 '꼼수'를 동원하고 있는 것도 두드러진다. 색깔론, 아전인수, 우격다짐, 궤변, 손바닥으로 하늘 가리기, 혹세무민, 적반하장,

동문서답, 허수아비 때리기, 유체이탈화법, 몰이해 등등 일일이 거론하기조차 어려울 지경이다. 대선을 앞두고 전개된 논쟁이라 여당마저 새로운 시대정신을 수용했기 때문에 신자유주의 경제학자들의 입지는 더욱 좁았다. 그래서 더욱 처절했고 '물불 안 가리는' 분위기였다. 그만큼 거칠고 적나라한 어법이 동원되었다.

이 책에서 사용된 자료는 대부분 전국경제인연합회 산하 한국경제연구원에서 공표한 글들이다. 비록 학술적인 글은 아니지만 신자유주의 이데올로기를 이해하는 데에는 조금도 손색이 없다. 이들을 비판하기 위해서 몇몇 학술 논문도 인용되었다. 다만 이 책이 학술적인 저서가 아니기 때문에 인용이나 참고문헌 처리에서 학술서만큼의 엄격함을 지키지는 못했다. 아울러 이 책이 의도하는 바가 이데올로기 논쟁이기 때문에 비판대상이 되고 있는 신자유주의 논객은 참고문헌에서만 밝히고자 했다.

경제민주화와 복지국가에 관한 이데올로기 다툼은 앞으로도 계속될 것이다. 이 책의 주된 목적이 신자유주의 이데올로기에 대한 비판에 있기 때문에 경제민주화와 복지국가에 대한 적극적이고 체계적인 서술은 많지 않다. 어떤 경제민주화이고, 어떤 복지국가인가에 대한 논의는 이미 오래 전부터 진행되고 있으므로 이 책은 일단 시대정신을 지키는 데 일조할 수 있다면 그것으로 만족하고자 한다.

끝으로 이 책이 나오기까지 수고를 아끼지 않은 도서출판 길 이승우 편집장과 편집자 이효숙 씨에게 깊은 감사의 말을 드리고 싶다.

2013년 11월

김호균

차 례

제3부 | 본말전도의 경제학

제1부

경제민주화를 위하여

경제민주화에 신자유주의 경제학자들이 무차별 폭격을 가하고 있다. 한국경제연구원에서는 2012년 9월부터 1주일이 멀다 하고 경제민주화를 폄하하고 호도하는 칼럼들이 쏟아지고 있고 '경제민주화를 제대로 이해하기 위한' 포럼이 줄을 잇고 있다. 칼럼들은 군데군데 눈에 띄는 오자(誤字)를 정정할 시간도 없이 발표되었다. 머리부터 발끝까지 재벌들의 이익을 옹호하는 신자유주의 경제학자들이 경제민주화에 온갖 독설을 퍼붓는 것은 충분히 예상할 수 있었던 현상이다. 재벌들이 얼마나 민감하게 경제민주화에 반응하는지는 이들이 경제민주화를 저지하기 위해서 동원하는 꼼수는 물론 비이성적이고 과격한 언사들에서 여실히 드러난다. 꼼수와 과격함은 논리적 무능에 비례한다.

아래 논의를 위해 먼저 경제민주화를 규정하고 있는 헌법 조항을 인용해 보자.

"제119조 제1항 : 대한민국의 경제질서는 개인과 기업의 자유와 창의를 존중함을 기본으로 한다.

제2항 : 국가는 균형 있는 국민경제의 성장 및 안정과 적정한 소득의 분배를 유지하고, 시장의 지배와 경제력의 남용을 방지하며, 경제주체간의 조화를 통한 경제의 민주화를 위하여 경제에 관한 규제와 조정을 할 수 있다."

제 1 꼼 수

손바닥으로 하늘 가리기① — 살아 있는 유물

경제민주화에 대해 신자유주의자들이 느끼는 초초함은 부실하고 부정확한 주장을 은폐하기 위해 거칠어진 문체에서 여실히 나타난다. 한 신자유주의 경제학자는 경제민주화의 "이념적 고향"인 독일에서조차 지금은 "역사의 유물"이 되어버렸는데 독일에서 유학한 한 정치인에 의해 왜곡되어 도입되면서 "한국 사회 전체가 그에 놀아나고 있다"라고 맹비난을 퍼붓고 있다.

"정치권은 경제민주화를 대기업 규제의 의미로 사용하고 있다. 이는 독일에서 사용했던 경제민주화와는 전적으로 다른 개념이다. 또 하나 흥미로운 것은 119조 2항 아무리 읽어봐도 경제민주화가 대기업 규제 등과 관련이 있다는 것을 보여주는 그 어떠한 근거를 찾을 수가 없다. 그래서 대기업 규제 등을 뜻하는 경제민주화는 헌법적 정당성도 없다. …… 그 도입은 무식의 소치일 뿐이다. …… 정서적 불구자……"(참고문헌 〔11〕).

경제민주화의 본고장은 독일이다. 독일의 경제민주화에 관한 역사는 다름 아닌 대기업 경영진의 일방적인 의사결정을 제한하는 '대기업 규제'의 역사였다. 그리고 이 경제민주화의 꽃은 공동결정제이다. 정확하게 1인1표의 원칙이 관철되는 것은 아닐지라도 기업에서 소유권이 없는 노동자가 기업경영에 관한 의사결정에 참여하는 제도이다. 이 제도는 독일에서 이미 19세기 중반 산업혁명이 한창 진행되면서 '노동자위원회' 형태로 자연발생적으로 등장하기 시작했다. 노동운동과 진보적 정당운동을 금지하던 '사회주의금지법'이 1891년 폐지되면서 이 위원회는 독일 전역으로 확산되었다. 급속한 자본주의 경제성장 과정에서 심각해지는 노사갈등이 무력충돌로까지 발전하자, 당시 '독일제국' 정부는 노사갈등을 대화로 해결하고 '산업평화'를 유지하기 위한 핵심적인 제도로 공동결정제를 도입했다. 제2차 세계대전 이후, 연합국이 점령한 상황에서도 이 제도는 독일의 군국주의화를 억제하기 위한 콘체른(Konzern) 개혁의 일환으로서 노사가 같은 수로 감사회에 참여하는 방식으로 유지되었다. 영국과 미국은 자국에도 없는 제도를 독일 콘체른들을 견제하기 위해서 허용한 것이다. 그 배경을 잠깐 살펴보자면 다음과 같다.

제2차 세계대전이 종료되기 직전까지만 해도 미국은 독일이 다시는 전쟁을 일으키지 못하도록 유럽 중간 수준의 농업국가로 전락시키려는 '모겐소 플랜'(Morgenthau Plan)을 세웠다. 그러나 소련과의 냉전이 심화되면서 이 계획은 유럽부흥계획인 '마셜 플랜'(Marshall Plan)으로 대체되었고, 미국, 영국, 프랑스가 점령한 지역의 재공업화가 추진되었다. 그에 따라 제2차 세계대전 동안 독일의 군수산업을 담당했던 콘체른들이 부활되었다. 그러나 독일의 '탈나치화' 또는 '탈군국주의화'라는 과제는 계속 유효했기 때문에 나치와 침략

전쟁의 적극적인 동조자로 간주되는 콘체른들의 경영진에 대한 일종의 견제장치로서 공동결정제를 다시 도입했던 것이다.

전후 독일의 국내 상황을 보자면 공동결정제는 계급 타협의 산물이다. 자본가는 노조에게 참여권을 보장해 주고, 노조는 사회주의를 지향하는 투쟁을 포기했다. 오늘날 이 제도는 독일뿐만 아니라 대부분의 EU(유럽연합) 회원국들에서도 시행되고 있다. 독일에서는 기업가 측에서 여전히 부정적인 입장을 보이고 있지만 공동결정제는 되돌릴 수 없는 현실이 되어 있다. 그것이 기업 경영진의 '전횡'을 노조가 저지할 수 있도록 보장해 주는 규제라는 사실은 새삼 강조할 필요가 없다. 이 공동결정제가 한 차례 위기를 맞은 적이 있다. 자본가들이 위헌소송을 제기하고 나섰던 것이다. 그러나 독일 헌법재판소는 1979년 3월 1일 공동결정제에 관한 판결문에서 합헌 판결을 내렸다. 기업공동결정제는 "근로자들이 기업의 의사결정에 제도적으로 참여함으로써 대기업들에서 타인의 지휘권과 조직권에 복속되어 있기 때문에 나타나는 타인결정(Fremdbestimmung)을 완화하고 기업경영의 경제적 정당성을 사회적 정당성으로 보충하는 과업을 가진다"라고 판결했다.

2005년 독일 정부가 위촉한 '기업공동결정제평가위원회'는 공동결정제가 독일의 경제발전에 크게 기여한, 경제적으로 타당성이 입증된 제도라는 결론을 내렸다. 또한 앞에서 인용한 한국의 신자유주의 경제학자가 주장하듯이 이 제도가 "실패한 제도로 판명"되었다면 보수적인 기독교민주당 출신의 앙겔라 메르켈(Angela Merkel) 총리가 공동결정제를 "사회적 시장경제와 떼려야 뗄 수 없는 위대한 업적"으로 칭송할 수 있었을까? 독일에서 경제민주화가 요란하게 논란의 대상이 되지 않는 이유는 이 신자유주의 논객이 주장하듯이

"역사적 유물"이 되었기 때문이 아니라 '이미 현실'에 깊이 뿌리를 내렸기 때문이다. 더 이상 공동결정제를 둘러싸고 논란을 벌일 이유가 없는 상황을 두고 경제민주화가 실패로 끝났다고 억지를 부리는 것이야말로 손바닥으로 하늘을 가리려는 치기일 따름이다. 그것은 마치 한반도와는 달리 적어도 서유럽 내부에서는 평화나 인권이 정착되었기 때문에 더 이상 논란이 많은 이슈가 아닌 것과 같다.

독일에서는 이미 현실에서 굳건하게 정착되어 있는 경제민주주의가 '실패'했다고 거짓말하는 이 논객은 한국에서는 경제민주화가 "제119조 2항을 아무리 읽어봐도 대기업 규제와 관련이 있다는 근거를 찾을 수 없다"(참고문헌 〔11〕)라고 생떼를 쓰고 있다. 그러나 이 조항에는 대기업 규제가 명시되어 있지는 않지만 "경제민주화를 위한 규제와 조정을 할 수 있다"라고 분명히 규정되어 있다. 경제민주화가 대기업뿐만 아니라 중소기업에도 적용되는 것이기 때문에 '대기업 규제'가 명시되어 있지 않을 뿐이다. 정말 헌법에 '대기업 규제'의 근거가 없다고 믿는다면 재벌들에게 경제민주화 문제는 간단하다. 지금처럼 경제민주화를 저지하기 위해 온갖 험악한 말들을 동원해 소동을 피울 필요가 전혀 없다. 경제민주화를 위한 법적 · 제도적 개혁을 위헌으로 제소하면 그만이다. 재벌들이 경제민주화를 논의하는 단계에서 벌써 알레르기 반응을 보이는 것 자체가 경제민주화가 대기업 규제와 깊은 연관이 있다는 사실을 잘 알고 있다는 반증이다. 또한 "경제의 민주화를 위한 규제"는 있어도 "대기업 규제"는 없다는 해석은 제119조 제2항을 폐지하려는 재벌들의 그동안의 노력을 쓸모없는 짓이라고 조롱하는 꼴이 된다. 이 신자유주의 논객이 이처럼 자구에 연연하니 경제민주화를 위해 노동자 경영참여나 이익공유제를 도입할 때 '대기업 규제'라는 단어만 포함하지 않으면

될 것 같다.

끝으로 "대기업 규제 등을 뜻하는 경제민주화는 헌법적 정당성이 없다"라고 주장했으니 헌법적 정당성을 가지는 경제민주화의 구체적 내용을 제시해야 할 것이다. "정서적 불구자"의 "무식의 소치"를 비난했으면 가르침도 같이 주어 '불구'를 치유해야 마땅할 것이다. 그래야 비록 거짓말을 섞기는 했지만 자신의 주장이 악의에 찬 인신공격이 아니라 학자적 양심에 의거한 당당한 비판이라는 평가를 받을 수 있을 것이다.

제 2 꼼수

손바닥으로 하늘 가리기② — 역사의 시계를 거꾸로 돌리자

이장폐천(以掌蔽天)의 사례는 또 있다. 경제민주화를 저지하기 위해서 역사의 시계를 1980년대와 1990년대에서 정지시키려는 꼼수를 부리는 신자유주의 경제학자가 있다. 그는 2008년 미국발 금융위기 이후, 특히 금융회사들에 대한 곱지 않은 시선과 재규제 동향은 애써 숨기려 한다. 그래서 기업의 경제적 자유가 마냥 확장되기만 하던 시절에 대한 향수를 적나라하게 표현하고 있다. 그에 따르면 상업은행과 투자은행을 분리했던 미국의 글래스-스티걸 법(Glass-Steagall Act)은 "당시의 포퓰리즘에 기초한 것으로 공황 극복과 은행 안정성에 기여하지도 못하며 금융 발전에 역행하는 실패한 금융개혁이었다는 평가를 받고 있다. 1999년 이 법의 일부 조항이 폐지되었다"(참고문헌 〔16〕).

이 주장은 사실과 부합하지도 않을 뿐만 아니라 중요한 역사적 사실을 빠뜨리고 있다. 이 주장은 2008년 글로벌 금융위기 이후 버락 오바마(Barack Obama) 행정부에서 금융규제가 다시 강화되기 시작했다는 명백한 사실을 숨기고 있다. 규제가 다시 강화되기 시작한 이유는 바로 1999년 글래스-스티걸 법을 그램-리치-브릴리 법(Gramm-Leach-Bliley Act)으로 대체해 금융 규제를 완화했던 빌 클린턴(Bill Clinton) 행정부의 조치가 금융위기의 원인으로 지적되었기 때문이다. 나아가 글래스-스티걸 법을 제정한 배경을 '포퓰리즘'이라는 한 마디로 정리하는 것도 무책임하다. 이 법은 1929년 월스트리트 금융공황의 원인에 대한 심도 있는 진단에 의거한 것이었다. 1932년 3월 미국 상원 은행증권위원회는 1929년 대공황의 원인을 규명하기 위해 '페코라 위원회'(Pecora Commission)를 구성했다. 이 위원회는 당시 가장 영향력이 있던 은행가와 증권 브로커 등을 증인으로 불렀다. 그래서 은행과 은행 계열사들이 저지른 엄청난 비리와 불법행위를 적발해 냈다. 이 위원회의 보고서에 기초해서 미국 상원은 글래스-스티걸 법을 통과시켰다. 1939년 발행된 회고록 『월가의 맹세』(*Wall Street Under Oath*)에서 퍼디낸드 페코라(Ferdinand Pecora) 위원장은 보다 자세한 조사 결과를 밝히면서 "월가는 규제입법 제정에 처절하게 적대적"이었다고 밝히고 있다. "이들 계획을 수행하면서 행해진 것이 전면적으로 폭로되었더라면 그들은 선전과 비판의 치열한 조명을 견디지 못했을 것이다. 법적 핑계와 칠흑 같은 어둠이 은행가의 가장 든든한 동맹군이었다."

월가를 규제하기 위해 제정된 글래스-스티걸 법은 이미 1960년대부터 금융자본의 로비에 의해 은행의 영업활동을 자유화하는 방향으로 해석되기 시작했다. 1999년에 이루어진 폐지는 사실상 사문화를 확인하는 수순에 지나지 않았다. 신자유주의 논객이 주장하듯이 이 법의 제정이 "금융 발전에 역행하는 실패한 금융개혁이었다"

라는 평가는 이미 1999년 이전부터 금융자본이 금융자유화를 요구하기 위한 명분에 지나지 않았다. 오늘의 관점에서 정확한 평가는 1933년 입법이 실패했다고 주장했던 신자유주의 경제학의 금융규제 완화와 금융자유화가 2008년 글로벌 금융위기를 초래함으로써 실패했다는 것이다.

일명 '1933년 은행법'의 폐지가 금융위기의 원인이었다는 사실을 은폐하면서 이 신자유주의 경제학자는 "기업의 본질에 대한 경제학적 연구가 본격화되면서 포퓰리즘이 아닌 학문적 관점에서 기업정책 논의가 시작"될 수 있었고, 그 결과 "세계적인 기업법 동향은 사전적 규제가 아닌 사후적 규제로 전환되고 있다"라고 주장한다. 정확히 말하자면 이 주장 역시 과거형이어야 한다. 글로벌 금융위기를 계기로, 특히 금융산업에 대해서는 사후적 규제만으로는 부족하다는 판단에서 사전적 규제가 강화되고 있는 것이다. 2009년 G20정상회의에서는 글로벌 금융위기를 악화시킨 원인으로 지목되던 장외상품에 대한 규제를 강화하기로 합의되었다. 특히 표준화된 장외상품의 중앙청산을 2012년까지 의무화하도록 했다. 이에 따라 미국은 2010년 오바마 대통령이 '도드-프랭크 금융개혁법'(Dodd-Frank Wall Street Refrom and Consumer Protection Act)에 서명함으로써 장외상품 규제 체계를 수립했다. 청산 서비스를 이용하지 않고 양자간 거래가 이루어지는 장외상품에 대해서도 2013년부터 시행될 바젤Ⅲ에서 보다 강화된 요건이 적용될 예정이다. 또한 한국은 물론 EU에서는 금융거래세가 도입되었고, 금융자본의 중심지인 미국에서도 금융자본의 대대적인 로비에도 불구하고 오바마 정부가 파생금융상품 투자 규제 등 금융자본에 대한 '사전적' 규제를 확실하게 강화하고 있다. 그러기에 사공일을 위원장으로 하는 한국경제60년

사편찬위원회(이 위원회가 신자유주의 경제학에 적대적이라고 생각하는 이는 없을 것이다)도 '지나친 규제완화'에 대한 반성을 적고 있는 것이다.

"2008년에 출범한 신정부는 '기업하기 좋은' 금융환경을 조성하기 위해 규제완화의 강도를 더한층 높이고자 하였다. 그러나 **지나친 규제완화의 부작용**으로 글로벌 금융위기가 발발하면서 우리나라는 규제체계의 기본 틀과 방향을 원점에서 재검토해야 하는 상황에 봉착하게 되었다"(『한국경제60년사』, 제I권, 219쪽, 강조는 필자).

제 3 꼼수

손바닥으로 하늘 가리기③ — 입맛대로 고르기

'손바닥으로 하늘 가리기'는 또 있다. 정부의 동반성장정책을 거부하기 위해서 한 신자유주의 경제학자가 낙수효과를 입증하고자 동원하는 꼼수가 그것이다(참고문헌 〔29〕). 이 신자유주의 논객이 실증분석에서 얻어낸 결론은 다음과 같다.

"위탁대기업과 협력 중소기업 간에 수직적 거래관계를 형성하고 있는 자동차산업과 조선산업을 대상으로 사례 조사를 한 결과에 의하면 2001~10년 기간에 위탁대기업과 1차 협력기업의 영업이익률은 큰 차이를 나타내지 않았고 조선산업의 경우 협력 중소기업의 영업이익률이 더 높았으며, 협력 중소기업의 영업이익률은 상대적으로 안정적인 변화 패턴을 나타내어 위험공유 시스템이 작동하고 있는 것으로 나타났다. 더구나 위탁대기업의 성장은 협력기업의 성장과 투자에 긍정적인 영향을 주는 것으로 나타나 낙수효과가 나타나고 있었다. 따라서 양극화가 심화되고 낙수효과가 무용하다는 가설에 근거한 대기업 규제-중소기업 보호중심의 기업정책은 재고하는 것이 바람직하다"(참고문헌 〔29〕).

재벌기업이 이익을 많이 내며 성장하면 시장거래를 통해 하청 중소기업도 이익을 많이 내며 같이 성장한다는 '낙수효과'에 관한 이 분석에는 적어도 두 가지 함정이 있다. 첫째는 대상 산업을 자동차와 조선으로 국한한 점이고, 둘째는 계열사를 분석에 포함시키지 않았다는 점이다. 이 점을 추가로 고려한 분석이 산업연구원의 연구결과이다(참고문헌 〔32〕). 2000~09년에 걸쳐 분석한 이 연구는 한국의 대표산업이라 할 수 있는 철강, 자동차, 조선, 통신기기, 일반기계, 가전 등 6개 산업을 대상으로 하고 있을 뿐만 아니라 비교 대상을 선도기업, 계열사, 비계열 1차 협력사, 2차 협력사로 세분하고 있다. 분석 대상이 많기 때문에 한국경제연구원의 연구결과보다 신뢰도가 높고, 계열사를 포함시킬 경우 재벌 선도기업은 이익률이 낮아도 계열사 이익률이 높으면 재벌기업과 협력기업 간의 이익률 격차가 존재하지 않는다고 주장할 수 없다. 낙수효과가 존재한다고 주장하는 신자유주의 논객이 예로 든 조선산업과 자동차산업의 경우를 자세히 살펴보자.

먼저 조선산업을 보면, 계열사가 없기 때문에 선도기업과 비계열 1차 협력사의 영업이익률을 직접 비교함으로써 격차를 파악할 수 있다. 산업연구원의 연구결과에서도 선도기업의 영업이익률이 비계열 1차 협력사를 밑도는 추세가 계속되는 것으로 나타났다. 이처럼 당초 예상과는 다른 특이한 추세가 계속되는 이유는 조선산업 특유의 시장구조 때문이다. 조선산업에서 1차 협력사의 경우 규모의 경제를 실현하려면 기자재별로 1개 또는 소수의 업체가 생산할 수밖에 없다. 그에 따라 한 업체가 다수의 조선소와 거래하기 때문에 협상에서 유리한 위치를 차지하게 되어 선도기업보다 높은 영업이익률을 달성할 수 있는 것이다. 이는 다수의 협력업체가 하나의 재벌기업에 납품하는 다른 산업과는 정반대 상황이다.

반면 자동차산업에서는 선도기업(1개)과 비계열 1차 협력사(90개)의 영업이익률 격차는 크지 않지만 계열사(14개)와 비계열 1차 협력사의 격차가 해마다 3~5퍼센트 포인트로 6개 산업 가운데 가장 큰 것으로 나타났다. 그러므로 계열사를 포함하면 재벌기업과 협력업체의 영업이익률 격차는 엄존한다고 볼 수 있다.

6개 산업을 총괄해서 산업연구원이 영업이익률 격차에 관해 내린 종합적인 결론은 "불공정거래행위가 증가하면서 상후하박의 수익 구조가 고착화"되고 있다는 것이고, 이를 좀 더 세분해서 본다면 다음과 같다.

첫째, 전반적으로 2000년대 초 · 중반에 비해 최근에는 선도기업과 계열사 간 평균 영업이익률 격차 폭은 축소되는 추세이다.

둘째, 주요 산업별 선도기업과 비계열 1차 협력사와의 평균 영업이익률 격차를 보면 상반되는 추세가 공존하고 있다. 철강산업이 10퍼센트 이상으로 가장 크고, 일반기계산업에서는 격차가 확대되고 있으며, 자동차산업에서는 일정한 수준으로 유지되고 있는 데 비해 일반기계산업에서는 축소되고 있는 추세이다.

셋째, 전반적으로 계열사와 비계열 1차 협력사와의 평균 영업이익률 격차 폭은 더욱 확대되는 추세이다. 조립 대기업과 1차 협력업체 간 불공정거래는 점진적으로 개선되고 있는 추세인 반면, 1차 협력 대기업과 2차 협력 중소기업 간 불공정거래행위가 증가하면서 중소기업의 매출과 수익성이 악화되고 있다. 실태조사 결과 드러난 대 · 중소기업 간 협력관계의 주요 문제점으로는 납품단가 인하와 비계열사의 공급물량 축소에 따른 매출감소, 원자재가격 상승 불인정, 준(準)폐쇄적인 혁신 시스템, 낮은 임금률 적용 등이 지적되고 있다.

결론적으로 앞의 신자유주의 논객이 주장한 낙수효과란 사실은 분석 대상과 분석 방법을 결론에 짜맞추어 얻어낸 결과인 셈이다. 자동차산업에서 위탁대기업과 협력 중소기업 간의 영업이익률이 큰 차이를 보이지 않는 것은 계열사 영업이익률을 감안하지 않았기 때문이고, 조선산업에서 나타나는 역전현상은 조선산업만의 독특한 분업구조에 따른 극히 예외적인 현상이다. 따라서 자동차산업과 조선산업을 예로 들어 재벌기업과 협력 중소기업 간에 낙수효과가 존재한다는 주장은 사실의 전부가 아니라 일부만을 보여주는 전형적인 꼼수이다. 산업연구원의 연구결과가 증명하듯이 분석 대상을 확대하고 세분화하면 낙수효과는 나타나지 않는 것으로 드러났다. 한 가지 특기할 만한 사실은 산업연구원 보고서에 "정부가 대 · 중소기업 간의 불공정거래에 관한 문제 해결에 나서면서 선도 대기업과 대기업의 중소기업에 대한 함구령이 시달"되었다는 사실이 이례적으로 적시되고 있다는 점이다.

각설하고, 대 · 중소기업 동반성장에 대해 좀 더 생각해 보자. 한국경제에서 대기업과 중소기업의 양극화는 어제오늘의 현상이 아니며 수출주도형 대기업을 중심으로 진전된 한국의 산업화의 한 그림자로서 끊임없이 제기되어온 문제이다. 문제가 오래된 만큼 그 대응책에 관한 논의의 역사도 길다. 그럼에도 불구하고 오늘날까지 양극화가 해소되기는커녕 갈수록 심화 또는 적어도 지속되는 데에는 대응책이 없어서가 아니라 대책을 실천에 옮기려는 법적 · 정책적 의지가 부족했기 때문이라는 판단을 할 수밖에 없다.

추상적으로 보자면 헌법 제123조 제3항은 "국가는 중소기업을 보호 · 육성하여야 한다"라고 규정하고 있다. 구체적으로 이명박 정부에 들어서도 다양한 법률이 제 · 개정됨으로써 갖출 것은 다 갖추었다고 해도 지나친 말이 아니다. 일단 외견상으로는 2009년 '중소기업기본법'을 필두로 2010년에 '중소기업 사업전환 촉진에 관한 특별법', '대 · 중소기업 상생협력 촉진에 관한 법률', '중소기업은행법', '중소기업 진흥에 관한 법률', '중소기업 협동조합법'이 제 · 개정되었고, 2011년에는 '중소기업 기술혁신촉진법', '중소기업 인력지원 특별법', '중소기업제품 구매촉진 및 판로지원에 관한 법률', '중소기업 창업지원법', '지역균형개발 및 지방중소기업 육성에 관한 법률'이 제 · 개정되었다. 이러한 외견상의 노력에도 불구하고 대 · 중소기업 간 양극화 해소방안이 아직도 논의되어야 하는 현실이 안타까울 뿐이다. 양극화 문제가 오래되다 보니 양극화가 있느냐, 없느냐에 대한 인식에서부터 차이가 나타나고 있는 상황이다. 이러한 현실 인식의 차이는 이해관계가 걸려 있는 사안이기 때문에 지속될 수밖에 없을 것이다. 또한 양극화는 물질적 이익이 걸려 있는 사안이기 때문에 대기업의 자발적인 노력에만 맡겨서는 결코 해소될 수 없을 뿐만 아니라, 대기업과 중소기업 사이에 엄존하는 경제력의 격차로 인해 합의와 타협에 의해서도 불가능하므로 정부의 역할이 필수적이다.

정부의 역할이 요구되는 또 다른 이유는 양극화를 심화하는 행태를 사전에 예방하기 위해서이다. 양극화 해소에 동의하는 대기업은 이 목표가 자율적으로 실천되고 있으므로 정부가 나서지 않는 것이 바람직하다고 주장하지만 제3자의 입장에서 순전히 논리적으로만 본다면 적절한 행위규칙이 반드시 필요하다. 대기업이 양극화 해소를 위한 노력을 충실히 하고 있다면 정부에 의한 규제나 법에 의한 강제를 거부할 필요가 굳이 없을 것이다. 가령 납품단가를 '후려치지' 않고 납품대금을 현금으로 결제하며 원자재 가격 인상을 납품가에 적정하게 반영하고 있다면 정부가 나서서 이를 요구할 때 아무런 부담도 느끼지 않을 것이다. 다른 사람의 물건을 훔치지 않는 사람은 절도죄를 처벌하는 법이 있는 것에 전혀 부담을 가지지 않는 것과 마찬가지이다. '공정거래법'이 없어도 공정한 거래를 하는 대기업도 있겠지만 그렇지 않은 대기업도 있을 것이므로 이를 처벌해야 할 뿐만 아니라 추후의 불공정한 거래도 사전에 차단할 필요가 있는 것이다. 법은 처벌만을 목적으로 하는 것이 아니므로 예방이 더 중요하다.

끝으로 대기업 간 경쟁관계를 고려할 때에도 정부의 역할은 필수적이다. 양극화 해소를 실천하려는 대기업이 있다고 할지라도 다른 대기업들이 같이 나서지 않으면 스스로 손해를 자초하는 것이기 때문에 결국 양극화 해소를 포기하게 된다. 재벌기업들이 자율적으로 하도록 맡겨두면 서로 눈치를 보다가 결국 아무도 하지 않는 결과가 초래된다. 모든 재벌기업들이 양극화 해소에 나서도록 강제해야만 비로소 실효성이 있기 때문에 정부가 행위규칙을 제시해 주어야만 한다.

대기업과 중소기업의 양극화를 해소하기 위한 전략은 '지속 가능한 중소기업 발전'을 목표로 크게 3가지 관점에서 접근해야 할 것이다.

첫 번째, 대기업과 거래하는 중소기업이 대기업의 부당행위와 불공정거래로 인해 입는 피해를 방지함과 아울러 피해를 당할 경우에는 스스로 구제할 수 있는 수단을 가져야 한다. 이는 현재 국내 논의의 중심을 이루는 부분이라 할 수 있다.

두 번째, 중소기업이 생산성 향상과 경쟁력 강화를 자력으로 충분히 수행할 수 없는 경우에는 대기업과 정부가 지원해 주어야 하며, 이를 통해 중소기업이 실현하는 이익은 대기업 및 소비자와 공유(가격 인하, 품질 개선)할 수 있어야 한다.

세 번째, 중소기업이 대기업의 극복 불가능한 경제력에 맞서야 하는 불공정한 경쟁에 휘말리지 않고 중소기업끼리의 경쟁을 통해 스스로 역량을 발휘할 수 있는 영역이 확보되어야 한다.

첫 번째 관점에서 볼 때, 대기업이 중소기업에 성과를 공정하게 나누어주어야 한다는 제안은 과거지향적인 발상으로 오해받을 수 있다. 대기업이 지난 반세기 동안 정부의 광범한 지원과 중소기업을 포함한 국민의 희생 위에서 성장했으니 이제는 '성과'를 나누어주라는 요구라면 그것은 비단 중소기업에만 국한되는 것이 아니라 노동자, 농민, 영세 자영업자 모두에게 해당되는 요구일 것이다. 또한 대기업이 성과를 나누어주라는 요구는 비록 '공정하게'라는 단서가 붙기는 했지만 마치 대기업의 혁신에 의해 창출된 이익도 일부를 중소기업에 나누어주라는 요구로 받아들여질 수 있다. 이런 오해(?) 때문에 양극화 해소와 동반성장이 반(反)시장적이라는 악의적인 비난을 받고 있다. 그것은 아마도 예상수혜자인 중소기업이 원하는 바도 아닐 것이며 지속 가능하지도 않다. 양극화 해소 정책의 핵심은 중소기업이 스스로 이룩한 정당한 성과를 공정한 거래를 통해 중소기업에 귀속되도록 하는 것이다. 따라서 핵심 메시지는 대기업이 거둔 성과를 중소기업에 나누어주라는 것이 아니라 중소기업의 성과를 중소기업이 거둘 수 있도록 대기업이 공정한 거래를 하라는 것이어야 한다. 중소기업이 당연히 받아야 할 대가를 주라는 것일 뿐 시혜를 베푼다든가 웃돈을 얹어주라는 것이 아니다. 그래야만 지속 가능한 동반성장, 양극화 해소가 될 것이다.

이 점에서 본다면 양극화 해소의 핵심은 '대 · 중소기업 상생협력 촉진에 관한 법률' 제4조에 규정된 수탁/위탁 거래의 공정화(납품대금 60일 이내 지급, 납품 단가 후려치기 금지)이다. 이는 주지하는 바와 같이 '공정거래법'에도 규정되어 있는 불공정거래행위 금지이기도 하다. 이 규정에도 불구하고 그동안 대기업과 중소기업 사이에 공정한 거래가 정착되지 못한 근본적인 이유는 법경제학의 관점에서 본다면 불공정거래로부터 예상되는 이익에 비해 예상되는 비용(처벌)이 너무 미미하기 때문이다. 특히 하도급 관계에서는 예상비용이 거의 0이라고 해도 지나친 말이 아닐 것이다. 사실상 수요독점 시장에서 약자인 공급자의 지위에 있는 중소기업은 공정거래위원회(이하 '공정위')의 제소권 독점으로 인해 대기업의 부당행위에 따른 피해를 스스로 구제할 위치에 있지 못하거나 자구조치를 취한다고 할지라도 재판비용 등을 감당하기 어려워 기업경영 자체가 위협받기 일쑤이다. LG에 의한 서오텔레콤 특허 침해 사례가 전형적이다. 이러한 상황에 대한 대응책으로 그동안 학계는 물론 중소기업 측에서도 징벌적 손해배상제도에 대한 요구가 꾸준히 제기되어 왔다. '대 · 중소기업 상생협력 촉진에 관한 법률'이 가지는 커다란 의의는 기술자료 절취에 대해서 바로 이 징벌적 손해배상(5년 이하 징역 또는 재산상의 이득의 2배 이상 10배 이하)을 최초로 규정하고 있다는 점이다. 아쉬운 점은 이 제도가 기술자료 절취에만 적용된다는 점이다. 당연히 이 제도는 모든 유형의 거래관계로 확대되어야 할 것이다. 그렇지만 이 한계보다 더욱 회의적인 평가가 내려지는 부분은 이 제도의 실효성이다. 그 이유는 '공정거래법'상의 조사방해죄에 대한 경미한 처벌이 여기에서도 반복되기 때문이다. 수탁거래실태에 관한 자료 제출을 거부하거나 허위자료 제출, 조사 거부/방해/기피한 자에 대해서 500만 원 이하의 과태료밖에 부과되지 않는다면 정부에 의한 모든 제재 행위의 출발점이 되는 실태 파악 자체가 거의 불가능하기 때문이다. '공정거래법'이 시행된 지 33년이 되었음에도 불구하고 공정거래가 한국경제에서 확립되지 않은 현실을 반면교사로 삼아야 할 것이다. 따라서 중소기업이 대기업과의 거래에서 불이익을 당하지 않도록 하려면 공정위 등 정부기관의 제소권 독점 폐지와 징벌적 손해배상의 확대, 조사방해죄에 대한 실효성 있는 처벌 강화 등이 우선적으로 실현되어야 할 것이다. 편법과 꼼수가 난무하고, 불공정거래가 일상화되고, 법을 위반해도 처벌이 가벼운 경제에서는 아무리 새로운 법과 제도를 도입한다고 할지라도 하나마나이다.

두 번째 전략과 관련해서는 중소기업이 자력으로 수행하기 어려운 경쟁력/생산성 과제, 가령 기술개발이나 해외시장 개척에서 대기업의 지원을 받을 경우, 그 지원에 힘입어 발생한 이익은 당연히 공유되어야 할 것이다. '대 · 중소기업 상생협력 촉진에 관한 법률' 제8조에 규정되어 있는 성과공유제는 사실상 제9조 기술협력 촉진, 제10조 인력교류 확대, 제11조 자본 참여, 제12조 환경경영 협력에 의거해 달성된 성과가 공유되어야 한다는 원칙을 표명한 조항으로 이해될 수 있을 것이다. 아울러 정부 지원을 받아 이룩한 성과는 당연히 소비자와 공유해야 할 것이다.

세 번째 관점은 중소기업을 대기업과의 직접적인 경쟁에서 보호하고 중소기업들 사이의 경쟁으로 제한하는 전략이다. 대기업과 중소기업 사이에는 극복할 수 없는 차이가 있어 공정한 경쟁이 원천적으로 불가능하기 때문이다. 이는 '대 · 중소기업 상생협력 촉진에 관한 법률' 제5조에 규정된 "중소기업의 사업영역 보호" 전략이다. 산업정책론에 의하면 과당경쟁 상태의 업종에 대해서는 진입규제정책이 처방으로 쓰인다. 중소기업연구원 김광희 박사가 362개 업종에 대해 최소효율 규모를 추정한 연구결과에 따르면 중소기업 적합형 254개 업종의 경우 거의 대부분이 사업자가 과다한 상태다. 이들 업종에 대기업이 새로 진입한다는 것은 다분히 "시장의 지배와 경제력의 남용"(헌법 제119조 제2항)이 자행되는 결과를 낳을 소지가 크다.

실제로 한국 재벌기업들이 최근 진출한 업종을 분석해 보면, 이러한 우려가 기우가 아님을 보여주고 있다. 경제정의실천시민연합(이하 '경실련')이 조사한 15대 재벌의 전체 계열사 수는 2007년 4월 472개 사에서 2011년 4월 778개 사로 4년간 306개 사(64.8퍼센트)가 급증한 것으로 나타났다. 세부 업종을 보면, 비제조 · 서비스업에서는 건설/부동산/임대업이 86개 사(17.6퍼센트)로 가장 많이 편입되었고, 다음으로는 전문/과학/기술/교육/사업지원 서비스업 58개 사(11.9퍼센트), 출판/영상/방송통신/정보 서비스업 57개 사(11.7퍼센트), 도매/소매업 48개 사(9.8퍼센트), 여행/운수/창고업 46개 사(9.4퍼센트)의 순이었으며, 제조업에서는 기계장비/의료 · 정밀기기/기타 25개 사(5.1퍼센트), 전기/전자/통신기기 제조업 23개 사(4.7퍼센트), 금속/비금속제조업 23개 사(4.7퍼센트) 순으로 조사되었다. 특히 제조업의 신규 편입 계열사 업종 가운데 가장 많았던 기계장비/

단위 : %, %포인트

	2000	2008	격차
조선	74.6	63.5	−11.1
일반기계	83.1	85.6	2.5
완성차	88.0	85.6	−2.4
(자동차부품)	90.8	87.5	−3.3
통신기기	43.6	52.1	8.5
가전	64.0	56.1	−7.9
철강	88.2	81.9	−6.3

자료 : 한국은행, 산업연관표, 각호.
주: 가전은 영상 · 음향기기산업 기준.
출처: 참고문헌 〔33〕.

〈표 1〉 주요 산업별 국산화율 변화

의료 · 정밀기기/기타(5.1퍼센트), 전기/전자/통신기기(4.7퍼센트), 금속/비금속(4.7퍼센트), 석유/화학(4.5퍼센트), 음식료/제약(3.1퍼센트) 등은 동반성장위원회가 중소기업적합업종 · 품목 선정을 위해 중소기업들로부터 품목 신청을 가장 많이 받은 업종들이었다.

이들 3가지 전략 이외에 대기업과 중소기업의 양극화 해소를 뒷받침할 수 있는 간접적 · 보완적 정책으로는 부품산업의 육성을 가장 먼저 들 수 있다. 이 필요성에 대해서는 지난 수십 년 동안 대일 무역 적자 해소, 신성장 동력 확충 등의 관점에서도 충분히 강조되었지만 지금까지 성과는 없고 주요 산업의 부품 국산화율은 오히려 후퇴하고 있다(〈표 1〉). 이 부품산업을 육성하는 것은 중소기업의 새로운 활동공간을 확보하는 차원에서 매우 절실하다. 부품산업을 육성하기 위해서는 정부가 중소기업과 공동으로 자본을 투자하는 방안도 적극 고려할 필요가 있다. 이는 2008년 금융위기를 계기로 논의되고 있는 새로운 성장 패러다임을 구현하기 위한 정책의 일환으로도 강조될 필요가 있다. 이 새로운 패러다임에서는 감세를 통한 투자 촉진 정책이 실패했음을 인정하고 국가의 능동적 투자를 통한 성장과 일자리 창출이 추구되어야 할 것이다.

제 4 곰수

오리발 — 헌법을 개정하라(?)

재벌들이 헌법 제119조 제2항을 폐지하고 싶어하는 것은 일찍부터 알려져 있었다. 대통령 임기 5년 단임제를 4년 중임제로 바꾸는 개헌에 관한 논의에 관심을 가진 학자들은 재벌들이 그 참에 이 조항의 폐지를 '끼워 넣기' 하지 않을까 우려하기도 했다. 그러니 경제민주화에 관한 활발한 논의가 이루어지고 있는 이즈음에 재벌들이 이 조항의 폐지를 바란다고 해서 이상스럽게 생각할 사람은 아무도 없을 것이다. 그런데도 한 신자유주의 경제학자는 자신이 이 조항의 '폐지'를 주장했다고 『한겨레신문』이 오보 아닌 오보를 했다면서 펄쩍 뛰고 있다(참고문헌 〔18〕). 더욱이 그가 자신의 변명을 더욱 초라하게 만드는 것은, 이 조항의 폐지를 주장한 적이 없다고 변명하는 자신의 글 속에서 이 조항이 필요 없다는 두 헌법학자의 주장을 긍정적으로 인용하고 있다는 점이다. 스스로도 이 조항에 의거한 시장 개입은 안전보장, 질서유지, 공공복리를 위해 자유와 권리를 제한할 수 있다는 제37조 제2항으로 충분히 대체될 수 있다고 주장하고 있다. 그런데 두 조항이 서로 모순되는 것이 아니라면 그대로 두어도 되는 것 아닌가? 제119조 제2항을 필요 없다고 주장하면서 폐지를 주장하지는 않았다고 극구 변명하는 것을 보면 경제민주화가 민감한 사안인 것만은 분명하다.

그런데 이 논객이 이 조항이 필요 없다고 주장하면서 착각하고 있는 한 가지 중요한 사실은 헌법이 규정하고 있는 경제질서가 자유시장경제가 아니라는 점이다. 제119조 제1항은 시장경제질서를 규정하고 있을 뿐이다. 지구상의 시장경제에는 신자유주의 경제학자들이 신처럼 모시는 자유시장경제만 있는 것이 아니다. 시장경제질서는 자유시장경제와 사회시장경제로 구분되며, 대체로 영미권은 전자로, 유럽은 후자로 분류된다(여기에서 중국의 사회주의 시장경제의 실체에 대한 논란은 논외로 하기로 한다). 양자의 결정적인 차이는 바로 국가가 시장에 개입하는 범위의 차이에 있다. 전자에서는 국가가 시장에 '가능한 적게' 개입하는 것이 원칙이라면 후자에서는 국가가 '필요한 만큼' 시장에 개입하는 것이 원칙이다. 그리고 이 '필요한 만큼'을 명시적으로 규정하고 있는 것이 바로 제119조 제2항이다. 그래서 헌법에 규정된 대한민국의 시장경제는 사회시장경제이다. 이것이 한국 헌법학자들 사이에서 다수설이다. 그러므로 헌법에 의해 자유시장경제가 보장되었다는 주장은 이 세상에 자유시장경제만 존재한다고 생각하는 신자유주의 경제학의 편협한 세계관에 기초한 왜곡이다. 헌법에 의해 이미 자유시장질서가 보장되어 있다면 제119조 제2항에 '경제민주화'를 규정한 헌법은 자기모순이 될 것이다. 이와 반대로 헌법에 명시된 한국의 경제질서가 '경제민주화'를 내포하는 사회시장경제라면 "자유시장경제의 이념을 바탕으로" 설립된 한국경제연구원은 헌법상의 경제질서를 부정하는 위헌 단체가 된다.

헌법의 경제민주화 조항을 다른 조항이 대신할 수 없는 가장 근본적인 이유는 그것이 "균형 있는 국민경제의 성장 및 안정", "소득의 적정한 분배 유지", "시장의 지배와 경제력 남용 방지", "경제주체 간의 조화를 통한 경제민주화"를 국가 개입의 명시적인 목표로 제시함으로써 경제적 약자에 대한 국가의 보호와 육성이 안전보장, 질서유지, 공공복리와 양립하는지에 대한 별도의 판단을 불필요하게 만들었기 때문이다. 이는 중소기업 육성, 농어업 육성, 소비자 보호 등을 규정한 헌법 조항에도 그대로 적용된다. 이들 과업을 제37조 제2항에만 맡겨둘 경우에는 "자유와 권리의 본질적인 내용은 침해할 수 없다"라는 단서로 인해 경제민주화라는 목표가 현저하게 제약당할 우려가 있기 때문에 명시적으로 규정한 것으로 보아야 할 것이다. 신자유주의 경제학자의 말대로 제119조 제2항이 제37조 제2항으로 충분히 대체될 수 있다면, 대한민국 경제헌법에서 살아남을 수 있는 조항이 몇이나 될까? 헌법 제120조부터 제127조까지는 제119조 제2항의 4가지 영역과 함께 국가의 경제적 역할을 구체적으로 명시하고 있다는 점에서 충분한 존재 이유를 가지는 것이다. 이 신자유주의 논객이 주장하듯이 제37조 제2항이 제119조 제2항을 구체화하는 것이 아니라 정반대인 것이다. 헌법 구조의 측면에서 볼 때도 뒤에 나오는 조항이 앞에 있는 조항을 구체화하는 것으로 이해하는 것이 타당하지 않을까? 경제민주화가 어떤 구체적인 제도와 정책을 통해 구현될 수 있을지에 대해서는 논란이 있을 수 있겠지만 그것이 헌법에 의해 보장된 소중한 가치인 것만은 틀림없다.

이 논객이 경제민주화를 규정한 제119조 제2항을 거부하는 이유는 바로 자유시장경제를 건설하는 데 결정적인 걸림돌이 되기 때문이다. 신자유주의 경제학이 원하는 자유시장경제는 제119조 제2항을 거부하는 한국경제연구원의 모토인 "자유시장, 자유기업, 자유경쟁"에 그대로 새겨져 있다. "경제민주화를 위한 규제와 조정"이 없는 '자유시장', "균형 있는 국민경제의 성장 및 안정"과 "소득의 적정한 분배 유지를 위한 규제와 조정"이 없는 '자유기업', "시장의 지배와 경제력의 남용을 방지하는 규제와 조정"이 없는 '자유경쟁'이 바로 그것이다. 신자유주의 경제학에 '공정경쟁'은 개념에 없고, '사회책임기업'은 먼 나라의 이야기이며, '조정시장'은 경악스러운 발상이다. 이 논객은 '경제민주화'를 '성역'으로 만들어서는 안 된다고 주장하면서 사실은 '경제적 자유'로 위장된 재벌들의 경제적 방종을 지고의 가치이자 '성역'으로 선언하는 셈이다.

제5꼼수

달콤한 궤변 — 월급 130만 원짜리 괜찮은 일자리

경제민주화를 다른 정책목표로 대체하려는 것도 신자유주의가 경제민주화를 거부하는 방식의 하나이다. "정치인들이 경제민주화라는 달콤한 언어의 유희로 생활고에 힘든 서민들을 현혹하면서 규제양산에 열을 올리고 있다"(참고문헌 〔22〕)라고 폄하하고 일자리 창출이 진정한 경제민주화의 길이라 공허하게 주장하는 것이 그 한 예이다. 그리고 일자리를 창출하기 위해서는 규제완화가 필요하다는 주장이다. 그래서 모든 길은 '규제완화'로 통한다. 좋은 일자리 창출이 현 시점의 한국경제에서 가장 중요한 중간 목표가 된다는 데에는 이의가 있을 수 없고, 그 절박함은 아무리 강조해도 지나치지 않다. 그러나 지난 수십 년 동안 재벌들이 '일자리 창출'을 미끼로 규제완화를 요구하는 행태는 마치 옛날이야기에서 '떡 하나 주면 안 잡아먹지'라고 하던 호랑이를 연상시킨다. 고용보호 완화가 한국에서 어떤 참담한 결과를 가져왔는지는 뒤에서 좀 더 자세히 거론하기로 한다. 다만 출자총액제한제만 폐지하면 얼마든지 투자할 것처럼 덤비던 재벌들이 막상 이 제도가 폐지되자 400조 원(10대 재벌)이 넘는 현금을 쌓아두고도 일자리 창출은커녕 빵집과 컵밥 등 온갖 골목상권을 침입하면서 일자리를 오히려 파괴하는 것은 물론 서민의 생계마저 위협하고 있다. 오죽하면 '재벌 프렌들리'한 이명박 정부마저 재벌들의 일자리 창출 실적에 실망했을까.

이 신자유주의 논객은 획기적으로 규제완화만 하면 해외로 빠져나간 한국 기업들이 대대적으로 귀환해서 수십만 개의 일자리가 창출될 수 있다는 농담 같은 상상으로 규제완화를 촉구하고 있다. 그의 주장은 "평균 고용인원이 100명이라고 가정하면 해외 한국법인의 10퍼센트인 5,000개만 한국으로 다시 들어와도 50만 명의 일자리가 창출된다"(참고문헌 〔22〕)로 요약된다. 그 스스로 인정하듯이 "비정규직과 임시 · 일용직 근로자의 월평균 수입이 130만 원"(참고문헌 〔22〕; 〔23〕)인 지금 상황에서도 '고임금'이라고 해외로 나가 있는 기업들이 한국으로 돌아와 일자리를 창출하려면 월수입이 얼마나 더 떨어져야 할까? 그들이 돌아오면 정말 "일할 만한 기업"(참고문헌 〔22〕; 〔23〕)이 되는 걸까? 저임금을 좇아 중국, 베트남, 태국 등에 진출한 이들이 귀환할 수 있도록 임금을 더욱 낮추면 '괜찮은 일자리'가 창출될 것이라는 약속은 달콤한 궤변에 지나지 않는다.

경제민주화는 일자리 창출로 대체될 수 있는 목표가 아니다. 경제민주화는 새로 창출되는 일자리에서도 구현되어야 한다는 의미에서 일자리 창출을 뛰어넘는 목표이다. 목표의 위계에서 경제민주화는 일자리 창출보다 상위에 있는 목표이다. 따라서 "일자리가 시대정신"(참고문헌 〔23〕)이 아니라 경제민주화, 그리고 복지국가가 시대정신이다.

제6꼼수

오만방자 — '건방진 정치권', '몽매한 국민'

경제민주화에 관한 작금의 논의에 대해 신자유주의가 느끼는 불안감은 다음과 같은 오만한 반민주적 폭언에서 여실히 드러난다.

> "정치권력이 무슨 근거로 어떤 도덕적 목적을 설정하고 그것을 달성하기 위해 공권력을 사용할 수 있는 권한을 가지고 있는지에 대한 합리적인 공론의 장이 필요하다"(참고문헌 〔18〕).

대한민국에서 정치권력은 국민에 의해 선출된 정치권력이고, 공권력은 국민으로부터 위임받은 공권력이다. 헌법 제1조 제2항을 보면, "모든 권력은 국민으로부터 나온다." 그렇다면 앞에 제기된 이의에 대한 답은 굳이 "합리적 공론의 장"까지 갈 필요도 없이 이미 헌법에 나와 있다. 즉 "정치권력은 공약으로 내세운 도덕적 목적에 의거해서 국민에 의해 선출되었기 때문에 그것을 달성하도록 국민의 위임을 받은 공권력을 사용할 권한을 가진다." 상황이 이러한데도 이 신자유주의 경제학자는 흥분한 나머지 한국이 아직 독재국가라고 착각하는 걸까?

경제민주화가 시대정신으로 정착되는 현상에 대한 두려움은 경제민주화 시대정신을 감지하고 있는 국민들을 모독함으로써 반전시키려는 조급함에서도 그대로 드러난다.

> "그저 민주화한다니까 더군다나 경제도 민주화한다니까, 어려운 서민들의 눈에는 꼴불견인 재벌이나 부유층을 혼내주고 세금도 더 거둬

서 나누어 준다니까 당장 어려운 생활고에 좀 보탬이 되겠지 하는 막연한 신기루에 박수를 보내고 있는 것이다"(참고문헌 〔22〕).

이 신자유주의 경제학자마저 경제민주화를 "달콤한 언어의 유희", "투자를 저해하는 새로운 규제", "재벌 때리기" 정도로 이해하는데 서민들이 경제민주화를 정확히 이해할 것으로 기대하는 일 자체가 무리일 수도 있다. 그렇다고 해서 서민들의 경제민주화 지지를 "생활고에 좀 보탬이 되겠지 하는 막연한 신기루"에 보내는 "박수"로 폄하하는 것은 서민을 무시하는 지극히 엘리트주의적 편견이다.

경제민주화는 대다수 국민의 일상생활 속에서 처절하게 표출되고 있는 한국 사회의 모순을 해결하고자 하는 절실한 요구이다. 이 신자유주의 논객은 이해하지 못하는 경제민주화의 필요성을 대다수 국민은 생생하게 피부로 느끼고 있는 것이다. 그것이 대수롭지 않고 일시적인 현상이기를 바라는 것은 신자유주의 경제학의 절실한 희망일 뿐이다. 경제민주화가 살면 신자유주의 경제학은 죽는다는 사실을 본능적으로 느끼기 때문이다. 이에 경제민주화의 불길을 서둘러 진화하기 위해서 서민을 모독하는 극약처방을 사용하고 있다.

제 7 꼼수

색깔론 ① — 사회주의

경제민주화를 대기업에 대한 사전적 규제의 강화로 폄하하면서 색깔론을 펴는 것은 신자유주의 경제학자들이 이용하는 가장 흔한 꼼수이다. 경제민주화는 사회주의라고 그냥 덧칠하면서 더 이상의 논란은 필요 없다는 식이다. 해고된 아파트 경비원이 복직을 요구하며 시위를 해도 '빨갱이'라 욕하는 나라이니 색깔론이 유력한 반대명분이 될 수 있는 것은 분명하다. 헌데 그 주장의 논리적, 현실적 귀결이 어떻게 될지에 대해서는 전혀 대비가 없다.

한 신자유주의 논객은 "선거 목전에 한국의 포퓰리스트적 사회주의가 급히 걸쳐 입은 외투가 '경제민주화'이다"라고 주장하기도 하고 경제민주화를 "경제의 정치화의 오기"로 오해하면서 결국 "경제민주화는 먼저 민주주의를 타락시키고, 경제를 몰락하게 하며, 얼마 후에는 그 정치도 망하게 한다"(참고문헌 〔11〕)라고 단언한다. 그 논리적 귀결은 무엇인가? 한국에서 '경제민주화'는 경제헌법에 가장 먼저 명시되어 있는 경제정책 이념인데 이를 사회주의로 해석한다면 경제헌법은 사회주의 헌법이 되고 "경제의 민주화를 위한 규제와 조정"이라는 제119조 제2항은 '사회주의 건설을 위한 정부정책'으로 해석된다. 이 틀 안에서 발전하고 있는 한국경제는 사회주의경제가 되는 셈인데, 그렇다면 재벌들은 사회주의 기업들인가? 이 신자유주의 논객은 경제민주화라는 이리를 막으려다 사회주의라는 호랑이를 들이고 있다.

아울러 그가 경제민주화를 사회주의로 곡해할 뿐만 아니라 존재 자체를 부정하기 위해서 "경제의 정치화의 오기"라고 주장하면 한국의 헌법학자들은 '오기'(誤記)조차도 식별하지 못하는 바보들이 된다. 헌법학자들을 상대로 '오기' 여부를 둘러싸고 승산이 없는 싸움을 걸기보다는 경제민주화를 하나의 정착된 개념으로 받아들이는 것이 수월할 것이다.

'오기'보다 더욱 가공스러운 점은 경제민주화가 민주주의를 '타락'시키고 결국에는 정치와 경제를 모두 망하게 할 것이라는 공포 시나리오다. 그런데 한국에서 실제로 민주주의의 최소 원칙인 '법

앞의 평등'을 밀어내고 '유전무죄 무전유죄'를 관철시켜 민주주의를 이미 타락시키고 한국을 새로운 '신분사회'로 역행시키고 있는 것이 누구인가? 정계, 언론계, 학계 등을 막강한 자금력으로 매수해 정치와 시민사회를 왜곡된 '시장독재'에 복속시키려는 세력이 누구인가? 경제민주화는 이처럼 이미 왜곡되어 있는 한국의 시장경제를 정상적인 시장경제로 바로잡으려는 노력이다. 경제민주화가 요구하는 것처럼 기업회계에 대한 내부 감시를 강화해 총수의 전횡을 제어하고 투명성을 높인다면 이러한 반민주적 역행을 크게 줄일 수 있을 것이다. 재벌들과 신자유주의 경제학자들이 경제민주화를 두려워하는 결정적인 이유가 바로 이 투명성 때문이다. 회계의 투명성이 높아져 천문학적 규모의 비자금만 사라져도 한국의 민주주의는 건강성을 크게 회복할 것이다. 경제민주화는 한국 민주주의를 타락시키는 것이 아니라 갈수록 타락하고 있는 한국 민주주의를 구제하고 참다운 민주주의를 구현하기 위해 반드시 필요한 제도적 장치이다. 아울러 회계의 투명성만 높아져도 재벌 경영의 불투명성으로 인해 감점당하고 있는 한국경제의 경쟁력과 국가신인도도 높아질 것이다. 그래서 경제민주화는 한국경제에 다시 활기를 불어넣는 제도가 될 것이다. 재벌 총수 일가에게는 불리하고 손해가 될지라도 국가가 나서 경제민주화를 관철해야 하는 가장 중요한 이유는 한국 사회 전체가 건강해지고, 한국 정치 전반이 건전해지며, 한국의 국민경제가 활성화될 것이기 때문이다. 그러므로 투자 및 고용과 같은 명분을 실행할 의지도 없이 내세우면서 국민경제를 볼모로 잡고 사사로운 이익을 추구하는 재벌들과 이들에게 충성하는 신자유주의 논객들의 혹세무민에 단호히 대처해야 하는 것도 바로 국가이다.

대한민국 헌법을 사회주의 헌법으로 만들면서 갑자기 대한민국의 정체성에 혼란을 일으키는 논객은 또 있다. 경제민주화를 하면 “경제는 멍들어 쇠락한다”라는 자신의 주장이 “역사에서 증명된 사실”이라면서 “경제의 민주화를 역사상 가장 완벽히 이룬 나라들”(참고문헌 〔43〕) 가운데 하나로 북한을 꼽고 있다. 정말 본의는 아니겠지만 북한을 찬양·고무하는 것은 아닌지 잠깐 헷갈린다. 대한민국의 국민 다수가 원하는 경제민주화를 북한이 이미 가장 완벽하게 이루었다니 말이다. ‘경제민주화’를 저지하려고 사회주의를 한다는 색깔론을 펴는 것도 모자라 이제는 대한민국 헌법을 ‘종북 헌법’으로 규정하는 것은 분명 자살골이다. 북한은 물론 소련과 동구권 사회주의 나라들이 왜 망했는지에 대한 분석은 매우 다양하지만 경제민주화를 “가장 완벽하게” 했기 때문에 망했다는 주장은 문자 그대로 궤변이다. 오히려 정반대로 사회주의가 민주주의의 결핍으로 망했다는 분석이 일반적이다. 100퍼센트 만장일치를 보여주었던 ‘민주집중제’나 생산목표를 초과달성하는 ‘중앙계획경제’가 실질적으로는 정치적·경제적 의사결정 과정에서 인민이나 노동자를 철저히 소외시키는 제도였다는 사실은 사회주의가 살아 있던 당시부터 가장 흔하게 제기되던 비판이었다. 자유주의자들도 사회주의 나라들이 ‘사회주의적 민주주의’를 한다고 했을 때 엉터리라고 비웃었다. 그런데 지금에 와서는 경제민주화를 가장 완벽하게 하고 있었다니 어리둥절할 따름이다.

나아가 경제민주화가 과거 사회주의와 무관하다는 사실은 과거 사회주의 나라들이 서구에서 노조와 사민주의가 사회주의 혁명 대신 경제민주주의를 목표로 내걸었을 때 ‘개량주의’라고 몰아세웠다는 사실에서도 드러난다. 사회주의 국가들 스스로 경제민주화는 사회주의가 아니라고 선언했던 것이다. 이러한 역사적 사실에도 불구하고 신자유주의 논객이 '경제민주화'를 반대하는 데 급급해서 사회주의가 경제민주화를 "가장 완벽하게" 하다가 몰락했다고 주장하는 것은 분명 경제민주화는 물론 사회주의에 대한 몰이해이다.

여당 내 경제민주화 주창자의 주장을 '반자본주의적', '사회주의적'이라고 비판하면서 경제민주화에 반대하는 신자유주의 논객도 있다(참고문헌 〔34〕). 그는 1997년 외환위기의 원인이 재벌 규제 완화에 있다고 주장하는 여당 내 주창자에 대해 "'반자본주의' 사고나 감정으로 사태를 분석"한다고 비난하고 있다. 재벌에 대해 비판적인 의견을 제시하면 그것을 곧바로 '반자본주의' 사고나 감정으로 낙인찍는 것도 신자유주의 경제학자 특유의 색깔론이다. 한국 자본주의에 재벌만 있는 것도 아니고 경제민주화가 재벌을 몰수하자는 것도 아닌데 재벌 비판을 곧 반자본주의로 몰고 있는 것이다. 이는 1970년대 '반유신 = 반정부 = 반체제 = 반국가 = 친북한'이라고 하던 극우 정치논리의 경제판이다.

또한 이 논객은 여당 내 경제민주화 주창자가 재벌을 "사회 전반, 정치의 영역에까지 영향을 미치는 경제세력"이라고 규정한 것에 대해 "재벌 못지않게 강력한 정치력을 행사하는 집단은 많다"면서 "농민, 어민, 노동조합, 장애인, 정치가, 비정규직 노동자, 여성, 중소기업, 가난한 사람, 아픈 사람, 노령 인구, 공무원, 직업 군인, 화물연대 같은 자영업 단체, 학부모, 교육기관, 공공기관, 아이 양육 부모, 신혼부부, 맞벌이 부부, 공기업, 금융기관, 변호사, 의사, 한의사"를 들고 있다. 정말 이들이 한국 사회에서 "재벌 못지않게 강력한 정치력"을 행사하는 집단들인가? 그저 어이없는 '물타기'이다.

아울러 이 논객이 재벌의 '탐욕'을 비판하는 여당 내 주창자에 대해 펴는 반박은 "동네 구멍가게 주인도 대기업 총수 못지않게 탐욕적"인데, 다만 둘 사이의 차이는 이 탐욕을 실현할 '능력'이 있느냐 없느냐라는 것이다. "재벌의 탐욕"이라는 표현이 마음에 들지 않는다고 누구나 탐욕적이라고 반론을 펴는 것도 전형적인 '물타기'이다. 경제학에서 경제행위의 동기로 인정되는 '이기심'을 '탐욕'으로 바꿔치기하면서 재벌들의 행태를 정당화하고 있다. '배째라'는 식이다. 그런데 경제적 성공의 차이를 능력의 차이로만 설명하려는 것은 더더욱 부적절하다. 미국과 같은 능력주의 사회에서도 적어도 존경받는 부호들은 자신의 능력보다 미국이 기회의 나라라는 사실을 강조한다. 버핏은 자신을 큰 부자로 만들어준 미국 사회에 재산을 환원할 것이라며 겸손해한다. 한국에서 특히 재벌 2세나 3세들의 축재를 '능력'에 따른 것이라고 떳떳하게 주장할 수 있을까? 아마 재벌들 스스로도 그런 주장은 낯간지러워서 못할 것이다.

"탐욕을 문제 삼는 것은 우리 사회를 공산주의나 사회주의가 중심이 되는 사회로 만들겠다는 의미로 해석할 수 있다"(참고문헌〔34〕)라는 덧붙임에서는 공개적인 칼럼을 쓰면서 학자가 지켜야 할 금도를 크게 벗어난 선동가의 모습만 보일 뿐이다. 재벌들의 탐욕을 방어하기 위해서 모두가 탐욕스러워야 하고 자본주의는 어차피 탐욕의 사회이니 문제 삼지 말라는 주장이야말로 '탐욕'스러운 재벌 옹호이다. 하지만 재벌들의 '탐욕'을 인정하고 있으니 재벌들이 좋아할 리 없다. 아울러 똑같이 '탐욕'스러워도 무능해서 성공하지 못했다는 비난을 대다수 국민들이 수긍할 리 없다.

한국의 신자유주의 경제학은 경제민주화에서만 색깔론을 펴는 것이 아니다. 이 경제학은 환경보호와 기후변화 대응책 차원의 사전적 규제를 강화하는 것에 대해서도 촌스러운 색깔론을 내세우고 있다. '비즈니스 프렌들리'한 정부는 '글로벌녹색성장기구'까지 설치하고 '녹색기후기금'을 인천 송도에 유치했다고 축제 분위기인데 신자유주의 경제학은 뒤에서 "온실가스 배출에 대한 대가로 적지 않은 비용을 지불해야"할 것을 우려하면서 저탄소 녹색성장전략을 '좌편향'(참고문헌 〔35〕)이라고 비방하는 우스꽝스러운 장면을 연출하고 있다. 지구는 멸망해도 내 돈은 못 내겠다는 배짱이다. 지구온난화 현상 자체를 부정했던 조지 부시(George Bush) 전 미국 대통령과 온실가스 대책에 색깔론을 펴는 이 논객이 맞장을 뜨면 누가 이길까? 한국경제연구원이 '지속 가능한 성장과 복지정책'(2012년 11월 7일)이라는 주제로 국제 컨퍼런스를 개최할 정도면 적어도 녹색성장은 받아들여야 할 것이다. 녹색성장은 지속 가능한 성장의 일부이기 때문이다. 여기에 한 가지 흥미 있는 일화가 있다. 독일 기독교민주당을 '좌편향'으로 분류하는 '학자'는 없을 것이다. 일본 후쿠시마 원전사고 이후, 독일 기독교민주당은 독일 내 원전의 가동기간을 연장했던 정책을 취소함과 아울러 재생에너지 사용을 확대하는 방향으로 '에너지 전환'을 단행했다. 원전 수명을 연장해 준 조치가 후쿠시마 사고로 역풍을 맞아 기독교민주당의 지지율이 급락했기 때문이다. 이 과정에서 메르켈 총리와 환경부 장관 사이에 고성이 오가는 대립이 있었고, 총리는 장관을 곧바로 해임했다. 2011년 겨울, 유럽에 혹한이 찾아왔다. 러시아는 자국의 에너지난을 이유로 유럽에 대한 천연가스 공급을 25퍼센트 줄였다. 가장 큰 타격을 받은 나라는 오히려 원전이 많은 프랑스였다. 이명박 대통령은 독일이 원자력 발전을 포기했기 때문에 2011년 겨울에 에너지난을 겪었다고 허위사실을 전파했다. 실상은 정반대였던 것이다. 원전 포기에도 불구하고 독일은 그해 겨울 프랑스에 전기를 수출할 수 있었다.

제8꼼수

색깔론② — 전체주의

경제민주화를 관료주의의 확대에 따른 전체주의화로 겁주는 논객도 있다(참고문헌 〔14〕). 이 논객은 "경제민주화가 최종적으로 도달할 곳은 관료주의"라고 단언한다. 그에 따르면 "관료제는 정도의 문제는 있으나 정부의 작동을 위해 필수 불가결하게 존재하는 체제"이지만, "문제는 국민의 뜻에 따라 정부의 역할과 시장에 대한 개입이 커지면서 관료적 관리가 적용되는 영역이 증대되는 경우이다. 이 경우 시장에서 혹은 사기업에서 해야 할 영역까지 정부가 그 역할을 대신하게 되고, 이 영역에서 기준이 되어야 할 이윤과 효율에 따른 관리가 아닌 관료적 관리가 나타나게 된다"라는 것이다. "경제민주화를 강화하면 할수록 시장이나 민간기업에 대한 정부의 개입은 강해질 것이고 경제 전반에 걸쳐서 관료적 관리가 적용될 것이다. 이는 결과적으로 관료제의 영역팽창과 관료주의의 만연으로 이어질 수밖에 없다." 결국 "정부의 개입과 관료적 관리가 특정 집단이 아닌 개인의 일상생활까지 옥죄게 될 수 있고, 민주화라는 이름의 또 다른 전체주의가 우리 앞에 나타날지도 모른다. 이것이 경제민주화의 본질이고 앞날이다." 참으로 공포스러운 시나리오다. 그러나 다행스럽게도 이 시나리오는 경제민주화에 저항하는 많은 한국 신자유주의 경제학자들에게서 나타나는 개념적 혼란과 미숙, 그리고 오만으로 가득 찬 허구일 뿐이다.

이 논객은 경제민주화가 관료주의를 부추겨 정치적 독재로 이어질 것으로 망상하고 있다. 그러나 한국은 국민의 힘으로 독재권력을 무너뜨리고 민주주의를 쟁취한 나라로서 일본의 깨어 있는 지식인들도 부러워하는 나라이다. 최근 한국이 비록 민주주의가 후퇴할 수도 있음을 보여준 사례가 되기도 했지만, 전체주의 국가로 회귀하는 일까지 허용할 것으로 보는 시각은 한국 국민을 무시하는 지나친 비관주의이자 '공포 마케팅'이다. 한국인에게 민주주의는 이제 숨 쉬는 공기와 같다. 이 논객이 내심으로 두려워하는 것은 관료제 확대에 따라 '이윤과 효율'을 기준으로 하는 '사기업 영역', 즉 재벌 영역이 축소되는 것이다. 그래서 정부에게 '국민의 뜻'보다 '이윤과 효율'을 더 존중할 것을 요구하는 방자함을 내비치고 있다.

그리고 이 논객은 관료주의가 전체주의로 변질될 것이라는 과대망상에 사로잡혀 있다. 전체주의가 막강한 관료제를 기반으로 하는 것은 사실이지만, 관료주의가 아무리 지나칠지라도 전체주의로 변질된 사례는 세계사적으로도 없었고 앞으로도 없을 것이다. 정치권력의 성격에 의해 관료제의 성격이 변할 수는 있어도 관료주의가 정치권력의 본질마저 규정할 수는 없다. 독재정권 아래에서 국민 위에 '군림하던' 관료는 민주정부 아래에서는 '봉사하는' 관료로 변신하는 것이다.

이 논객이 경제민주화를 전체주의와 연결시키는 결정적인 고리는 관료제(bureaucracy)를 관료주의(bureaucratism)와 동일시하는 개념적 혼동이다. 이 혼동은 관료주의를 영문으로 'bureaucracy'라고 표기하는 데서 단적으로 드러난다. 관료제는 일정한 규모를 초과하는 조직의 효율적이고 합리적인 운영을 위해 필요한 장치이다. 관료제는 조직, 특히 국가조직의 복잡화, 전문화, 위계화 등과 함께 불가피하게 나타나는 운용원리이다. 막스 베버(Max Weber)에 따르면 관료제는 합리성을 추구하는 근대국가의 필수불가결한 요소이다. 이에 비해 관료주의는 관료들이 조직의 목적과 목표가 아니라 자신의 목표와 목적에 따라 행동하는 상황을 가리킨다. 번문욕례(red tape)는 전형적인 관료주의 현상이다. 이는 사회적 효율성을 저하시킨다. 경제민주화가 관료주의를 강화하고 전체주의에 이를 것이라는 우려는 경제민주화, 관료주의, 전체주의가 무엇을 의미하는지를 제대로 이해하지 못하는 논리비약이다.

정부 역할이 증대되면 당연히 관료제가 적용되는 영역도 확대된다. 그러나 '전체주의' 논객이 주장하듯이 관료제 영역의 확대가 반드시 사적 영역의 제한을 수반하는 것은 아니다. 안보, 치안, 교육 등 공공재 공급의 확대에 따른 결과일 수도 있다. 또한 "관료제의 영역 팽창은 비효율성의 만연, 혁신의 부재를 야기한다"는 주장도 허황되다. 국가 관료제는 원칙적으로 사회적 효율성을 높이는 것을 목표로 한다. 이때 사회적 효율성이 사적 효율성과 충돌할 경우에는 사회적 효율성이 당연히 우선한다. 가령 산업화에 따라 심각해지는 환경오염에 대처하기 위해서 관료제가 확대되는 것은 불가피하다. 오염물질을 배출하는 기업에는 아무런 규제를 받지 않고 배출하는 것이 자신의 사적 효율성을 유지하는 길이겠지만, 정부가 옹호하는 사회적 효율성의 관점에서는 오염물질의 배출을 당연히 금지하거나 환경오염부담금을 부과해 제한해야 한다. 이 부담금이 기업에는 추가비용의 부담을 의미하겠지만 사회적 효율성을 높이기 위해서는 불가피한 조치이다. 이 제도를 운영하기 위한 관료제 또한 불가피하다.

끝으로 관료제의 확대가 반드시 관료주의의 심화를 의미하는 것은 아니다. 관료제가 언제나 관료주의를 낳는다면 크든 작든 정부가 존재하는 한 관료주의는 영원히 해결할 수 없는 병폐가 된다. 사회적 합리성을 추구하는 관료기구의 확대가 관료주의로 변질되는 현상은 민주주의의 확대와 심화로 차단될 수 있다. 관료제는 정해진 법과 원칙에 따라 움직이는 속성을 가지므로 이 법과 원칙이 정해지는 과정뿐만 아니라 그 내용과 준수 여부에 대한 국민의 지속적인 감시가 병행되면 관료제가 관료주의로 타락하는 것을 차단할 수 있다. 시민단체와 언론의 역할이 중요한 이유가 여기에 있다. 국민과 시민단체가 관료제를 효과적으로 감시할 수 있기 위해서는 정부활동이 투명하게 공개되어야 한다. 따라서 정보 공개와 투명성 확보는 관료주의를 차단하기 위한 필수불가결한 조건이다. 경제민주화는 국가 관료제를 확대할 가능성은 있지만, 그로 인해 우려되는 관료주의의 위험은 경제민주화를 포기하는 것이 아니라 국가 권력 전반의 민주화를 통해 억지해야 한다. 관료주의가 두려워 경제민주화를 단념하는 것은 "구더기 무서워 장 못 담그는 격"이다. '장 담글 때 생기는 구더기'는 장을 담지 않는 방법이 아니라 햇볕을 쪼여서 없애야 한다. 관료제에서 민주화와 투명성이 바로 관료주의로 변질되는 것을 막는 햇볕이다.

관료주의에 대한 대응책으로 관료 감축과 정부기구 축소를 주장하는 것은 전형적으로 신자유주의적인 실착이다('작은 정부론'). 정부의 역할을 축소시켜 관료에 의해 집행되는 규칙과 법률을 축소시키야 한다는 주장에서는 '관료 수가 줄어들면 쓸데없는 규제를 만들어내지 않을 것'이라는 근거 없는 기대가 표출되고 있다. 그래서 로널드 레이건(Ronald Reagan) 대통령이 취임하자마자 위원회의 수를 줄이기 위해 새로운 위원회를 만들었다는 것은 유명한 일화이다. 하지만 '작은 정부론'이란 사적 효율성을 극대화하기 위해 사회적 효율성을 희생하려는 꼼수에 지나지 않는다.

끝으로 이 '전체주의' 논객은 관료제와 관료주의 문제를 정부에 국한시키고 있는 한계를 보이고 있다. 기업 내 관료제와 관료주의에 대해서는 문제의식이 없다. 기업도 조직인 한에서 관료제를 필요로 하며, 재벌처럼 조직이 비대해질수록 관료주의로 변질될 위험도 커진다. 바로 이 기업 내 관료주의의 위험을 차단하기 위해서도 경제민주화는 필요하다. 경제민주화 일환으로 추진되는 민주적 의사결정과 회계의 투명성은 기업 내 관료주의를 타파하는 데 매우 효과적인 장치가 될 수 있다.

제9꼼수

설문 조작

일자리 창출을 위해 규제를 획기적으로 완화해야 한다는 주장을 뒷받침하기 위한 한 신자유주의 논객의 여론조사 결과도 전형적인 꼼수다(참고문헌 〔22〕). 설문들만 보아도 조사자와 인용자의 의도가 뚜렷하게 보인다. 설문조사자는 전국경제인연합회(이하 '전경련')이었고, 제시된 4개 문항은 '각종 규제 해소'와 '세제 지원 확대', '시설 · 운전자금 지원', '공장용지 지원'이었는데, 뒤의 3개 문항은 모두 자금 지원에 관한 것으로 중복되는 문항들이다. 이들 문항에 대한 응답률을 모두 합하면 50.4퍼센트로, '각종 규제 해소' 응답률의 46.7퍼센트보다 높다. 여러 가지 문항을 제시하고 선택하는 것보다 찬반을 묻는 설문이 보다 명확한 답변을 기대할 수 있을 것이다. 다음 그림에서 보면 재벌들의 현재와 같은 의사결정 방식에 반대하고 경제민주화와 관련한 사안에 대한 국민의 찬성은 압도적임을 알 수 있다.

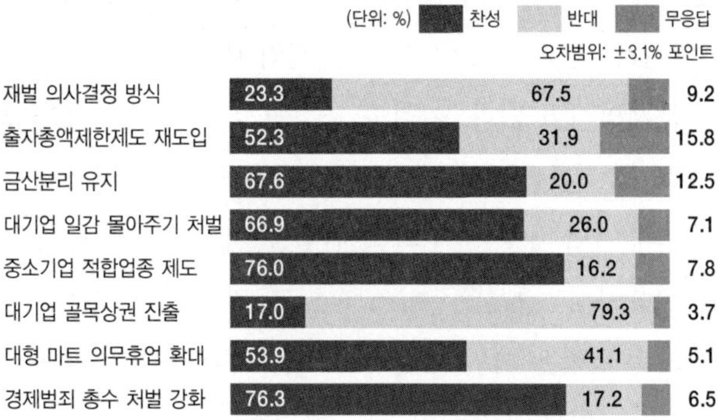

출처: 『헤럴드경제』, 2012년 7월 3일자.

〈그림 1〉 경제민주화와 관련한 국민여론조사

제10꼼수

불평등숙명론

경제민주화의 구성요소로서 소유의 분산, 소유의 평등을 중요하게 생각하는 학자들도 있다(김형기, 유종일 등). 가령 유종일 교수는 "기업들의 자유로운 경쟁과 가격기구에 의한 자원배분이라는 시장경제의 틀은 유지하지만, 자본을 소유하는 소수 자본가들이 기업을 지배하고 사회적인 의사결정에 막강한 영향력을 발휘하는 것을 방지해 민주주의를 완성하기 위해서는 소유의 평등까지도 이룩해야 한다"라고 하면서 소유의 평등은 "사실 자본주의를 넘어서는 것"이라고 본다. 이에 대해 한 신자유주의 경제학자는 "소유의 평등은 사유재산제도를 그대로 두고서는 불가능하다. …… 소유주가 없는 부와 재산과 재화는 없다. 소유의 평등을 위해서는 이 모든 것을 빼앗아 다시 분배해야 한다. 그렇게 한다고 할지라도 시간이 지나면 부의 불평등이 다시 발생할 것이고, 또 이러한 과정을 반복해야 한다. 그러나 이런 과정을 시행할 수 있는 국가는 자유민주주의 국가가 아니고 전체주의 국가"(참고문헌 〔18〕)라고 반발한다. 과연 그러한가? 전체주의 국가가 아니면 소유의 평등을 달성할 수 없는가?

어느 사회에서나 기득권층은 불평등 문제를 제기하는 것 자체를 싫어한다. 가능한 한 불평등 상황을 축소 또는 은폐하거나 불평등은 어느 사회에서나 있는 현상이고, 그것은 능력과 노력의 차이에서 오는 결과라는 이데올로기를 주입하기 위해 엄청난 자원을 쏟아붓는다. 그래서 불평등은 없애더라도 어차피 다시 발생하니 없애려고 하지 말라는 숙명론을 펴기도 한다. 미국에서 불평등은 사회적 현상이 아니라 개인적 현상으로 치부된다. 일부 양심적이고 인도주의적인 부자들이 불평등 문제에 관심을 가지고 선행을 하지만 그것은 결코 일반적인 현상이 아니다. 그런데도 그러한 행위가 체제 안정성을 유지해주는 데 적지 않게 이바지하는 것은 사실이다. 빌 클린턴 행정부에서 노동부 장관을 지낸 로버트 라이시(Robert Reich) 교수가 지적한 바와 같이 불평등이 갈수록 심화되고 있는 미국은 "지금은 민주주의가 위태로운 상황"이다. 그가 자신의 블로그에 올린 글의 제목 "바보야! 문제는 불평등이야!"는 바로 한국의 신자유주의 경제학자들에게도 고스란히 들려주어야 할 화두이다. 미국에서 클린턴이 조지 부시를 누르고 대통령에 당선되게 했던 화두 "바보야! 문제는 경제야!"가 20년 만에 완전히 바뀐 것이다. 한국 상황은 어떠한가? 불평등이 심화되는 객관적 현실은 미국과 마찬가지이다. 시대정신이 성장에서 복지로 바뀐 것도 같다. 미국과 한국의 한 가지 큰 차이는 미국에서는 상속세 폐지에 반대하는 부자들의 성명서가 발표되는 데 반해 한국에서는 이러한 시대정신에 부응해서 자기 목소리를 내는 부자를 찾아보기가 힘들다는 사실이다. 오히려 부자들 편을 드는 경제학자들은 '천만 구직자'를 발견하고 '사회불안이 폭발 직전'이라고 진단하면서도 그 대책은 결국 '획기적인 규제완화'이다. 그동안 규제를 완화했음에도 불구하고 그래도 모자라서 자꾸만 실업과 '사회불안'의 책임을 규제 탓으로 돌린다. 그러면서 애꿎은 정치인들만 비난한다. 정치인들이 "재벌을 규제하고 부자들에게 세금을 더 거두어 나누어 주면 생활고는 끝나고 복지의 낙원에서 살게 될 것 같은 환상을 설파"(참고문헌 〔22〕)한다고. 한 가지 분명한 사실은 그런 환상을 설파하는 정치인도 없을 뿐만 아니라 그러한 환상에 현혹될 국민도 없다는 것이다. 신자유주의 논객이 복지를 반대하기 위해서 복지국가를 주장하는 정치인을 과대망상증 환자로 몰아세우고 있을 뿐이다.

한국에서 소유의 평등을 달성하려면 '전체주의 국가'가 필요하다는 주장 자체가 전형적인 선동이다. 재벌들이 탈세와 같은 불법이나 일감 몰아주기와 같은 편법을 동원하지 않고 법에서 정한 대로만 상속을 하면 재벌 일가의 지배력은 시간이 흐르면서 자연스럽게 줄어들 수밖에 없다. 이로 인해 총수 일가의 지분이 줄어들면 경영권이 위협받을 것이기 때문에 재벌들은 사활을 걸고 계열사 간 순환출자를 활용하고 있는 것이다. 만약 순환출자가 금지되어 계열사 지분이 사라진다면 '황제경영'과 '족벌경영'으로 요약되는 재벌체제는 급속히 약화될 수밖에 없다. 순환출자가 있다고 할지라도 개인이나 가족의 지분이 세대를 거치면서 계속 낮아진다면 지배력과 경영권은 시간이 흐를수록 점점 취약해질 수밖에 없다. 시간은 전체주의 국가가 아니다.

소유분산을 가능케 하는 제도로는 우리사주제가 있다. 도입된

지 40년이 되었는데도 아직까지 활성화되지 못한 데에는 여러 가지 이유가 있지만 그간의 경험을 살려 부작용을 차단할 수 있다면 소유 분산을 위한 유력한 수단으로 사용할 수 있을 것이다. 가장 큰 부작용은 회사가 파산할 경우에 종업원은 일자리와 함께 자산마저 잃게 될 위험을 부담하게 된다는 것이다. 특히 종업원이 대출을 받아 주식을 사들였을 경우에는 빚더미에 앉을 위험마저 있다. 1997년 외환위기와 함께 수많은 회사들이 파산했을 때처럼 우리사주가 '신종 노예문서'가 될 우려가 있다. 이러한 부작용을 방지하기 위해서는 먼저 기업이 자본 확충 등을 위해 우리사주를 종업원들에게 강매하는 것을 금지해야 한다. 성과배분형(스톡옵션형) 우리사주제를 우선적으로 확대하는 것이 바람직하다. 나아가 종업원들이 우리사주를 자산투자의 일환으로 보유하도록 하려면 정보공유 차원에서 경영의 투명성이 당연히 높아져야 한다. 한 걸음 더 나아가 우리사주제를 근로자 경영참여와 연계한다면 높은 수준의 경제민주화가 달성될 수 있을 것이다.

소유의 평등을 달성하려는 목표에 반대하는 신자유주의 경제학자가 내세우는 이유 가운데 하나가 "시간이 지나면 부의 불평등이 다시 발생"한다는 것이다. 그렇지만 왜 그리고 어떻게 불평등이 다시 발생하는지에 대한 설명이 전혀 없다. 짧은 글이라 할지라도 이처럼 중요한 언급을 할 경우에는 이해를 위해서 간략하게나마 원인이 지적되어야 할 것이다. 그렇지 않다면 이 주장은 허풍스러운 위협에 지나지 않을 것이다. 아니면 시장경제란 어차피 불평등을 만들어내니 시장경제를 포기하지 않으려면 불평등을 시정하려는 노력은 아예 단념하라는 허무주의를 설파하는 것이다. 어차피 가난은 대물림될 것이니 벗어나려는 생각은 하지 말라는 것이다.

경제력 집중과 정치력 집중을 서로 다른 범주로 구분하면서 "정치력 집중은 시민들의 자유를 위협하지만 경제력 집중은 이와 무관하다"(참고문헌 〔18〕)라고 순진무구한 척하는 것도 경제민주화의 일환으로 소유분산을 추구하는 것에 반대하는 이유로 꼽힌다. 경제력 집중이 과연 자유를 위협하지 않는가? 그렇다면 우리 헌법은 왜 '경제력의 남용'을 우려해서 정부에 조정과 규제를 할 수 있도록 규정했을까? 자유에는 정치적 자유뿐만 아니라 경제적 자유도 있다. 그리고 신자유주의 경제학은 이 경제적 자유를 지고의 가치로 숭배한다(참고문헌 〔10〕). 국가 개입에 반대하고 규제완화를 요구하고 있는 이유도 그것이 '자유시장경제'에서 경제적 자유를 제한하기 때문이라고 주장한다. 그런데 경제력이 없는 개인이 경제적 자유를 누릴 수 있을까? 영업의 자유, 계약의 자유, 직업 선택의 자유 등 어느 것 하나 경제력이 없으면 제대로 향유될 수 없는 자유들이다. 경제력이 비교적 평등하게 배분되어 있을 때 각 개인은 대등하게 자유를 누릴 수 있다. 경제력이 소수에게 집중되어 있으면 그 소수만이 경제적 자유를 누릴 수 있고 나머지는 경제적 자유에서 소외될 수밖에 없다. 경제적 자유를 누릴 수 있다는 것과 실제로 누리는 것은 서로 엄격하게 구분되어야 한다.

뿐만 아니라 집중된 경제력은 경제권력으로 작용한다. 그래서 타인에게 자신의 의사를 강요할 수 있다. 정치력뿐만 아니라 경제력도 소수에게 집중되면 타인의 경제적 자유를 위협하는 경제적 방종으로 타락한다. 재벌들이 중소기업의 납품단가를 '후려치고', 다른 기업과 거래하지 못하도록 배타적 거래를 강제하는 것이 그 단적인 예이다. 아울러 경제권력이 정치권력과 연결되고 '정경유착'이 발생하는 것은 시간문제이다.

제11꼼수

유체이탈화법 — 방법론적 개체론

신자유주의 경제학자 중에는 경제민주화가 설정하고 있는 한국경제의 문제점이 실제로 문제라면 "'경제민주화'와 같은 실체를 파악하기 어려운 총체적 개념이 아니라 문제 하나하나에 접근하여 논의를 활성화하는 '방법론적 개체론'을 선택해야 한다"(참고문헌〔18〕)라고 주장하는 논객도 있다.

경제민주화가 어떤 요소로 구성되어 있는지에 대해서는 이미 '하나하나' 충분히 거론되고 있다. 출자총액제한제도 재도입, 순환출자 금지, 금산분리, 대기업과 중소기업의 상생 등 많은 방안이 제시되어 이미 치열한 논쟁이 벌어지고 있다. 그리고 이들 각론을 총괄해서 경제민주화라 부르고 있다. 오히려 신자유주의 논객들이 '경제민주화가 사회주의'라거나 "민주주의는 경제에 적용될 수 없다"라는 등 경제민주화 일체에 반대할 것이 아니라 이미 논의되고 있는 '문제 하나하나에' 대해 왜 잘못되었는지 비판하는 것이 논의를 활성화하는 길이다. 자신이 저지르고 있는 잘못을 상대방에게 뒤집어 씌우는 것, 곧 유체이탈화법이다.

이 신자유주의 논객이 경제민주화와 관련해 제안하고 있는 '방법론적 개체론' 개념이 "문제 하나하나에 접근"하는 것을 가리키는 데 사용될 수 있는지는 의문이지만 국가의 정책 결정에 적용하는 일은 신중해야 한다. 국가의 경제정책은 모두가 서로 연관되어 있다고 해도 지나친 말이 아니기 때문이다. 질서자유주의에서 '질서들의 상호의존성'이 설득력 있게 주장되는 것과 마찬가지로 경제정책들 사이에도 '상호의존성'이 작용하는 것이다. 그리고 현실에서도 다른 경제정책과 보완관계에 있는지, 갈등관계에 있는지에 대한 고려 없이 실행에 옮겨지는 경제정책은 없다. 그래서 경제부총리가 주재하는 '경제장관회의'가 있고, 총리실에 국무조정실이 있다. 유독 경제민주화에 대해서만 "총체적 개념이 아니라 하나하나에 접근하는 '방법론적 개체론'을 선택해야" 할 이유는 없다. 경제민주화 조치를 하나하나 따져보아야 한다면 그것은 언제나 다른 조치들과의 연관성을 동시에 고려하면서 이루어져야 할 것이다.

제12꼼수
몰도덕성 — 효율성 말고는 다 잊어라

정치권력이 도덕적 목적을 설정하는 것에 대해 이의를 제기하는 신자유주의 논객도 있다(참고문헌 〔18〕). 경제민주화에 함축되어 있는 도덕적 함의를 배제하기 위해서 "경제에 도덕의 자리가 있는가"라는 반문을 제기하고 있는 것이다. 답은 자명하다. 신자유주의 경제학이 말하는 경제에는 도덕이 설 자리가 없다. 효율성만이 자리를 차지하고 있다. 그렇다고 인간이 경제활동만 하면서 살 수 있는 것은 단연코 아니다. 정치나 사회, 문화 영역 등에서 다양한 활동을 하면서 산다. 경제는 이들 활동에 필요한 물질적 수단을 마련해 준다. 굳이 말하자면 인간이 보다 도덕적인 생활을 할 수 있도록 수단을 마련해 주는 것이 경제이다. 우리가 한때 일본을 가리켜 '경제적 동물'이라 불렀을 때 그것이 좋은 뜻이 아니었음은 누구나 알고 있다. 이론적으로는 인간의 다양한 활동을 따로따로 설명하는 것이 가능하지만 살아 있는 인간에게는 이것이 불가능하다. 경제활동을 할 때는 효율성만 추구하고, 사회활동을 할 때는 사랑과 우정만을 추구하며, 문화활동을 할 때는 아름다움만을 추구하는 것이 가능한가? 사람은 경제활동을 하면서도 진선미에 관한 총체적 가치관의 영향을 받지 않을 수 없다. 그래서 '착한 기업'의 윤리경영이 화두가 되고, '똑똑한 소비자'의 윤리적 소비가 뜨고 있다. 더욱이 정치권력이 도덕적 목적을 추구하는 것은 당연한 본분이다. 단지 신자유주의 경제학에서는 이러한 주제가 설 자리가 없을 뿐이다. 대형 마트를 피하고 일부러 재래시장을 방문한다거나 아동 노동을 착취하는 기업의 제품을 구매하지 않는 등 똑똑한 소비 행태를 보였다가는 "소비도 이념적으로 하느냐"는 핀잔을 받는다. 자신의 편협하기 그지없는 인간관과 세계관에 사로잡혀서 효율성을 유일한 잣대로 세상만사를 재단하려 하니 신자유주의 경제학이 설명할 수 없는 일이 너무 많다. 설명할 수 없으면 그것은 비효율적이라고 크게 나무라거나 아니면 모른 척하는 것이 신자유주의 경제학이다.

제13곰수

모르쇠 — 경제민주화가 뭔데?

경제민주화에 대한 이색적인 비난 가운데 하나는 모르쇠로 일관하는 것이다.

> "미국에서 경제학과 관련된 많은 과목들을 수강했지만, 경제민주화란 용어는 들어본 적이 없다"(참고문헌 〔47〕).

이는 어쩌면 신자유주의 경제학에서 충분히 나타날 수 있는 반응일 것이다. 신자유주의가 가져온 폐단 가운데 하나는 경제학이 미국 중심으로 획일화되어 가고 있었고, 경제뿐만 아니라 모든 인간 활동을 경제학의 효율성 잣대로 재단하려 한다는 점이다. 역사학파의 전통 속에서 나름 독자적인 경제학파를 구성하던 독일의 질서 경제학계도 1990년대 이후 신자유주의에 포섭되는 경향을 보였다. 2008년 글로벌 금융위기를 계기로 독일 경제학자들 사이에서 자각과 자성의 움직임이 있지만, 이 새로운 변화 또한 시간을 요할 것이다. 신자유주의 경제학이 가진 특징의 하나가 바로 다른 경제학 흐름을 인정하지 않는다는 점이다. 그러니 이 신자유주의 논객이 고백하듯이 미국 내 경제학의 데이터베이스와 백과사전 사이트 "네 곳"을 검색해도 경제민주화(economic democratization)에 관한 논문이나 용어해설이 등장하지 않는 것은 어쩌면 당연하다. 따라서 신자유주의 경제학의 관점에서 경제민주화는 "경제학에서는 학문적 근거가 없는 용어"이자 "경제학적 개념이 없는 대선용 정치용어"(참고문헌 〔47〕)일 수 있다. 그것도 정치인들이 "들었을 때 기분 좋고, 뭔가 철학이 있는 듯한 효과적인 용어를 개발하려고 경쟁"하는 과정에서 생긴 용어라고 폄하한다. 이 용어는 국민들의 지지를 받는 데는 좋지만 "세상을 어지럽게 한다"고 한다. 순간 드는 생각이 '국민들이 지지하는데 어지러워지는 세상에는 누가 살고 있을까?'

"기분 좋고 철학이 있는 듯한" 경제민주화라는 용어를 정치인들이 왜 이제야 발견했을까? 진즉 사용했더라면 국민의 지지를 일찍부터 받을 수 있었을 텐데……. 그렇지만 이에 대해 아쉬움을 표하는 학자나 정치인은 없다. 일찍부터 이를 연구하고 주장했던 학자나 정치인은 일부 있었지만 국민들의 호응을 별로 받지 못했을 뿐이다. 또 이 개념은 이미 헌법에 명시되어 있던 것이므로 정치인들이 새삼 개발한 용어도 아니다. 경제민주화라는 용어를 "들어본 적이 없다"

니 모르는 것은 당연하다 하겠다. 그런데 "객관적으로" 검색을 하는 김에 한 번만 더 했더라면 얼마나 좋았을까 하는 생각은 든다. 경제민주화를 구글에서 검색했더라면 '위키피디아'(Wikipedia)에 실린 경제민주주의(economic democracy)의 정의를 접할 수 있었을 것이다. 말하자면 경제민주주의는 경제학 전문 사이트에는 없지만 일반인들의 상식을 풍요롭게 해주는 사이트에는 있는 용어, 그래서 경제학자들은 모르지만 일반인들은 알 수 있는 용어이다. 이 정의에 따르면 경제민주주의는 "의사결정권한을 기업 주주로부터 근로자, 소비자, 하청업자, 이웃과 폭넓은 공중을 포함하는 공적 이해당사자들에게 이동시킬 것을 제안하는 사회경제철학"이다. 이해당사자 자본주의를 경제민주주의로 정의하고 있는 것이다. 그런데 주지하는 바와 같이 신자유주의는 이해당사자 자본주의를 배격하고 주주자본주의를 철저히 옹호하는 이데올로기이다. 신자유주의 세례를 받은 경제학자가 이해당사자 자본주의의 실현을 의미하는 경제민주화에 대한 이해가 깊을 것으로 기대할 수는 없을 것이다. 경제민주화가 실현되면 신자유주의 경제학은 이데올로기로서 설 땅이 없게 된다. 그래서 경제민주화에 학술적 시민권을 부여하기를 거부하고 경제학 사전에는 올리지 않는 것이다.

제14꼼수

혹세무민 — 소비가 경제다

신자유주의 경제학자들이 공통적으로 비판하는 바는 경제민주화 개념이 모호하고 혼란스럽다는 것이다(참고문헌 〔18〕; 〔47〕; 〔50〕). 모호한 것이 아니라 두려운 것이라는 표현이 더 적절할 것이다. 경제민주화를 일단 "경제문제가 국민의 뜻에 따라 결정되도록 하자는 의미일 것"(참고문헌 〔50〕)이라고 잠정적인 정의를 내리는 학자도 있기는 하다. 비록 동어반복이기는 하지만 틀린 정의라고 할 수는 없을 것 같다. 그런데 "국민의 뜻에 따라 결정된다는 것은 소비자의 뜻에 따라 결정된다는 것"이라고 재정의하면서 경제를 대뜸 소비로 축소한다. 하지만 경제활동은 생산과 분배, 교환, 소비로 구성되며, 경제민주화는 이들 영역을 모두 포괄한다.

이 논객에 따르면 소비자는 소비를 통해 "무엇을 얼마만큼 생산할지"를 결정하는데, 이것이 "경제적 민주주의의 본질"이라는 것이다. "1원1표주의를 통해 선호의 강도도 반영되는 민주주의가 실현된다." 그러나 경제민주주의를 1원1표주의로 한정하면 돈이 없는 사람은 당연히 배제된다. 그래서 사람의, 사람에 의한, 사람을 위한 민주주의가 아니라 돈의, 돈에 의한, 돈을 위한 민주주의로 변질된다. 정확히 돈이 있는 만큼만 경제민주주의에 참여할 수 있고 힘을 발휘할 수 있다. 이 민주주의는 이미 다 되어 있다. 새삼 경제민주화를 논할 필요가 없다. 작금의 경제민주화 논의는 이 1원1표주의를 1인1표주의로 바꾸자는 것이다. 소비가 그렇게 되려면 모든 소비자에게 일정한 소득이 보장되어야 한다. 그래서 경제민주화는 자연스럽게 소득분배 영역을 포함하게 된다.

경제민주주의가 소비에만 국한되어서는 안 되는 또 한 가지 이유가 있다. 소비가 생산에 영향을 끼칠 수 있는 범위는 무엇을 언제 얼마만큼 생산할지이지 '어떻게' 생산할지에 대해서가 아니다. 반도체를 몇 개 생산할지는 궁극적으로 소비자가 결정하지만, 어떻게 생산할지, 독성물질을 투입해서 노동자의 건강을 해치면서 생산할지, 아니면 노동자의 건강도 지키면서 생산할지는 소비자가 결정할 수 없다. 바로 이 생산 과정에서 생산자가 발언권을 가지는 것이 경제민주화의 핵심을 이룬다.

경제민주주의를 반대하는 이유로 "소비자들과 기업가들의 다양한 선호"가 지적되기도 한다.

"정부가 경제문제의 처리에 정치적 민주주의 방식을 사용하면, 극히 비민주적인 결과가 나온다. 소비자들과 기업가들은 경제문제에 다양한 선호들을 가지고 있다. 선호가 다양한 경제문제에 과반수 민주주의를 적용하면, 어떤 대안으로 결정되든 하나의 대안으로 결정될 것이기 때문에, 그 대안을 선호했던 소수의 사람들을 제외하고는 나머지 사람들은 불만을 느낀다. …… 민주주의가 국민의 뜻을 따르는 것이라 할 때, 많은 사람들을 좌절시키는 정치적 민주주의 사용 결과를 두고 민주주의가 제 기능을 발휘한 것이라 말할 수 있겠는가?"(참고문헌 〔50〕)

이 주장은 소비와 경제라는 전혀 다른 두 개념을 뒤섞어 사용하면서 독자를 혼란에 빠뜨리고 있다. 마치 경제민주주의가 소비자의 다양한 선호 중에서 다수결에 따라 하나를 선택한 다음 그것을 전체에 강제해 소비자의 주권과 다양한 선택권을 침해하는 것처럼 억지를 부리고 있다. 그것도 "과반수 민주주의를 적용"함에도 불구하고 마치 소수가 다수에게 강제하는 것처럼 어불성설의 억지를 부리고 있다. 또한 다수결에 따라 선택된 소비방식을 모두에게 강제하는 것은 소수에 대한 다수의 독재이지 민주주의가 아니다. 뿐만 아니라 현실 시장경제에서 그러한 독재는 있을 수 없다. 소수라 할지라도 다수의 결정이 마음에 들지 않으면 그 소비를 피하면 되기 때문이다. 경제민주화의 틀 안에서 소비가 문제가 된다면 그것은 독과점적 생산자가 소비자에게 자행하는 독재를 차단하기 위해서이다. 과거 한국 휴대전화기 시장에서 값비싼 휴대전화기만 생산하고 통신회사들은 값비싼 전화기만 가입해 주던 시절에 소비자선택권은 제한되었다. 단순한 기능만을 가진 값싼 휴대전화기는 한국 시장에서 발붙일 틈이 없었다. 소비자주권을 명백히 침해하는 공급자들의 이러한 행위를 차단하는 것도 경제민주화의 일환이다.

또한 기업가들의 '다양한 선호들'을 말하고 있는데, 이 선호가 무엇에 관한 선호인가? 소비 선호라면 기업가라는 별도의 범주가 필요치 않다. 통상 경제학에서 사용되듯이 생산과 관련해 기업가 범주를 사용한다면, 그 경우에는 선호가 아니라 비용(이윤)의 관점에서 본 생산물의 종류와 생산량, 생산 방법 등의 선택이 문제가 된다. 기업가는 자신이 선호하는 것이 아니라 소비자가 선호하는 것을 생산한다. 가령 건강을 해치지 않고 환경도 보호하는 생산 방법에 관한 기업가의 결정이 노조와 지역사회 등과 협의하는 과정을 거쳐 민주적으로 내려진다고 해서 기업가의 선호가 침해되는 것은 아니다. 굳이 말한다면 기술이나 원료의 선택이 달라지면서 생산비용이 변할 수는 있을 것이다.

이처럼 경제민주화론이 민주화의 대상으로 삼는 생산부문에 대해서는 언급하지 않으면서 경제민주화를 소비독재로 왜곡하는 것은 한마디로 혹세무민이다. 오히려 생산자의 독재를 차단하는 것이 경제민주화이다. 자신의 민주주의관을 내세우기 위해서 다른 사람의 민주주의론을 왜곡하는 행위는 적어도 학계에서는 발을 붙일 수 없는 비방 그 자체이다. "소비자 주권을 제한하는 경제민주주의"란 이 신자유주의 논객이 혼자서 창조해 낸 허구의 세계일 뿐 실제와는 아무런 상관도 없다. 생산자 독재를 차단함으로써 소비자주권을 보호하는 것이 경제민주화이다.

기왕에 실시된 정책 가운데 경제민주화와 연관된 정책의 사례를 들면서 경제민주화가 목적을 달성하지 못할 것이며, 오히려 민주화는 정치영역에서 필요하다는 주장도 있다(참고문헌 〔37〕). 이 논객은 경제민주화는 교육평준화와 마찬가지로 실패할 것이라고 본다. "평준화 교육으로 인해 공교육은 붕괴되었고 사교육은 폭발적으로 확대"되었다는 것이다. 한국의 공교육이 붕괴되고 사교육이 폭발적으로 확대된 것은 맞지만 그것이 평준화 교육 때문인가? 이 논객은 인과관계를 역전시키고 있다. 평준화 때문에 사교육이 폭발한 것이 아니라 폭발적인 사교육 때문에 평준화가 실패한 것이다. 한국에서 한동안 계층상승의 유일한 통로는 교육이었다. 그래서 모든 한국 가정에서 자녀교육을 위한 것이라면 어떠한 희생도 감수되었다. 이 교육열이 고도성장의 밑거름이 된 것은 누구나 인정하는 사실이다. 그러나 지금은 자본주의적 계층구조가 형성되고 중산층 이상이 사교육으로 계층이동 경로를 봉쇄하면서 평준화 교육이 당초 지향했던 교육기회의 평등과 활발한 계층이동은 차단되었다. 평준화 교육 때문에 사교육이 폭증한 것이 아니라 사교육이 폭발적으로 증가하면서 평준화 교육은 무력화되었고, 그로 인해 교육은 이제 계층이동이 아니라 계층구조를 고착시키는 기제로 작동하고 있는 것이다.

이 신자유주의 논객은 마찬가지 논리로 출자총액제한제도 등 다양한 재벌규제 정책을 시행했지만 경제력 집중을 해소하지 못했으며, "고강도의 중소기업 육성정책"을 폈지만 중소기업은 기대만큼 육성되지 않았다고 주장한다. 이 역시 인과관계의 전도이다. 출자총액제한제도에도 불구하고 경제력 집중이 해소되지 못한 것이 아니라 출자총액제한제도가 제 기능을 하지 못했기 때문에, 즉 계속 완화되다가 결국 폐지되었기 때문에 경제력 집중 해소라는 목표를 달성하지 못했던 것이다. 중소기업 육성정책도 그나마 있었기에 지금의 중소기업군이 유지되었지, 만약에 그마저 없었더라면 대한민국은 훨씬 심각한 '재벌공화국'이 되어 있을 것이다. 출자총액제한제도와 중소기업 육성정책에도 불구하고 목표를 달성하지 못했던 것이 아니라 그것이 충분하지 못했기 때문에 목표를 달성하지 못했던 것이다.

제15꼼수

제 논에 물 대기 — 하여튼 정치가 문제다

다른 학자들의 연구결과를 '제 논에 물 대기' 식으로 해석하는 것은 꼼수경제학의 장기이다. 경제발전에 성공한 나라들에 관한 대런 에이스모글루(Daron Acemoglu)와 제임스 로빈슨(James Robinson)의 연구결과(『왜 국가는 실패하는가』*Why Nations Fail*)를 한 신자유주의 논객은 경제민주화 요구로부터 정치민주화로 관심을 돌리기 위해 아전인수(我田引水) 식 해석을 감행한다. 먼저 이 논객은 그들의 연구결과를 다음과 같이 요약한다.

> "국가가 실패하는 것은 사회구성원에게 권력이 골고루 분포되어 이들의 자발적 참여와 창의성을 통하여 사회전체적인 편익을 높이는 '참여적 제도'가 발달하기보다는 특정 집단, 특정인, 정부 부처에 권력이 집중되는 '착취적 제도'가 발달되기 때문이다"(참고문헌 〔37〕).

에이스모글루와 로빈슨의 연구결과를 부연해 설명하자면 '참여적'(inclusive) 경제제도와 정치제도를 발전시킨 나라는 번성하고 '착취적'(extractive) 제도가 번성하고 소수에게 권력과 기회가 집중된 나라는 쇠퇴한다는 것이다. 아울러 이들은 경제제도와 정치제도의 상호작용을 역설하고 있다. 참여적 정치제도가 참여적 경제제도를 뒷받침하고, 참여적 경제제도가 참여적 정치제도를 보장한다는 것이다. 그런데 이 신자유주의 논객은 이들의 연구결과를 "우리 시대에 필요한 권력 분산화 대상은 정부와 대통령이다"라고 주장하는데 이용한다. 과연 그러한가? 그렇기도 하고 그렇지 않기도 하다. 정치권력으로 말하자면 입법부와 사법부에 비해서 행정부와 대통령에게 권력이 집중되어 있다고 볼 수 있다. 더욱이 이명박 정부 들어 민주주의가 후퇴하는 현상마저 나타났으니 정치권력의 민주적 분산이 한국에서 다시 현안으로 떠오른 것도 사실이다. 미국의 보수적 인권단체인 '프리덤 하우스'(Freedom House)가 언론의 자유와 인터넷의 자유를 기준으로 한국을 '자유국'에서 '부분적 자유국'으로 격하시킨 것은 우연이 아니다.

그러나 에이스모글루와 로빈슨의 연구결과를 근거로 경제민주화에 반대하고 정치민주화로 관심을 돌리려는 것은 명백한 아전인수이자 곡학아세(曲學阿世)이다. 그렇다면 에이스모글루와 로빈슨의 연구결과를 한국 상황에 적용하면 어떻게 될까? 이명박 정권의 출범과 함께 한국에서는 민주주의가 후퇴하고 '참여적' 정치제도가 약화되는 한편, 소수에게 경제력이 집중되는 현상이 더욱 심해지면서 담합과 기술 탈취, 납품가 후려치기 등 '착취적' 경제제도는 더욱 강화되었다. 이러한 착취적 경제제도의 강화는 앞으로 인권 경시와 언론 자유의 제한 등 착취적 정치제도를 강화시킬 가능성이 있다. 결국 한국이 쇠락하는 길로 접어들고 있다는 결론으로 연결시킬 수 있다. 에이스모글루와 로빈슨이 우려하듯이 한국에서 경제권력이 '특정 집단과 특정인'에게 집중되는 현상은 어제오늘의 일이 아니다. 노무현 대통령은 "권력은 시장에 넘어갔다"라고 탄식하면서 경제정책을 사실상 포기했기 때문에 결국 경제적으로 실패한 대통령이 되었고, '경제성장'을 시대정신으로 부활시킴으로써 이명박 정부의 탄생에 간접적으로 기여했다. '재벌 프렌들리'한 이명박 대통령은 어떠한가? 재벌들의 끈질긴 요구에 출자총액제한제도를 폐지함으로써 재벌들에게 경제권력이 집중되는 것을 가속화했고 착취적 경제제도의 발전에 기여했다. 이제 재벌들은 정부와 대통령에도 당당히 맞서는 경제권력으로 성장했다. 경제민주화가 없다면 이러한 경향은 더욱 가속화될 것이다.

결론적으로 나라와 민족의 흥망성쇠에 관한 에이스모글루와 로빈슨의 연구결과를 한국에 적용한다면, 개혁 대상은 당연히 재벌들이 되어야 한다. 한국에서는 벌써부터 '특정 집단과 특정인'에 해당하는 재벌들과 총수 일가에 경제권력이 집중되는 '착취적 제도'가 번성하고 있었기 때문에 망하는 길로 접어들었다. 이 길에서 벗어나 흥하는 길로 접어들기 위해서는 "사회구성원들의 자발적 참여와 창의성을 통하여 사회 전체적인 편익을 높이는 '참여적 제도'가 발달"해야 하는 것이다. 그리고 이 '참여적 제도'의 다른 표현이 바로 경제민주화이고, 기업 차원의 민주화의 핵심이 바로 근로자 경영참여이다. 에이스모글루와 로빈슨이 미국에 전하는 메시지, 즉 경제적 불평등의 심화가 미국 제도의 참여성을 무너뜨리고 있다는 메시지는 한국경제에도 그대로 해당된다. 라이시 교수도 자신의 저서 『슈퍼자본주의: 경제, 민주주의, 일상생활의 전환』(*Supercapitalism: The*

Transformation of Business, Democracy, and Everyday Life)에서 자본주의와 민주주의 사이의 긴장관계가 심화되고 있고, 경제가 민주주의를 파괴하고 있다고 진단하고 있다. 한국 정치에서 '착취적 제도'가 번성하면 그것은 국민이 선거를 통해 시정할 수 있다. 그렇지만 경제에서 '착취적 제도'가 번성하고 있는 것은 누가 어떻게 시정해야 하는가? 그 답을 마련하려는 것이 바로 경제민주화이다.

경제민주화는 분명 국민경제 차원에서 재벌들에게 갈수록 집중되고 있는 경제권력을 분산시켜 '착취적 경제제도'를 해소하는 것을 목표로 한다. 그렇기 때문에 '경제'민주화인 것이다. 경제민주화는 하지 말고 정치민주화만 하자는 주장은 국민의 관심을 돌리려는 꼼수에 지나지 않는다. 한국에서는 정치민주화와 경제민주화가 모두 필요하다. 정치권력과 경제권력 가운데 집중된 정도가 경제권력이 훨씬 심각하기 때문에 경제권력의 분산을 위한 제도적 장치가 더 많이 필요하다. 피 흘린 민주화운동의 결과 '착취적 정치제도'가 크게 완화되어 한국은 한때 제2차 세계대전 이후 경제발전과 민주화를 함께 이룩한 유일한 나라의 반열에 오르기도 했었지만 민주화 과정에서 '착취적 경제제도'는 오히려 더욱 공고해졌다. 정치권력은 시민단체, 국회, 언론 등 감시와 견제 장치가 있는 반면, 경제권력은 사유재산권이라는 보호막에 가려 견제장치가 거의 없다. 재산권은 보장되지만 그 행사는 "공공복리에 적합하도록"(헌법 제23조 제2항) 해야 한다는 헌법정신에 새삼 주목해야 하는 이유가 여기에 있다.

경제민주화 과정에서 혹시라도 국가의 정치권력이 강화된다면 그것은 정치민주화로 해결되어야 한다. 정치권력이 강화될 것을 우려해 경제민주화를 포기하는 것은 '구더기 무서워 장 못 담그는 격'이다. 한국의 정치민주화에서 빠뜨릴 수 없는 과제가 입법부의 기능을 강화하는 것이다. 입법부의 기능을 강화하기는커녕 국회의원 수의 감축을 정치개혁으로 추진하려는 것은 매우 위험한 발상이다. 비용에 대한 걱정을 사라지게 하려면 아예 국회를 없애는 것이 최상의 고비용 대책일 것이다. 무능하다고 수마저 줄이면 그나마 미진한 견제기능이 더욱 위축될 뿐만 아니라 재벌들의 입법 로비에 노출될 위험성이 더욱 커진다. 무능한 국회의원 때문에 낭비되는 예산을 걱정하다가 재벌들의 로비로 인해 발생할 재정 손실이 훨씬 더 큰 결과를 낳게 될 것이다. '고비용-저효율' 정치라면 비용을 낮출 게 아니라 효율을 높여야 한다. 저효율은 놓아둔 채 비용만 낮추면 국회 기능의 총량만 줄어든다.

경제민주화가 "선진국이 적용하는 독과점력에 대한 분석에 기초"하지 않기 때문에 "절차적 정당성"을 갖지 못하며, 따라서 "결코 민주적이지 못하다"라고 주장하는 것은 대단히 엉뚱하다(참고문헌〔37〕). 독과점의 경제적 비효율성에 대한 이론적 분석은 이미 경제학원론 교과서에도 충분히 제시되어 있고, 그 내용은 선진국뿐만 아니라 한국에서도 유효하다. 새삼스럽게 "선진국이 적용하는 독과점력에 대한 분석"이 필요하지 않다. '선진국의 독과점'과 관련해 한국경제에 필요한 것이 있다면 선진국의 독과점 기업이 대체로 행하는 공정한 거래 행태와 불공정한 행태에 대한 선진국 정부의 엄단이다. 현실에서 한국의 재벌들이 보이고 있는 행태는 전형적인 독과점 행태들이다. 담합은 물론이고 불공정 하도급 행위와 배타적 거래, 기술 탈취, 일감 몰아주기, 과도한 가격 인상 등 어느 것 하나 독과점 기업이 아니고서는 할 수 없는 행태이다. 이러한 행태에 대한 분석, 즉 '독과점력에 대한 분석'은 이미 충분하고도 남는다. 그리고 그러한

'분석'에 기초하기 때문에 '절차적 정당성'을 갖는다. 이 신자유주의 논객이 말하는 '절차적 정당성'이 국민의 동의를 의미한다면, 입법권을 가진 국회에서 다수가 헌법 규정에 따라 경제민주화를 위한 법률을 제정하면 된다. 절차적 정당성이 없어 "민주적이지 못한 경제민주화"라고 비난하고 있지만, 이 멋들어진 제목에 어울리지 않게 내용에서는 평준화와 사교육의 인과관계를 전도시키고 미국 학자들의 연구결과를 '제 논에 물 대기' 식으로 해석하는 꼼수를 보여주고 있다.

제16꼼수

협박 — 투자 안 하고 한국 떠난다

경제민주화 논의에 대해 모든 신자유주의 논객들은 그것이 재벌들의 이익을 저해할 것으로 예견하고 있다. 그래서 아주 격렬하게 반대한다. 말싸움에서 궁색해지는 사람이 목청을 자꾸 높이듯이, 논쟁의 품격은 별로 개의치 않는 것처럼 거칠다. 관점도 다양하고 표현방식도 여러 가지이지만 지금 밀리면 끝장이라는 각오로 아주 외롭게 저항하고 있다. 대통령 선거 이전에는 새누리당마저 편들어주지 않았으니 그야말로 고군분투했다. 개인이든 집단이든 소수로 고립될수록 더욱 격렬한 자세로 저항하게 마련이다.

예외적이기는 하지만 그래도 차분하게 경제민주화에 반대하는 목소리를 내는 경우가 없지는 않다. 그 가운데 하나가 재벌들이 한국경제에서 차지하는 비중이나 재벌들이 해외에서 받는 칭찬을 상기시키면서 경제민주화를 하면 투자하지 않겠다고 위협하는 것이다. 그래서 한국인에게 민감한 사안인 경제성장을 건드린다. "정치권에서 개혁의 대상으로 지목하고 있는 대기업 그룹이 세계 시장에서는 한국경제의 핵심 동력원으로 평가받고 있는 상황"을 상기시키면서, "정치권에서 논의하고 있는 대기업 개혁방안들은 한국 대기업의 기업하려는 의지와 투자의욕을 심대하게 위협하는 요인이 될 것이다. 대기업 개혁정책은 …… 경제성장률을 저하시키게 될 것이다"(참고문헌 〔30〕). 그러니 재벌들을 규제하려는 경제민주화는 그만두고 "경쟁력이 저하되고 있는 중소기업 부문을 정책 · 제도 보완을 통해 보다 경쟁력 있는 부문으로 전환시키려는 노력이 필요한 시점이다"(참고문헌 〔30〕).

이 논객은 재벌들이 해외에서 한국경제의 '핵심동력원'으로 인정받고, 한국이 '아시아의 독일'로 평가받는 데 크게 기여하고 있는 것을 매우 자랑스러워한다. 한국인이라면 외국에 나갔을 때 재벌기업들의 광고 간판을 보며 뿌듯한 느낌을 가져보지 않은 사람이 없을 것이다. 그런 한국인들도 귀국해서 신문과 방송 보도를 접하다 보면 금세 재벌들에 대한 혐오감이 다시 치밀어오르는 것을 어찌할 수가 없다. 비자금, 편법상속, 공금 유용, 일감 몰아주기, 빵집 운영, 학원 운영, 기술 탈취, 납품가 후려치기, 담합, 공정위 조사업무 방해, 휠체어에 앉아 있는 총수, 국회 청문회 무시 등에 대해 경제성장을 바란다면 이 모든 것에 눈감으라고 한국의 신자유주의 경제학은 요구한다.

해외에서 칭찬받는다고 해서 너무 우쭐해하지 말고, 국내에서 비난받는다고 해서 원망할 필요는 더더욱 없다. 외국인들은 잘 모르는 재벌들의 실상을 한국인들은 잘 알고 있다. 대학생들은 재벌 회사에 취업하고 싶으면서도 재벌들에 대한 비판적인 안목은 거두지 않고 있다. 이런 부정적 인식을 해소하는 것은 재벌들의 몫이지 대학생들의 몫이 아니다. 휴대전화기 시절에 이 분야에서 세계 최대 기업이었던 핀란드의 노키아(Nokia)가 국민기업으로서 모든 핀란드인의 존경을 받고 있는 사실을 부러워할 것이 아니라 벤치마킹하면 된다. 진정으로 재벌들이 해외에서 칭찬받듯이 국내에서도 칭찬을 받으려면 국민을 향해 재벌들을 왜 칭찬하지 않느냐고 윽박지를 것이 아니라 묵묵히 칭찬받을 행동을 하면서 국민 모두가 껴안을 수 있는 기업으로 거듭나면 된다. 아니 칭찬받을 행동은 하지 않더라도 국민의 공분을 사는 행동만 하지 않으면 된다. 국민들이 재벌들에게 거는 기대치가 무리할 정도로 높은 것은 아니다. 한국 사회에서 '전횡'이라는 단어가 거의 유일하게 사용되는 때가 재벌 총수의 행태와 관련한 경우이고, '횡포'라는 단어가 자주 사용되는 때가 재벌 대기업들의 행태와 관련한 경우이다. 그리고 신자유주의자들이 자유민주주의를 자랑할 때 항상 비교 대상으로 내세우는 봉건시대의 왕보다 더 큰 권력을 가진 '황제'로 비유되는 존재가 재벌 총수이다. 봉건시대보다 지금이 더 민주적이라고 자랑만 할 것이 아니라 기왕이면 그 좋은 민주주의를 경제와 사회 영역으로까지 확대하는 것이 민주주의의 참된 본질을 구현하는 것이 아닐까?

재벌들이나 총수 일가의 반사회적 · 불법적 행태가 드러날 때마다 국민 여론이 악화되면 재벌들은 한국 사회에 '반기업 정서'가 팽배하다고 불평한다. 그러나 엄밀히 말해 한국 사회에 반기업 정서란 없다. 있다면 '반재벌 정서'가 있을 뿐이다. 반기업 정서를 운운하는 것은 전형적인 '물타기'이다. 그리고 이 '반재벌 정서'도 재벌들이 자초한 것일 뿐 누구에 의해 인위적으로 조작된 것이 아니다. 이는 국민들은 다 아는데 재벌들만 모른다. '벌거벗은 임금님'처럼.

경제민주화를 하면 투자하지 않겠다는 위협(참고문헌 〔30〕)은 마치 경제민주화를 논의하기 이전에는 투자가 활발하게 이루어지고 있었다는 말처럼 들린다. 정말 그렇다면 경제민주화는 해서는 안 된다. 경제민주화가 추구하는 목표의 하나가 바로 투자를 활성화하는 것이기 때문이다. 그런데 '재벌 프렌들리'한 이명박 정부 아래에서 재벌들이 투자를 활발하게 했던가? 재벌들이 그동안 보여준 모습은 연신 "떡 하나 주면 안 잡아먹지" 하던 호랑이가 아니었던가? 규제완화하면 투자하겠다고 하다가 막상 규제를 완화(출자총액제한제도 폐지)하면 다른 규제완화를 요구하고, 대통령이 불러 투자계획을 발표하라면 재탕하거나 삼탕하기 일쑤이고, 금고에 현금을 잔뜩 쌓아 놓고도 감세를 계속할 것을 주문하고…….

경제민주화를 하게 되면 국내 글로벌 기업의 탈한국화가 가속되어 한국경제에 타격이 클 것이라고 협박하는 신자유주의 논객도 있다(참고문헌 〔31〕). 한국 재벌들은 "이미 탈한국화 과정을 조용히 진행시키고 있음을 깨달을 필요가 있다"라고 주지시키면서 경제민주화로 인해 경영 환경이 악화되면 "적극적으로 저항하기보다는 탈한국화를 좀 더 가속화하면 되는 것이다"라고 한다. 그리고 지금 "부가가치가 높은 제품의 생산을 저임금국으로 옮기지 않고 국내에서 계속하는 주요 이유 중의 하나"가 오너나 최고경영자의 '애국심' 덕분이라고 한다. 그런데 "이미 국내 의존도가 낮은 그들이 국내 기업환경이 그들에게 적대적이고 핍박받고 있다고 생각하면" "본사를 해외로 이전하거나 해외의 본사기능을 확대"하는 것으로 대응할 수 있다고 협박한다. 매우 그럴듯한 협박이다. 기왕이면 '애국심'을 더 많이 발휘해 준다면 얼마나 좋을까? 그런데 여기에서 공장 이전과 본사 이전은 전혀 다른 차원의 문제이기 때문에 분명히 구분되어야 한다. 저임금이 공장 이전의 이유는 될지언정 본사 이전의 명분으로는 설득력이 없다. 공장의 이전에 관한 한 한국 재벌들은 경제민주화와 상관없이 '글로벌 경영'의 기치 아래 실제로 "이미 탈한국화 과정을 조용히 진행시키고" 있다. 경제민주화가 되면 탈한국화를 '가속화'할 것이라고 협박하지만 과연 그럴 수 있을지는 의문이다. 1980년대 엔고의 압력을 피하기 위해 동남아시아로 진출했던 일본 기업들이 1990년대 이후 다시 일본으로 회귀하는 경향이 나타나고 있고, 최근에는 미국 기업들 사이에서도 미국으로 회귀하려는 움직임이 나타나고 있는 상황을 보면 입지를 결정하는 요인이 매우 복합적인 것임을 알 수 있다. 풍부한 숙련 노동력, 잘 갖추어진 사회간접자본(물류와 통신), 특허권 보호, 자본시장 발달 등도 중요한 요인으로 작용하고 있는 것이다. '탈한국화'를 위협하는 이 논객이 주장하듯이 경제민주화가 재벌들의 투자결정 요인으로서 부정적으로 작용할 것인지를 예측하기 위해서는 경제민주화를 이미 제도적으로 도입하고 있는 나라들의 경험을 참고할 수 있을 것이다.

경제민주화에 재벌들이 본사 이전으로 대응하면 될 것이라는 위협도 그다지 위력이 있어 보이지는 않는다. 경제민주화를 규제강화와 비용증가로만 인식하고 본사를 개발도상국으로 이전하는 일은 아마도 처음부터 논외일 것이다. 낮은 국가신인도와 취약한 사회간접자본 등은 개발도상국이 가지는 경제 비민주화의 장점(?)을 상쇄하고도 남을 것이기 때문이다. 다른 대안은 경제민주화가 없는 선진국일 터인데, 그런 나라가 흔치 않다는 사실이다. 경제민주화라는 개념조차 경제학에서는 낯설다는 미국이 거의 유일한 나라일 터인데, 과연 한국 재벌들이 한국의 경제민주화를 피해 미국으로 본사를 이전할 수 있을까? 미국 기업들이 소송비용으로 1.9퍼센트의 생산비 증가를 감수하고 있다는 사실 하나만으로도 미국행은 재고되지 않을까? 재벌들이 경제민주화를 피하기 위해 미국으로 본사를 옮기면 담합에 대한 징벌적 손해배상 3배를 견뎌낼 수 있을까? 정치인, 관료, 언론에 대한 영향력을 지금의 한국에서처럼 유지할 수 있을까? 상상하기 어렵다. 재벌들과 신자유주의 경제학자들은 인정하지 않지만 경제민주화에 따른 생산성 향상과 갈등비용 절감 효과 등을 감안한다면 경제민주화가 재벌들로 하여금 본사의 해외 이전을 촉발할 것이라는 위협은 '공포탄'일 가능성이 크다. 경제민주화가 경영의 걸림돌로만 작동한다면 아마도 유럽 기업들 대부분이 이미 미국으로 본사를 이전했을 것이다.

제17꼼수

조롱하기 — 있는 민주화나 잘 하세요

경제민주화 논의가 활성화되자 "있는 것이나 잘 하세요"라고 비아냥거리는 논객도 있다. 그는 경제민주화를 "잘 나가는 자는 누르고 뺏고, 불쌍한 자는 보호하고 도와주자는 것"(참고문헌 〔6〕)으로 간단히 정의한다. 여기서 재벌들은 '잘 나가는 자'가 되고 중소기업, 농민, 서민은 '불쌍한 자'가 되는 구도가 설정된다. 이 논객이 기존의 경제민주화 조치로 열거한 것을 보면 누진세제, 수도권 집중 억제, 중소기업 보호정책, 경제력 집중 억제, 기업공개제도이다. 하나씩 살펴보자. 누진세제가 경제민주화 조치라면 세계 거의 모든 나라가 '경제민주화'를 실천하고 있는 셈이다. 한국도 '민주적' 세제 덕분에 "상위 1퍼센트가 소득세의 절반을 내고 하위 40퍼센트는 아예 소득세를 내지 않는다"라는 주장이다. 이 주장은 자신도 의식하지 못하는 사이에 그만큼 한국에서 세전 소득이 불평등하게 분배되고 있다는 사실을 시인하고 있다. 한국의 소득불평등은 KDI(한국개발연구원)까지 나서서 축소, 은폐, 왜곡해야 할 정도로 심각하다(『한국일보』, 2012년 4월 23일자). KDI가 '소득양극화 해소를 위해서'라는 보고서를 통해 "우리나라는 소득불평등보다는 빈곤 문제가 더욱 심각하다고 봐야 한다"라고 어리둥절한 주장을 했다가 여론의 뭇매를 맞았다. 2010년 소비자물가지수를 개편하면서 금반지와 생명보험료를 제외해 물가통계를 손질하더니(『세계일보』, 2012년 10월 12일자), 이제는 정부출연 연구기관을 앞세워 소득불평등지수까지 손질하고 나섰다. 거짓을 자신의 내재적 구성요소로 삼고 있는 신자유주의 정권의 속성이 그대로 드러나는 장면이 연속되고 있는 것이다. 그러나 손바닥으로 하늘을 가릴 수는 없는 법.

> "조세연구원은 최근 국세청 소득세 자료를 이용해 우리나라 소득 상위 1퍼센트가 버는 소득이 전체의 16.6퍼센트를 차지한다고 밝혔다. 보고서에 따르면 OECD 주요 19개국(한국 제외)의 상위 1퍼센트 소득 평균은 9.7퍼센트이며, 우리보다 부의 쏠림이 심한 것은 미국(17.7퍼센트)뿐이다. 한국은행 경제연구원도 올 초 보고서를 통해 OECD 평균치 수준인 우리나라의 지니계수에는 함정이 있다고 지적했다. 통계청의 가계동향조사에서 재산소득 등 비근로소득이 지나치게 낮게 나타나고 있기 때문에 지니계수가 왜곡되고 있다는 것이다"(『한국일보』, 2012년 4월 23일자).

이러한 조세연구원의 연구결과는 "신빙성이 없다"고 비난하면서, 이보다는 한국의 소득불평등도가 심하지 않다는 김낙년 교수(동국대)의 연구결과를 인용하는 논객도 있다(참고문헌 〔12〕). 그래서 그는 한국의 소득분배가 '그다지 나쁘지 않은' 세계 21위 또는 24위에 올라 있다고 자랑한다. 그런데 그가 자랑스럽게 인용한 "한국의 1퍼센트가 전체 소득의 11.5퍼센트를 점유한다"라는 연구결과를 김낙년 교수는 2013년에 새로운 사실들로 보완하면서 이 신자유주의 논객을 머쓱하게 만들고 있다. 김 교수가 추산한 '수정 지니계수'가 통계청이 발표한 수치보다 훨씬 높은 것으로 나타난 것이다. 즉 0.314에 머무르던 가처분소득 기준 지니계수는 0.371로, 0.344 수준이었던 시장소득 기준 지니계수는 0.415(2010년 기준)까지 치솟았다. 이 가처분소득 지니계수를 기준으로 하면 한국은 OECD(경제협력개발기구) 회원국 가운데 칠레, 멕시코, 터키, 미국에 이어 5번째로 소득불평등이 심한 나라가 된다(『한겨레신문』, 2013년 2월 27일자).

또한 소득불평등에 관한 논란에서 이 신자유주의 논객이 지나치고 있는 사실은 수직적 비교이다. 2010년 종합소득세와 근로소득세 기준으로 소득 상위 1퍼센트가 전체 소득의 11.93퍼센트를 차지하는 것으로 나타났다. 이는 2009년 11.5퍼센트는 물론, 1998년 6.58퍼센트보다는 거의 두 배 가까이 올랐다는 뜻이다. 『조선일보』까지 나서 "소득불평등 이대로 방치하면 경제성장도 멈춘다"라고 경고하는 사설을 실었다. 누진세제가 경제민주화 조치라면 한국은 이 신자유주의 논객이 주장하듯이 "과도할 정도로 민주화"(참고문헌 〔6〕)되어 있는 것이 아니라 아직도 민주화 수준이 너무 낮은 셈이다. 1969년 10월 독일의 빌리 브란트(Willy Brandt) 총리는 국정연설에서 의회민주주의에 집착하지 않고 "더 많은 민주주의의 모험을 하고자 한다"라는 선언으로 독일 현대사의 한 획을 그었다. 우리도 이제는 과거만 바라보는 민주주의를 지양하고 '더 많은' 민주주의를 지향해야 하지 않을까?

신자유주의 논객이 기존의 경제민주화 조치로 규정한 기업공개제도는 '기업공개촉진법'에 의거해 이루어졌다. 당초 이 법을 제정한 취지는 "기업의 원활한 자금조달과 재무구조의 개선을 도모하고, 국민의 기업참여를 창달하여 국민경제의 건전한 발전을 도모"하는 데 있었다. 이 법은 1972년에 단행된 8·3조치와 따로 떼어 생각할 수 없다. 당시 사채를 포함한 부채로 인해 숨이 넘어갈 것 같은 기업들에 긴급재정명령을 통해 사채를 장기저리채무로 바꿔주어 활로를 열어준 것이 바로 8·3조치였다(이 조치는 한국경제사에서 재벌들의 '도덕적 해이'를 부추긴 유명한 사례로 남게 된다). 이는 산업자본을 위해 고리대자본에 철퇴를 가한 쿠데타였다. 이 조치가 없었더라면 지금도 이름을 내밀고 있을 재벌들이 몇이나 될까? 이를 교훈 삼아 정부가 재벌들의 방만한 차입경영을 방지하기 위해서 주식을 범국민적으로 공매한 것이 바로 기업공개제도이다. 재벌들은 지금 와서 이 제도가 자신들의 지분을 강제로 낮추었다고 불평이지만, 정부 입장에서는 재벌들을 살려내기 위한 타협책이었다. '물에 빠진 사람 건져주니 보따리 내놓으라'는 격이다. 한마디로 배은망덕하다. 재벌들은 그것이 강제로 진행되었다고 불평할 것이 아니라 지금과 같은 대기업집단으로 성장할 수 있게 해준 제도로 받아들이며 오히려 고마워해야 할 것이다. 주식의 분산 소유가 아니라 은행 차입으로 대기업을 육성하는 것도 이론적으로는 가능했겠지만 그 한계는 1997년 외환위기에서 보듯이 너무 명확하다. 총수 일가의 지분이 적어지자 경영권 위협에 대비해 재벌들은 현재와 같은 순환출자구조를 구축했다. 순환출자를 금지하려는 움직임에 경영권 위협을 느끼는 것은 당연하겠지만 총수의 '황제경영'이 아니라 주주와 이해당사자들의 동의를 얻는 민주적 경영이라면 충분히 경영권을 유지할 수 있을 것이다. 국내 경제민주화의 움직임을 향해 뜬금없이 "대표 없이 세금 없다"(참고문헌 〔8〕)라는 반제 · 반봉건의 혁명 구호를 외친 신자유주의 논객이 있다. 지금 경제민주화가 외치는 "소유 없이 권한 없다"야말로 자본주의 원칙에 충실한 가장 초보적인 요구가 아닌가?

경제민주화를 조롱하는 것과는 달리 경제민주화로 재벌을 규제하려 하지 말고 "중소기업 부문을 정책 · 제도 보완을 통해 보다 경쟁력 있는 부문으로 전환시키려는 노력"(참고문헌 〔30〕)이 필요한 시점이라는 문제 제기는 그럴듯하게 들리는 딴전 피우기이다. 이 논객이 요구하는 '노력'이 바로 경제민주화이기 때문이다. 중소기업 지원대책 가운데 가장 시급한 것이 바로 중소기업이 자기 노력으로 생산한 가치를 재벌기업에 빼앗기지 않는 것이다. 그래야 중소기업이 자력으로 경쟁력을 강화할 수 있는 기반을 마련할 수 있을 것이기 때문이다. 중소기업에 제몫을 찾아주기 위한 정책적 · 제도적 보완이 바로 경제민주화이다. 재벌기업들이 중소기업들에 부리는 '횡포'는 그대로 두고 중소기업 지원방안을 따로 마련해 보라는 것은 학교폭력으로 용돈을 빼앗기는 자녀에게 그냥 용돈이나 더 많이 주라는 것이나 똑같다.

기존의 경제민주화가 결코 "잘 나가는 자"(참고문헌 〔6〕)를 크지 못하도록 억누르는 것은 아니었다. 재벌들의 성장은 결코 멈추지 않았기 때문이다. 그렇다면 새로운 조치들을 포함하면서 경제민주화가 진화하면 재벌들의 성장 방식도 그에 맞추어 진화하지 않을까? 물론 개인이든 기업이든 새로운 환경에 적응하는 것보다 기존의 경로를 유지하면서 편안하게 성장하는 것을 선호한다. 그렇지만 시대를 가르는 혁신은 언제나 새로운 경로를 개척할 때 이루어진다. 한국경제가 이제는 추격의 경로가 아니라 선도의 경로를 개척해야 생존할 수 있다는 데 동의가 모아지고 있다면 그 개척자의 역할에 대한 기대도 당연히 재벌들에게로 모아질 것이다. 경제민주화를 재벌들에 대한 규제로만 받아들이며 엄살을 떨 것이 아니라 재벌들에게 한국경제와 세계시장에서의 위상에 걸맞는 역할을 하도록 제도적으로 주문하는 것으로 이해해야 할 것이다. 국가는 언제나 국민경제를 책임져야 한다. 학교에서 공부도 잘 하고 친구들도 잘 챙겨주는 학생이 환영받듯이 한국경제에서도 수출도 잘 하고 국내 산업생태계도 활성화하는 재벌들이 환영받을 것이다.

제18꼼수

사전 예단 — 해봐야 소용없다

신자유주의 논객 중에는 경제민주화는 해봐야 소용없고 이미 실패할 운명을 안고 태어나는 것으로 예단하는 이도 있다. 경제민주화는 의회를 "구체적 계획을 만들어내지 못하는 말 가게"(참고문헌 〔4〕)로 전락시키고 무능만을 부각시켜 결국 대통령과 행정부 관료의 권력을 강화시켜줄 뿐이며, 개인의 경제적 자유는 더욱 제한될 것이고 다수의 대중이 실망하는 결과를 낳을 것이 빤하다는 것이다. 이는 국회를 비난하는 '국민 스포츠'에 동참해서 경제민주화 시도를 원천적으로 봉쇄하려는 주장이다. 한국 사회에서 처음으로 이루어지는 포괄적인 경제민주화에 관한 논의가 이미 '말 가게'의 수준을 넘어서 구체적인 내용을 갖추어 가고 있는데도 그에 만족하지 못하고 참으로 이례적으로 조급증을 보이고 있다. 재벌들과 신자유주의 경제학의 저항만 없다면 경제민주화는 금세 탄력을 받을 것이다. 그럼에도 이처럼 해봐야 소용없다고 예단하는 것은 이 논객이 논거로 삼고 있는 프리드리히 폰 하이에크(Friedrich von Hayek)의 진화관에도 배치되는 '우물에서 숭늉 찾기'이다. 하이에크는 시장질서가 오랜 시간을 두고 생산자와 소비자의 불완전한 지식과 정보에 의거해서 형성되기 때문에 '시행착오'가 불가피하고 반복적인 "발견과정으로서의 경쟁"을 통해 "진화하는 질서"로 파악했다. 물론 하이에크는 국가에 적대적인 철저한 시장근본주의의 관점에서 '설계된 질서'보다 '자생적 질서'를 더 긍정적으로 평가했지만, 한국의 시장질서는 태생부터 국가에 의해 '설계된 질서'였고, 이 '설계된 질서'의 산물이 바로 재벌들이다. 그리고 한국경제는 아직도 이 '설계된 질서'를 크게 벗어나지 못하고 있다. 신자유주의 경제학이 이러한 역사적 배경을 의도적으로 간과하면서 한국의 시장경제를 마치 '자생적 질서'인 것처럼 착각하는 행태를 보이는 것은 연목구어의 전형이다. 하이에크에게서 한국경제가 건질 수 있는 것이 있다면 진화관일 것이다. 그래서 경제민주화도 일회적인 사건이 아니라 시행착오를 거치는 진화 과정으로 이해해야 할 것이다. 하이에크의 표현을 빌려 경제민주화를 이해하자면, 그것은 한국의 '설계된 시장질서'를 새롭게 '설계'하는 작업이다. 경제발전의 '경로의존성'을 부정하지 않는다면 신자유주의 경제학과 재벌들이 주장하듯이 한국의 '설계된 시장질서'를 시장만능주의의 '자생적 시장질서'로 전환시키려는 시도야말로 한국경제를 파국으로 몰고 갈 위험천만한 도박이다. 그리고 한국에는 선진국들의 역사적 실패와 성공 경험이라는 소중한 지적 자산이 있기 때문에 이 '설계'에서 도움을 받을 수 있다. 복지국가를 설계하는 과정에서 의회가 '말 가게'로 전락하고 제 기능을 하지 못할 것이라는 선입견도 의회의 전문성을 강화하는 방향으로 개혁을 추진함으로써 불식시켜야 할 것이다. 한국 정치가 '고비용-저효율'

이라는 비난을 많이 받고 있는 현실은 국회의원 수를 줄이거나 월급을 깎는다고 해결되는 것이 결코 아니다. '고비용-저효율'의 악순환만 낳을 뿐이다. 오히려 국회의원과 보좌진의 역량을 높여 평등과 정의를 보다 효과적으로 구현하는 방향으로 개혁을 추진해야 할 것이다. 그래야 대통령과 행정관료의 정치권력은 물론 재벌들의 경제권력도 효과적으로 감시하고 견제할 수 있을 것이다.

제19꼼수

집단이기주의 — 재벌들의 방종을 방어하라

경제민주화로 "규제가 강화되면" 개인의 경제적 자유가 제한될 뿐이라는 주장도 흔한 반론 가운데 하나이다(참고문헌 〔4〕). 구체적으로 어떤 경제민주화 조치가 어떤 경제적 자유를 제한하는지에 대해서는 언급이 없다. 그저 경제민주화 일체를 거부할 뿐이다. 그런데 중소기업의 기술을 탈취하는 것이 경제적 자유인가? 납품가 후려치기를 금지하는 것이 경제적 자유를 제한하는 것인가?

정확히 말하자면, 경제민주화는 그냥 개인이 아니라 재벌들의 경제적 '방종'을 제한해 중소기업과 대다수 국민의 경제적 자유를 보장하고 확대한다. 경제민주화로 행동의 제약이 가해지는 집단이 있다면 그것은 재벌 총수들과 재벌기업들이다. 현재 재벌 총수들과 재벌기업들의 행동은 경제적 자유를 넘어 '전횡'과 '횡포'로 불릴 정도로 경제적 방종의 경지에 이르고 있다. 이 방종을 정상적인 경제적 자유로 되돌리려는 것이 경제민주화이다. 대기업과 중소기업의 동반성장을 위해 제재가 가해지는 행위들이 바로 여기에 해당된다. 그러므로 재벌들의 경제적 방종이 저지되면 중소기업과 대다수 국민의 경제적 자유는 오히려 확대된다.

경제적 자유를 요구하려면 그에 따르는 책임은 물론 타인의 자유를 침해해서는 안 된다는 한계도 당연히 받아들여야 할 것이다. 그런데 한국 재벌과 신자유주의 경제학자들에게는 이 책임과 한계에 관한 관념 자체가 없다. 한국 재벌 총수들의 자유(권한)와 책임이 일치하지 않는다는 것은 대한민국 국민들이 다 아는 사실이다. 기업 내 의사결정에 대해서 총수가 직접 책임지는 경우는 거의 없다. 경제민주화의 일환으로 출자총액제한제도를 다시 도입하려는 여야의 방침에 반발하는 것도 바로 이 자유와 책임의 불일치를 유지하려 하기 때문이다. 설사 명백한 불법행위로 인해 사법 처리를 받았을 경우에도 재벌 총수들은 한결같이 집행유예나 사면을 받는다. 경제민주화는 이와 같은 자유와 책임의 불일치, 타인의 자유에 대한 침해를 시정하려는 조치이다. 재벌들의 뿌리 깊은 특권의식을 뿌리 뽑으려는 것이 경제민주화이다. 따라서 경제적 자유를 제한하는 정책이 아니라 자유에 부합되는 책임을 강화해 경제적 자유의 진정한 의미를 되살리는 것이고, 중소기업 등 타인의 자유에 대한 침해를 차단해 오히려 이들의 경제적 자유를 확대하는 정책이다. 그러므로 진정한 경제적 자유의 구현이 경제민주화이다.

경제민주화는 재벌들의 경제적 자유를 제한하지 않으면서 적지 않은 국민의 경제적 자유를 확대할 수 있다. 재벌들은 영업의 자유와 투자의 자유가 있으니 국가가 나서서 투자를 강제할 수는 없다. 하지만 재벌들이 투자하지 않으면 적지 않은 국민이 직업선택의 자유를 누릴 수 없다. 이때 국가가 나서서 투자하고 일자리를 창출함으로써 이 자유를 누릴 수 있는 기회를 찾아줄 수 있을 것이다. 이를 위해 헌법 제32조 제1항은 국민의 근로의 권리를 보장하기 위해 국가가 "고용의 증진"을 위해 노력하도록 규정하고 있는 것이다. 고용 증진을 위한 국가의 노력을 경제민주화에 포함한다면 국민의 경제적 자유를 확대하는 데 크게 이바지하게 될 것이다.

또한 재벌기업의 경제적 방종으로 인한 피해를 더 이상 당하지 않게 될 뿐만 아니라 경제적 자유가 확대된 중소기업도 일자리 창출에 이바지할 수 있게 될 것이다.

그러므로 경제민주화가 일부 개인의 경제적 자유를 제한하기 때문에 "경제민주화와 일자리 창출을 동시에 약속하는 것은 마치 산과 바다로 동시에 여행을 떠나자고 하는 것과 별로 다를 바 없다"(참고문헌 〔4〕)라는 주장도 근거가 없다. 경제민주화로 제한되는 것이 있다면 그것은 재벌들의 경제적 방종뿐이고, 중소기업과 자영업자, 소비자, 근로자의 경제적 자유는 오히려 확대될 것이다. 따라서 일자리 창출을 위한 투자활성화와 새로운 성장 동력의 창출은 경제민주화의 필수적 구성요소이자 중간 목표이다. 지금과 같은 재벌들의 '투자 태업'을 타개하기 위해서도 국가의 직접적인 투자를 포함하는 고용증진 정책을 추진하는 것이 경제민주화이다. 그래서 이 논객처럼 일자리가 마치 재벌기업에 의해서만 창출된다고 착각하지 않는 한 경제민주화와 일자리 창출은 양립할 수 있다. 강원도에 가면 "산과 바다를 동시에 여행"할 수 있는 것처럼 경제민주화를 하면 일자리 창출도 활발해진다.

제20꼼수

억지 — 경제와 민주주의의 생이별

신자유주의 경제학자들이 경제민주화를 부정하기 위해 감행하는 흔한 시도는 민주주의를 경제와는 아무 상관 없는 것으로 강제 격리하는 것이다. 그래서 경제민주화라는 개념이 성립할 수 없다고 주장한다. "민주주의와 시장경제는 근본이 다르다"(참고문헌 〔43〕)는 주장이 대표적이다. 이에 따르면 민주주의는 정치 영역에만 적용되는 원칙이므로 경제를 민주화한다는 것은 경제를 '정치화'하는 것이고 "정치적 의사결정이 시장적 의사결정과정을 지배한다는 것"을 의미하게 된다. 이처럼 경제민주화를 경제의 정치화로 자의적으로 해석하다 보니, 왜 경제민주화를 원하는지 국민들에게 따지고 들게 된다. "우리 국민은 정치를 싫어하는 정도를 넘어서 혐오"하면서도 왜 "정부가 경제에 개입하면 일이 잘 되리라고 기대하는지 전혀 이해가 되지 않아" "일반 국민들에게 묻고" 싶다고 소리친다. 그러면서 국민들에게 경제민주화라는 '맛없는 정부미'를 먹을 것인지, 모든 것을 시장에 맡기는 '맛있는 일반미'를 먹을 것인지를 두고 양자택일을 강요하고 있다. 경제민주화를 정부에 의한 시장 개입으로 정의해 놓고 나면 신자유주의 경제학의 관점에서는 경제민주화를 '맛없는 정부미' 이외에 달리 평가할 길이 없다. 이 논객은 스스로 멋진 비유에 취한 듯 '맛없는 정부미'가 이제 시장에서는 유통되지 않는다는 사실마저 잊어버리고 있다. 굳이 이 대비를 빌려 표현하자면, 이 논객은 '맛있는 일반미'는 공급량이 충분하지 않다는 사실을 감안하지 않고 있다. 경제민주화는 '맛있는 일반미'는 물론, 신자유주의 경제학에서는 찾을 수 없는 '맛있는 정부미'의 공급도 늘리려는 노력이다.

경제민주화의 개념을 부정하고 경제의 '정치화'로 왜곡하게 되면 이 개념을 헌법에 명시한 헌법학자들과의 논쟁이 불가피하지만 이 신자유주의 논객이 패할 것은 너무 빤하다. 이 개념은 이 논객의 의사와는 상관없이 이미 130년 이상의 역사를 가지고 있기 때문이다. 그리고 "민주주의와 시장경제는 근본이 다르다"라는 주장도 역사적 사실에 전혀 부합되지 않는 발언이다. 민주주의와 시장경제는 근본이 같다. 둘 다 중세 봉건사회를 무너뜨리고 근대사회로 넘어오면서 정착된 질서이다. 전자는 주로 정치질서를, 후자는 경제질서를 의미하지만 부르주아지와 노동자계급을 주체로 한다는 점에서 공통적이다. 역사적으로 부르주아지 및 노동자계급의 성장과 민주주의의 진전 및 시장경제의 확대는 맥을 같이했다.

이 신자유주의 논객은 경제민주화를 저지해야 한다는 절대절명의 목표를 위해서 개념과 사실에 대해 매우 자의적인 해석을 하면서 스스로 모순에 빠진다는 사실도 잊고 독자를 혼란에 빠뜨린다. '경제민주화'를 갑자기 '민주주의와 시장경제의 병행 발전'으로 대체하면서 양자가 "병행 발전하는 속성이 일부 존재"하기도 하지만 양자는 '근본'이 다르기 때문에 "양립 불가능하다"(참고문헌 〔43〕)라는 것이다. 병행 발전한다는 것인지, 양립 불가능하다는 것인지 헷갈린다. 무엇이든 둘 사이의 관계에서 '병행 발전'과 '양립 불가'가 동시에 성립하는 것은 불가능하다. '양립 불가'한 것이 '병행 발전'한다면 그것이야말로 궤변이다. 둘 사이의 정확한 역사적 관계는 양자는 분명 상호작용 속에서 시간을 두고 병행 발전했다.

그런데 양자를 양립 불가능하게 만든다는 '근본'을 보면 더욱 해괴하다.

> "민주주의의 경우 항시 강제성이 전제되나 시장경제체제는 자발성이 근간을 이룬다."
>
> "민주주의의 의사결정은 다수결로 이루어지며, 이 과정에서 반대를

한 소수도 최종 결정이 이루어진 후에는 반드시 그 결정에 따라야 하는 의무를 진다. …… 시장경제에서는 …… 생산자든 소비자든 상대방에게 자신의 선택을 강요할 수 없다. 모든 거래는 자발적으로 이루어지며, 성사되는 거래의 경우는 항시 만장일치가 이루어진다”(참고문헌〔43〕).

시장경제에서는 만장일치로 결정되기 때문에 자발성이 근본을 이루고, 민주주의에서는 다수결로 결정되기 때문에 강제성이 근본을 이룬다는 주장이다. 정말 그러한가? 시장경제에서 거래의 주체는 소비자와 생산자이니 쌍방이 ‘만장일치’가 되지 않으면 거래가 성사될 수 없는 것은 당연하다. 정치적 사안에서도 당사자가 둘밖에 없다면 다수결이 아니라 만장일치가 되어야 합의(가령 여야 합의)가 이루어지는 것이 아닌가? 나아가 정치적 의사결정 과정에 참여할지의 여부와 누구에게 투표할지의 여부는 원칙적으로 개인의 자발성에 따라 결정되는 것이지 누구의 강제에 따르는 것이 아니다. 그래서 개인의 자유로운 선택은 시장경제에서만이 아니라 정치영역에서도 그대로 적용된다. 또한 정치영역에서 다수결로 결정될 경우 모두 따라야 하는 강제성이 있다면 시장경제에서도 생산자와 소비자가 ‘만장일치’로 계약을 맺으면 반드시 지켜야 하는 강제성이 있다. 정치에서든 경제에서든 어떤 결정이나 합의가 이루어지기 전에는 당사자의 자발성이 유효하지만, 일단 합의가 이루어지고 난 다음에는 지켜야 한다는 강제성이 있는 것이다. 정치와 경제라는 두 영역에 모두 자발성과 강제성이 공존한다. 두 영역에서 한쪽만 보면서 ‘근본’이 다르다고 주장하는 것이야말로 궤변이다.

이 궤변을 믿게 되면 경제민주화를 요구하는 목소리는 ‘잘 모르고 하는 허튼소리'가 된다. 그래서 "최근 화두로 등장한 경제민주화 내용과 방법을 두고 진행되는 논의에서 갑론을박의 근원은 관련자 모두가 정치적 민주주의와 시장경제체제의 본질 그리고 그 양자의 차이를 제대로 인식하지 못하는 데서 야기되는 것 같다"(참고문헌 〔43〕)라는 꾸지람을 듣게 된다. 그렇게 되면 '경제민주화' 개념을 헌법 제119조에 도입하고 그에 대해 구체적인 해석을 제시하는 헌법학자들은 모두 민주주의와 시장경제의 '본질과 차이'를 잘 모르는 사람들이 된다. 신자유주의 경제학자의 이러한 지적 우월주의는 사실 스스로 자신의 편협한 세계에만 매몰되어 다른 세상을 잘 모르기 때문에 생기는 현상이다. 민주주의와 시장경제는 자유와 평등을 공통의 가치로 가지는 상호보완적인 질서들이다. 민주주의는 물론 시장경제도 자유와 평등의 가치가 구현되지 않으면 발전할 수 없다. 등가교환의 원칙, 일물일가(一物一價)의 원칙, 동일노동 동일임금의 원칙 등은 경제적 평등의 표현이다. 고대 그리스의 철학자 아리스토텔레스(Aristoteles)도 시장을 연구하면서 풀지 못한 한 가지 의문이 있었다. 그리스 시장에서 노예의 생산물과 자유인의 생산물이 어떻게 해서 등가물로 교환될 수 있는지였다. '말하는 도구'에 지나지 않았던 노예와 자유인의 불평등한 신분관계는 교환관계의 본질에 대한 천재의 정확한 인식마저 방해했던 것이다. 자유와 평등이 보장된 현대사회에 생겨난 신자유주의 경제학의 인식 수준은 아리스토텔레스에도 미치지 못하고 있다.

이 신자유주의 논객이 민주주의와 시장경제의 본질이 다르다고 주장할 수 있는 이유는 정치에 대한 몰이해 때문이라고 단정적으로 말할 수 있다.

"일반적으로 우리는 정치적 의사결정은 과오를 범하지 않는 전지전능한 주체에 의해 높은 곳으로부터 이루어지는 것으로 알고 있으나 이는 사실이 아니다"(참고문헌 〔43〕).

이처럼 정치적 의사결정을 '신의 경지'에 올려놓는 '우리'가 이 신자유주의 논객 말고 누가 있는지 정말 궁금하다. 신자유주의 경제학이 안고 있는 가장 큰 문제는 다른 학문을 모르다 보니 자신의 한계를 모르는 것이다. 자신이 가장 우월하다는 착각 속에서 다른 사회과학 분야를 얕잡아보고 자기 앞에 줄을 세우려고 든다. 그러나 그 속내를 찬찬히 들여다보면 허점투성이에다 허풍쟁이라는 사실이 금세 드러난다. 신자유주의 경제학은 논리적 · 현실적 오류와 꼼수가 없으면 유지될 수 없다. 30년 이상 신자유주의는 모든 것을 시장에 맡겨야 한다는 논리를 내세우면서 세상을 새롭게 '설계'했다. 수많은 사람들이 고통스러워하고 목숨마저 잃고 있지만, 신자유주의는 '계속 이대로'만 외치고 있다. 이러한 흐름에 반전을 꾀하려는 정책조합이 경제민주화이다. 경제민주화로 시작된 반전은 정치적 민주주의를 더욱 강화할 것이며, 이는 다시 경제민주화로 환류될 것이다. 그리고 둘 사이에 상승작용이 활발해지면 '돈만 사는 세상'은 점차 멀어지고 '사람 사는 세상'이 열리게 될 것이다.

제21꼼수

억지 부리기 — "독재적 경제민주화"

경제민주화를 추진하는 방식을 놓고 '독재적'이라고 비난하는 신자유주의 논객도 있다. 재벌들과는 의논하지 않고 있다는 사실을 들어 “민주화를 외치지만 경제민주화는 독재 스타일”이라고 외치고 있다. 대선을 앞두고 각 후보가 발표하는 경제민주화 공약들을 비판하면서 “‘닥치고’ 식”, “협박성” 등 매우 거친 표현을 서슴없이 사용하고 있다(참고문헌 〔5〕). 말싸움에서 밀리는 사람이 먼저 욕하듯이, 이런 거친 글일수록 쓰는 이는 일시 시원할지 모르겠지만 알맹이가 별로 없다는 점을 읽는 이들은 대부분 알고 있다. “경제민주화가 조금이라도 성공하려면, 대기업과의 민주적이고 합리적 논의에 근거한 합의에 의해서만 가능함을 명심해야 한다”라고 하니 정말 박근혜 정부는 ‘명심’해야 할 것이다. 경제민주화를 추진해 국민 대다수의 이익을 실현하고자 재벌들의 기득권을 제도적으로 제한하려 할 때 재벌들의 반발이 상상을 초월할 것이라는 사실을. “닥치고 경제민주화 역시 성공하지 못하고 선거용 소모품 공약이 될 수밖에 없다”라고 하니 경제민주화가 법제화된다 해도 이를 무력화하려는 재벌들의 다양한 시도를 예고하는 것 같다.

> “정치개혁을 성공시키기 위해서는 정치인들의 자발적인 동의와 협조가 필요한 것처럼 성공적인 재벌개혁 역시 대기업과의 논의와 자발적 참여가 필수적이다. 사회민주화든 경제민주화든 민주화라면 방법도 민주적이어야 한다”(참고문헌 〔5〕).

한국 사회에서 “정치인들의 자발적인 동의와 협조”로 정치개혁을 이룬 적이 있었는지 참으로 궁금하다. 2012년 대선 직전에 의원연금을 포기하기로 선언해 놓고 대선 후 실제로 통과된 예산에서는 연금을 유지했다. 이 신자유주의 논객의 주장에 따른다면 의원연금은 “정치인들의 자발적인 동의와 협조”가 있어야 폐지될 수 있다.

그런데 이것이 과연 가능할까? 여론의 비판과 압력만이 특권을 폐지할 수 있다. 이해관계의 변동을 수반하는 경제민주화 또한 마찬가지이다. 재벌들이 자발적으로 경제적 방종과 횡포라는 기득권을 포기할 것으로 기대하는 것은 순진한 생각이다. 자신들이 동의하지 않는다고 경제민주화를 추진하는 방법을 비민주적이라고 비난하는 것은 민주주의 운영원리를 다수결이 아니라 만장일치로 우기는 것이나 다름없다. 이처럼 떼쓰고 우겨서라도 경제민주화를 저지하고 싶은 것이 신자유주의 경제학이다. '대 · 중소기업상생법'처럼 경제적 범죄의 처벌에 관한 입법이 가해자의 동의를 얻어 이루어지지 않는다고 하며 독재적이라고 비난하고 있는 것이다. 성폭행범에게 전자발찌를 채우는 처벌을 성폭행범의 "자발적인 동의와 협조"를 받지 않았다고 해서 독재적이라고 비난할 수 있을까?

비슷한 맥락에서 경제민주화가 만장일치로 결정되지 않으면 받아들일 수 없다는 신자유주의 논객도 있다. 그에 따르면 "국가는 기본적으로 시민들이 만장일치를 한 분야에 한해 그 역할과 기능을 인정받을 수 있다. …… 개인의 자유의 확보를 위해서는 국가의 권력이 행사되는 영역을 그런 합의가 존재하는 영역 안으로 제한하는 규칙들이 무엇보다도 중요하다"(참고문헌 〔4〕). 신자유주의가 국가를 혐오하는 것은 널리 알려져 있지만 이쯤이면 국가폐지론이다. '시민들이 만장일치'를 하는 국가의 기능에 무엇이 있을까? 재산권 보호? 인권 신장? 범죄자 처벌? 어느 하나 가능할 것 같지 않다. 민주사회에서 만장일치로 합의된 영역에서만 국가의 활동을 제한하려는 것은 1인1표제 아래에서는 소수일 수밖에 없는 자신들이 다수에 제압당하는 수모를 당하지 않으려는 속내를 드러내는 것이다. 경제민주화가 경제 분야에서 대다수 국민의 자유를 확대하는 것이라는 사실에는 전혀 관심이 없다. 경제민주화로 인해 재벌을 포함한 일부 소수의 경제적 방종이 제한되는 상황을 받아들일 수 없는 것이다. 경제민주화를 개인의 자유를 제한하는 것으로 곡해하면서 개인의 자유를 국가권력 밖에서만 확보할 수 있다고 믿는 것도 왕권을 어떻게든 제한하고 싶어했던 초기 부르주아지의 세계관을 그대로 빼다 박았다. 아직도 절대왕정의 악몽에서 깨어나지 못한 것인가?

어느 개혁이든 이해관계의 변동을 수반한다. 기득권을 잃는 집단이 생기고 새로운 이익 기반을 확보하는 집단도 생긴다. 경제민주화를 추진할 때 동의를 받아야 하는 상대는 국민이지 재벌들이 아니다. 국민 중에는 경제민주화에 찬성하는 이도 있지만 반대하는 이도 있다. 경제민주화가 한국경제의 지속적인 발전을 위해서 불가피하다는 판단이 섰을 때에는 재벌들이 반대할지라도 국회의 입법 과정을 거쳐 관철해야 한다. 재벌들이 경제민주화에 동의하지 않았다고 해서 '독재적'이라고 비난하면서 거부하는 것은 재벌 특유의 특권의식의 발로에 지나지 않는다. 너무나도 빤한 재벌들의 의견이 반영되지 않는다고 해서 '독재'라고 한다면 절도와 강도 행위를 처벌하는 형법을 잠재적 도적과 강도에게 묻지 않고 제정했다고 독재적이라 비난하는 것과 같다. 아무리 엄한 법이 있다고 할지라도 '착하게' 살면 감옥에 가지 않듯이 경제민주화가 아무리 거슬리더라도 '착하게' 기업 활동을 해나가면 거리낄 것이 없다. 담합하지 않고 중소기업의 기술을 탈취하지 않는 재벌들은 공정거래법을 강화하거나 '대·중소기업상생법'을 보완한다 해도 두려워할 필요가 전혀 없다. 소비자에게 제품을 공정한 가격에 판매하고 중소기업의 납품단가를 후려치지 않는 재벌이라면 징벌적 손해배상을 10배가 아니라 100배로 올린다 한들 당당할 뿐이다. '독재'와 '민주'에 대한 비상식적인 정의에 기초해서 경제민주화 논의 방식이 독재적이라고 비난하는 것은 결국 '도둑이 제 발 저리는 격'에 지나지 않는다. 이 논객은 이명박 정부의 '동반성장'이 실패한 것을 동반이 아니라 일방적이었기 때문이라고 주장하지만 실패한 진짜 이유는 정부가 "민주적이고 합리적 논의에 근거한 합의"만을 기대하다가 시간만 보냈기 때문이다. 정권의 '친재벌적' 본성을 충분히 경험한 재벌들은 '지나가는 소나기'라는 것을 일찌감치 간파했던 것이다.

마지막으로 정말 재벌들이 논의 과정에 참여하고 있지 않는 것일까? 적극적으로 참여하고 있다. 이미 1987년 헌법이 제정될 때 제119조 제2항에 반대하는 의견을 충분히 피력했다. 지금도 학술대회로 포장된 선전활동과 출판활동 등을 활발하게 펼치고 있지 않은가? 저명한 재벌 '대타협론자'인 장하준 교수를 초청해 강연을 듣고 언론 플레이도 했다. 그들이 할 수 있는 모든 수단을 동원해 경제민주화 저지투쟁을 이미 펼치고 있는 것이다. 재벌들의 반대 요구가 국민 대다수의 요구에 눌려 잘 들리지 않을 뿐이다. 다른 이해당사자들이 참여하는 수준이 오히려 이에 미치지 못하고 있다는 평가가 공정할 것이다. 이 논객은 "대선후보와 정치인들이 자신이 주인도 아니면서 남의 집이 크다고 이렇게 쪼개고, 저렇게 고치라고 강요하고 있다"라고 불평한다. 그런데 대선후보들이 왜 그러는가? 옆집을 무너뜨리면서 자기 집만 키운다거나 2층 집 바로 앞에 10층 건물을 지어서 조망권과 일조권 등을 침해하기 때문이다. 뿐만 아니라 그렇게 하지 말라고 법에는 분명 적혀 있어도 무시하고 이제는 10층을 20층으로 올려 뒷집까지도 사람이 살 수 없게 만드니 처벌을 강화하겠다는 것이다. 이것이 독재인가? 오히려 10층 집 주인의 안하무인 식 횡포를 막지 않는다면 국가가 직무유기를 하는 것이다. 자신이 주인은 아니지만 횡포를 막도록 국민으로부터 권한을 위임받은 이가 정치인들이다.

제22꼼수

몰이해 백화점

A. 경제민주화를 거부하기 위해 경제민주화의 실체를 부정하는 신자유주의 논객도 있다. 경제민주화의 내용에 대한 이 논객의 몰이해는 가히 상상을 초월한다. 한국에서 논의되고 있는 경제민주화가 "세상에 하나밖에 없는" 경제민주화이고, 독일의 경제민주화는 "노동자의 경영참여 정도"인데 "기업이 민주화의 대상이 되는 경제민주화는 듣도 보도 못한 논리"(참고문헌 〔5〕)라고 억지를 부린다. 사실은 노동자의 경영참여와 기업민주화가 서로 별개의 사안이 아니다. 기업이 민주화의 대상이 되는 것, 즉 기업민주화가 경제민주화의 핵심이고, 노동자 경영참여인 공동결정제는 기업민주화의 절정이다. 이 논객은 마치 "노동자의 경영참여 정도"는 받아들일 용의가 있는 것처럼 말하지만, 그것은 결코 사소한 사안이 아니며 바로 기업경영을 민주화하는 핵심제도이다. 이 제도는 독일뿐만 아니라 대부분의 유럽연합 회원국들이 채택하고 있다. 굳이 "세상에 하나밖에 없는" 것을 한국에서 찾는다면 그것은 특권의식으로 가득 찬 재벌들이다. 한국의 재벌과 재벌 총수처럼 실정법을 무시하며 드러내놓고 위반하는 기업과 기업인은 세상에 없다.

나아가 "정부 규제로는 모자라 입법으로 강제"하고 "기업의 경영권과 재산권을 침해"하려 하니 "권력남용"(참고문헌 〔5〕)이라는 주장은 재벌들이 듣기에도 민망할 과잉 충성의 발언이다. 재산권의 제한은 법률로 가능하도록 헌법에 보장되어 있다는 사실도 잊고 법치주의보다 행정편의주의(정부 규제)가 더 권력남용이 된다는 사실도 망각한 오버액션이다. 국회의 입법활동이 진정으로 '권력남용'이라고 믿는다면 조용히 사법부 판단에 맡기면 된다.

B. 경제민주화 규정이 포함된 헌법 제119조 제2항을 문법적으로 해석하면서 경제민주화를 위한 규제와 조정의 당위성을 평가절하하려는 시도도 있다. 한 논객은 제2항의 문장 구조로 볼 때 경제민주화의 "궁극적인 목적"은 "국민경제의 성장과 안정"에 있으므로 경제민주화 논의를 "대기업 규제 강화"에 맞출 것이 아니라 "국민경제의 성장이라는 절대원칙"의 범위로 제한해야 한다는 주장이다(참고문헌 〔33〕). 성장을 위한 경제민주화! 조항에 대한 이해가 정확했는지의 여부를 떠나 지극히 신자유주의적인, 성장지상주의적인 해석이다. 그러다 보니 결론은 경제민주화를 하지 말고 성장을 위한 다른 방도를 찾아보자는 주장이다. 경제민주화를 하라는 헌법 규정이 경제민주화를 하지 말라고 해석되는 기현상이 일어나는 곳이 한국이다.

다른 한 신자유주의 논객은 경제민주화를 국민경제의 성장 및 안정과 적정한 소득분배, 경제력 남용 등과는 연관 짓지 않고 "경제주체 간의 조화"라는 구절에만 연관시키면서 "경제민간화"로 해석하고 있다(참고문헌 〔40〕). 그 근거로 1987년 헌법 개정 당시 국회 헌법개정안기초소위원회 위원장의 다음과 같은 증언을 인용하면서 지극히 자의적으로 해석하고 있다.

"정부, 기업, 가계라는 경제주체 가운데 종전에는 정부주도 경제운용에 치우쳤으나 민간주도로 전환하여 효율성을 극대화시킴과 아울러 사용자와 근로자라는 노동경제상의 양대 주체간의 협조를 통한 산업평화와 노사공영의 이룩을 도모하고자 하는 것이다. 이(제2항 전체)는 동시에 경제에 대한 규제, 조정의 방식 및 한계를 규정한 것이기도 하다."

이 신자유주의 논객은 '경제민간화'가 어떤 내용을 담고 있는지에 대해서는 구체적으로 설명하지 않고, 다만 그것이 인용문에서 말하는 "경제에 대한 규제, 조정의 방식 및 한계"에 비추어 볼 때 사회주의화나 사회민주주의화는 아니라는 해석을 내리고 있다. 이 논객의 주장은 대단히 중요한 이론적 · 현실적 몰이해와 꼼수를 안고 있다. 먼저 이 논객은 사회주의와 사회민주주의를 대충 비슷한 것으로 착각하고 있다. 양자의 차이가 얼마나 큰지 전혀 인식하지 못하고 있는 것으로 보인다. 사회주의와 사회민주주의 세력이 서로 상대방을 '개량주의'와 '교조주의'로 비난하면서 얼마나 적대시했는지는 잘 알려진 사실이다. 그리고 독일에서 1930년대 나치가 정권을 장악하게 된 중요한 이유가 사회주의 세력(공산당)과 사회민주주의 세력이 득표율만을 놓고 보면 충분히 가능했던 연립정부를 상호 적대감으로 인해 구성하지 않았기 때문이기도 하다. "진보는 분열 때문에 망한다"라는 뼈 있는 비아냥은 바로 이 사회주의와 사회민주주의의 반목에서 유래한 말이다. 경제민주화에 잘 알지도 못하는 '사회주의' 색깔을 덧칠해서 국민을 호도하는 유치한 장난은 이제 학자라면 그만두어야 할 것이다.

아울러 이 신자유주의 논객은 인용문의 핵심을 빠뜨리면서 인용문뿐만 아니라 헌법의 취지도 왜곡하고 있다. 누구도 사용한 적이 없는 '경제민간화'라는 용어를 사용하면서 아마도 내심으로는

1980년대 사회 전반의 민주화 요구에 무임승차해서 전경련이 주장하던 재벌 중심의 '민간주도경제론'을 말하고 싶은 것 같다. 이러한 짐작이 드는 이유는 '경제민간화'를 언급하면서 위 증언의 핵심적인 내용이라 할 수 있는 "사용자와 근로자라는 노동경제상의 양대 주체 간의 협조를 통한 산업평화와 노사공영"에 대해서는 전혀 관심을 기울이지 않고 있기 때문이다. '민간주도경제론'에는 산업평화나 노사공영은 없다. 재벌들이 청산하고 싶어했던 관치경제에서 재벌규제만 빼고 노조탄압은 유지되는 경제가 그려질 뿐이다. 그렇지만 "사용자와 근로자의 협조를 통한 산업평화와 노사공영"이 없는 "경제주체 간의 조화를 통한 경제민주화"를 상상이나 할 수 있을까? 이 신자유주의 논객이 기업의 존재이유로 거론하고 있는 사용자에 의한 일방적인 '상명하복'으로 "경제주체 간의 조화"나 노사협조가 가능할까? 국민의 참여 없는 정치민주주의가 불가능하듯이 노동자의 참여 없는 경제민주주의도 불가능하다. 체제 전복도 노조탄압도 아닌 노사협력과 노동자의 경영참여에 기초한 산업평화와 노사공영이 바로 경제민주화의 핵심이다.

나아가 '경제민간화' 해석은 헌법이 개정되던 당시의 상황에 대한 고려가 전혀 없다. 헌법이 개정된 1987년이 어떤 해였던가? 독재정권의 폭압에 억눌려 있었던 노동자들의 경제적 요구가 봇물처럼 터져나오고 수많은 민주노조가 결성된 해가 아니던가? 이러한 시대적 상황에서 헌법이 "경제주체 간의 조화를 통한 경제민주화"를 아무런 재해석의 여지를 두지 않고 '경제민주주의의 구현'이라는 의미로 포함하는 것은 지극히 자연스러운 현상이었을 것이다. 그리고 경제민주화가 경제민간화라면 왜 재벌들이 헌법 개정 당시 이 조항에 대해 그토록 반대했었겠는가? '경제민간화' 논객은 헌법개정안 마련에 참여했던 인사의 증언을 자기 입맛에 맞게 부분적으로 인용하는 꼼수를 부리면서 스스로 헌법을 왜곡하고 있는 것이다.

경제민주화란 한때 논의만 있었을 뿐 지금은 실체가 전혀 없다고 주장하는 논객(참고문헌 〔10〕)이나 "경제학자도 모르는 경제민주화"(참고문헌 〔47〕)가 어디 있느냐는 논객과는 반대로 이 논객은 "오늘날 서구 사회민주주의 국가들의 경우 …… 이미 오래 전부터 경제민주화를 실천하고 있는 셈이다"라고 주장하면서 경제민주화의 실체는 인정하고 있다. 경제민주화 반대론자들 사이에서 경제민주화에 대한 입장이 중구난방인 셈이다. 갑자기 열린 '판도라의 상자'를 앞에 두고 신자유주의 경제학자들이 자중지란(自中之亂) 속에서 우왕좌왕하고 있다. 그래도 막기는 막아야 할 터이니 누구든 아무렇게나 공격해서 경제민주화를 좌초시키기만 하면 된다는 식이다. 결국 '경제민간화' 논객이 경제민주화 요구에 대해 가하는 다음과 같은 비난은 전형적인 유체이탈화법이니 신자유주의 경제학자들에게 고스란히 되돌려주어야 할 것 같다.

> "경제민주화란 용어의 본래적 정치(경제? - 인용자)철학적 의미나 이것이 가져올 경제적 파장에 대한 면밀한 검토도 없이, 그리고 헌법상의 도입취지에 대한 논의도 없이, 그 의미를 포퓰리즘적 정치구호로 '반헌법적'으로 왜곡해온 셈이다"(참고문헌 〔40〕).

경제민주화 주창자들은 이미 오래전부터 경제민주화의 의의와 영향에 대해 논의하고 있었다. 경제민주화의 실체를 인정할지를 놓고도 입장이 엇갈리는 것을 보면 오히려 신자유주의 경제학자들 사이에서 경제민주화에 대한 논의나 관심은 전혀 없었던 것이 분명하다. 그리고 이 논객 자신도 일관성에서 혼란스럽다. 이미 "오래전부터" 서구에서는 실천되고 있다는 경제민주화가 한국에서는 너무 생경하다고 반발한다. 한국이 그토록 폐쇄된 사회인가? 한국의 독재정권에 거슬리는 기사가 실리면 그 면이 찢겨진 채 『타임』이나 『뉴스위크』가 통관되던 시절도 있었다. 그러나 지금은 인터넷 세상이다.

> "놀라운 것은 경제민주화가 헌법에 도입될 때도 그러했고, 지금의 논의도 그러하고, 도대체 그 뜻하는 바가 무엇이고 그 결과가 무엇을 가져올 것인가에 대한 진지한 논의도 없으며, 겨우 재벌 대기업을 청산할 것이냐 혹은 규제를 어느 정도 할 것이냐를 가지고 논쟁을 벌이고 있다는 점이다"(참고문헌 〔40〕).

'경제민간화' 논객조차 서구에서는 경제민주화가 이미 오래전부터 실천되고 있다는 것을 알고 있는데 한국의 경제민주화 찬성론자들은 아직도 "그 뜻하는 바가 무엇이고 그 결과가 무엇을 가져올 것인가에 대한 진지한 논의"도 하지 않았다고 경제민주화론자들을 폄하하고 있다. 신자유주의 경제학에 어긋나는 이론은 존재조차 부정하는 독선이다. 작금의 한국경제가 지속 가능한 발전으로 나아갈 수 있는 유일한 활로가 경제민주화이다. 이 논객의 입장에서 본다면 1987년 헌법 개정 당시 '어용'이라고 욕먹었던 헌법학자들까지 무식쟁이가 되고 말았다. 정말 경제민주화론이 그렇게 저급하다면 신자유주의 경제학자들이 저토록 거칠게 달려들면서 헐뜯어야 하는지 의아할 뿐이다.

'경제민간화' 논객의 상상력은 "서구 사민주의 국가 모델이 지속가능하기 어렵다는 평가가 내려지고 있다"라는 현실 왜곡에서 중간절정을 이룬다. 구체적으로 어느 나라를 가리키는지는 전혀 언급이 없다. 미국마저 2008년 금융위기를 계기로 그 앙상한 민얼굴을 보이고 말았으니 이 논객이 "한국경제가 벤치마킹할 선진국 모형은 어디에도 없어 보인다"라고 탄식하는 것은 최소한 일관성은 있다. 이 논객이 주장하듯이 미국과 영국 같은 자유시장경제 모형도 아니고 유럽과 같은 사회시장경제 모형도 아니라면 한국경제는 이제 어느 나라도 가본 적이 없는 경로를 개척해야 한다. 지난 50년 넘게 '선진국'을 따라잡겠다고 죽어라 일했고 지금도 뭔가 나아지려면 '선진화'한다고 말하곤 하는데, 그게 몽땅 헛수고였다는 말인가? 그러나 천만다행하게도 '경제민간화'를 언급하는 논객의 희망과는 반대로 '서구 사민주의 국가 모델'은 잘 나가고 있다. 200여 년에 걸쳐 진화해 온 사회경제체제가 한 논객의 희망이 아무리 간절할지라도 하루아침에 몰락할 것으로 보이지는 않는다.

비근한 예로 '경제민간화'를 언급하는 논객이 사민주의 국가 모델을 말할 때 염두에 둔 것으로 보이는 독일은 헌법 제20조에 독일의 정체(政體)를 "민주적 · 사회적 연방국가"로 규정하고 있다. 그래서 독일에서는 복지국가라는 개념 대신 항상 사회국가(Sozialstaat) 개념이 사용되는데, 그 내용은 복지국가와 거의 같기 때문에 독일은 보수적 복지국가 유형으로 분류된다. 요즈음 독일이 유럽의 재정위기 속에서 굳건하게 버티고 있는 저력을 보면서도 이 논객이 "사회민주주의나 복지국가 실험이 실패하는 모습을 목전에 두고 볼 때 이제 한국경제가 벤치마킹할 선진국 모형은 어디에도 없어 보인다"라고 강변하는 완력이 그저 놀라울 뿐이다. 그래도 불과 몇 년 전처럼 자신에게 유리한 부분만을 골라가며 마냥 미국식으로 해야 한다고 억지 부리지 않는 것만도 다행으로 생각해야 할까? 자신이 지향하던 모델이 이제는 누구의 지지도 받을 수 없는 상황에 처하자 그 모델과 경쟁관계에 있는 다른 모델을 근거 없이 헐뜯는 것은 한 마디로 유치함의 발로에 지나지 않는다.

사실 신자유주의 경제학자들이 행하는 적지 않은 오류가 헌법에 대한 이해 부족이나 무관심에서 비롯되고 있다. 그래서 보다 못해 한 법학자가 전문가로서 다음과 같이 정리해 주었다(참고문헌 〔3〕).

> "경제는 정치가 아니다. 정치도 경제는 아니다. 헌법에서 말하는 '경제의 민주화'는 경제의 정치화도 아니고 정치의 경제화는 더더욱 아니다."
>
> "개인과 기업이 독점적으로 시장을 지배하는 것은 헌법에 반한다. …… (모든 경제주체가) 국민경제의 성장 및 안정과 적정한 소득의 분배를 방해하며 시장을 지배하고 경제력을 남용하고 경제주체 간 조화를 깨뜨리면 법률에 의해 규제될 것이다."

위의 글은 왜 경제민주화가 필요한지를 헌법 개념으로 일목요연하게 정리하고 있다. 한 가지 아쉬운 점이 있다면 경제민주화가 오늘날 왜 시대정신이 되었는지에 대한 성찰이 부족하다는 것이다. 법학이 가지는 내재적 한계를 여실히 보여주는 것 같아서 경제민주화에 대한 명쾌한 해석이 빛을 잃는다. 그는 "아무런 의미도 없고 소득도 없는 '경제민주화' 논쟁은 관심의 대상에서 제외하는 것이 좋다. 이런 용어가 계속 회자되고 있으면, 그냥 선거철이라서 그런가보다 치부하고 …… 법을 준수하며 생활할 것"을 모든 국민들에게 주문하고 있다. 갈수록 시장경제질서가 문란해지고 특히 "시장을 지배하고, 경제력을 남용하고, 경제주체 간의 조화를 깨뜨리는" 재벌들의

'무한 자유'와 방종을 법률로 제한할 것을 요구하는 국민에게 참으로 실망스러운 호소를 하고 있다. 경제민주화 논의를 '긁어 부스럼' 정도로 격하시키고 있으니 말이다. 있는 법만 잘 지키고 있으면 새로운 법은 언제 만든단 말인가.

C. '경제민간화'를 언급하는 논객의 혼란스러움은 학술적 개념들에 대한 몰이해에서 최고조에 달한다. 이 논객이 경제민주화를 반대하는 궁극적인 이유는 경제민주화가 추구하는 '절대적 평등'이 결국 국민경제를 몰락시킬 것이기 때문이라는 주장이다. 오로지 경제민주화를 저지하겠다는 일념에서 이 논객이 일으키는 개념적 · 논리적 혼란은 시장경제와 신자유주의 경제학을 몰락의 길로 유혹하고 있다.

> "현실의 시장은 경제주체들이 경제적 성과에 따라 그 보상을 차등하고 구매력의 과다에 따른 경제적 영향력의 차이를 인정함으로써 동기부여를 통해 보다 높은 경제발전을 유도하는 '**경제적 차별화를 통한 동기부여**' 장치이다. …… 따라서 경제발전은 바로 **경제적 불평등과 경제력의 집중과정**을 통해 실현될 수밖에 없다. 평등한 부와 소득, 그리고 평등한 기업생태계를 만들어내면 혹은 만들어내고자 한다면 그 경제는 이미 변화와 발전의 동력을 상실하게 된다. 그래서 자본주의 경제의 발전은 모두가 동반성장하는 과정이지만 결코 같아질 수 없는 과정이다. 그런데 만일 **정부가 나서 경제를 민주화해서 각자의 성과에 관계 없이 경제적 부를 평등하게 배분하겠다**고 하면 어떤 일이 벌어질까? 모든 국민들이 일 안하기, 즉 태업에 나설 것은 불을 보듯 빤한 일이 아니겠는가. 그 경제적 결과 또한 하향평준화를 통한 국민경제의 몰

락이 아니겠는가? …… 따라서 경제적 차이, 차등, 차별을 전제로 하는 경제작동원리와 **절대평등을 전제로 하는 일인일표의 민주주의원리**는 같이 갈 수 없는 일이다. 그래서 경제발전을 원한다고 한다면 경제는 결코 민주화의 대상일 수 없다"(참고문헌 〔47〕, 강조는 필자).

여기에서는 먼저 차이와 차별의 차이를 이해하지 못하고 있는 것이 눈에 띈다. 차이를 인정하는 것을 '차별화'로 정의하는 것은 매우 심각한 개념혼란이다. 다른 것을 다르다고, 같은 것을 같다고 인정하는 것은 차등화일지언정 차별화는 아니다. 다른 것을 같다고, 같은 것을 다르다고 내세우는 것이 바로 차별화이다. 대한민국 헌법은 성별이나 종교, 신분에 따른 '차별'을 금지하고 있다. 남자를 남자라고, 여자를 여자라고 부르는 차이마저 부정하지는 않는다. 국가인권위원회는 "업무가 유사하면 정년 차이는 차별"이라는 유권해석을 내린 바 있다. 정규직과 비정규직이 하는 일이 유사하거나 같은데 임금 차이가 큰 것은 비정규직 차별이다. 반면에 생산성의 차이를 급여의 차이로 연결하는 것은 차별이 아니다. 경제가 발전하려면 이 같은 차이는 적극 살리고 차별은 없애야 한다.

이러한 개념 혼란은 곧장 평등 개념의 혼란스러운 사용으로 연결된다. 경제민주화와 등치시키고 있는 평등에 대한 이 신자유주의 논객의 주관적 혐오가 수습 불가능한 개념 혼란을 초래하고 있다. 인류 역사에서 2000년 넘게 보편적 가치로 추구되어온 평등이 이 논객에 의해 수모를 당하고 있다. 이 논객은 경제적 성과와 영향력의 차이로 인해 나타나는 결과를 '경제적 불평등'으로 정의하면서 경제발전을 위한 조건으로 이해하고 있다. 그러다 보니 "평등한 부와 소득, 평등한 기업생태계"는 경제발전에 방해가 되므로 정부가 "부를 평등하게 배분하겠다"고 하며 나서서는 안 된다고 주장한다. 그러나 평등 개념을 정확하게 사용한다면 경제발전을 위해서는 경제적 평등이 반드시 필요하다. "경제적 성과에 따라 그 보상을 차등"하는 것은 이 논객이 주장하듯이 "경제적 차별화를 통한 동기부여"가 아니라 "경제적 평등화를 통한 동기 부여"이기 때문이다.

아리스토텔레스 이래 평등은 동등한 것은 동등하게, 차등(차이)이 있는 것은 차등 있게 대하는 것으로 정의되고 있다. 반대로 차등 있는 것을 동등하게, 동등한 것을 차등 있게 대하는 것은 불평등(차별)이다. 이 '경제민간화' 논객이 주장하듯이 차등(차이) 자체가 시장경제의 작동원리가 아니라 차등이 있는 것을 차등 있는 것으로 인정하고 대우하는 이른바 등가원칙이 평등의 한 원칙으로서 관철되는 것이 시장경제이다. 산술적 평등이다. 또한 경제적 실적에 차등이 있을 때 차등 있는 보상이 이루어지는 것은 이 논객이 주장하듯이 '불평등'이 아니라 바로 본래적 의미의 평등이다. 비례적 평등이다. 그리고 경제민주화가 추구하는 것도 바로 이런 의미의 평등이다. 평등을 지고의 가치로 추구했던 옛날 사회주의에서 평등이 '획일적 평등주의'(Gleichmacherei)로 왜곡되면서 결국 사회주의 경제를 몰락시켰기 때문에 평등이 인류 보편적 가치로서 많이 퇴색한 것은 사실이다. 하지만 과거 사회주의의 평등관은 카를 마르크스(Karl Marx)가 사회주의 원리로서 언급했던 "능력에 따른 노동과 실적에 따른 분배"와도 정면으로 배치되는 일탈이었다. 이 실적에 따른 분배원리가 바로 평등원리이다. 오늘날 적지 않게 만연해 있는 평등에 대한 오해와 거부는 '획일적 평등주의'에 대한 악몽에 기인하는 것이다. 그렇다고 해도 학자라면 경제민주화를 논하는 자리에서는 적어도 평등의 학술적 의미는 지켜야 할 것이다.

평등 개념이 왜곡되다 보니 경제발전을 위해서는 경제적 불평등이 필요하다는 어이없는 주장이 제기된다. 다시 말하지만, 경제적 성과와 보상의 차이를 인정하는 것은 경제적 평등을 구현하는 것이다. 경제민주화에 포함된 1인1표주의는 대등한 이해당사자로서 의사결정에 1인1표로 참여하자는 것이지 경제적 성과를 실적이나 기여에 상관 없이 똑같이 나누어 가지자는 의미가 결코 아니다. 그러므로 "정부가 나서 경제를 민주화해서 각자의 성과에 관계 없이 경제적 부를 평등하게 배분하겠다"라는 것은 경제민주화와는 아무 상관 없는 '허수아비 때리기'이다. 1인1표주의를 굳이 '절대평등'이라고 한다면 그것은 의사결정 과정에서 적용될 뿐 성과배분에서 적용되는 것은 아니다. 내가 무엇을 잘 할 수 있고 무엇을 하고 싶은지를 반영해서 내가 해야 하는 일을 결정하면 그만큼 더 큰 성과를 낼 수 있을 것이다. 경제민주화가 1인1표주의를 도입하려는 근본 취지가 여기에 있다. 요즈음 청소년들에게 스스로 좋아하는 일을 하도록 자기 선택에 맡겨두는 경향은 이러한 실제적 경험에서 비롯된 것이다. 자기 선택의 결과로 나타난 실적에 따라 분배가 이루어진다면, 거기에 설혹 차등(차이)이 있을지라도 그것은 불평등이 아니라 평등이다. 경제발전을 위해서 필요한 것은 경제적 불평등이 아니라 경제적 평등이다. 한국의 모든 노동자들이 원하는 "일한 만큼 월급 받고 싶다"라는 요구는 바로 이러한 비례적 평등에 대한 요구이다. 비정규직의 처우를 정규직과 동등하게 하는 '동일노동 동일임금', 그리고 양성간 임금격차 해소도 바로 비례적 평등의 실현이다. 이것이 경제민주화이다. '획일적 평등주의'에 대한 혐오로 인해 평등 개념을 혼란스럽게 사용하다 보니 논객 자신은 의식하지 못하는 사이에 시장경제를 차별경제와 불평등경제로, 그래서 자멸하는 경제로 폄하하고 있다. 이는 결국 '자기 발등 찍기'이다.

더욱이 경제발전 패러다임이 산업경제에서 지식기반경제로 이행하는 오늘날 수직적 의사결정구조를 수평적 의사결정구조로 전환해야 할 필요성에 이의를 제기하는 사람은 없다. 대학진학률이 80퍼센트가 넘는 한국경제는 머지않아 지식노동자로 가득 찰 것이다. 이들의 생산성 향상을 촉진하기 위해서는 상명하복 관계가 아니라 쌍방소통 관계가 필수적이다. 이는 곧 소통적 리더십에 대한 요구이다. 경제민주화는 쌍방소통 관계와 민주적 리더십을 제도를 통해 경제 전반에 확산하려는 노력이다. 그러므로 앞으로 지속적인 경제발전을 원한다면 경제는 반드시 민주화되어야 한다.

마지막으로 '경제민간화' 논객이 범하고 있는 논리의 비약을 한 가지만 더 살펴보자. 시장에서 경제적 성과의 차이는 경제력 집중으로 이어지므로 경제발전을 위해서는 경제력 집중이 불가피하다는 것이다. 한마디로 재벌이 있어야 경제발전이 가능하다는 극단적인 재벌옹호론이자 "경제력의 남용을 방지"하도록 규정한 헌법정신에 대한 정면 도전이다.

이 논리 비약을 비판하기 위해서는 경제력 집중과 경제력 남용 사이의 논리적 · 현실적 연관관계를 분명히 할 필요가 있다. 그것은 왜 경제학원론과 헌법에서 '경제력의 남용'을 국민경제에 부정적이므로 국가가 나서 규제해야 하는 현상으로 규정하고 있는지를 이해하는 것이다. 경제력의 남용은 문자 그대로 효율성에 의거한 경쟁이 이루어지는 정상적인 시장관계를 넘어서는 것이며, 경제적 자유를 넘어선 경제적 방종이다. 이는 대기업과 중소기업의 관계가 대등한 거래관계와 계약관계라기보다 명령과 복종관계가 된다는 의미이기도 하다. 한국 현실에서는 재벌기업이 하청기업의 생사여탈권을 쥐고 있는 것으로 나타난다. 따라서 시장의 정상적인 작동과 발전을 위해서 경제력의 남용은 마땅히 차단되어야 한다. 그것은 국가의 당연한 책무이다. 이 책무가 헌법과 법률에 명문화되어 있다면 실천에 옮기기 쉬울 것이기 때문에 이 책무를 명문화하고 실천에 옮기는 것이 바로 경제민주화이다.

경제력 남용의 전제는 경제력이 소수의 수중에 집중된 결과 서로 거래하는 기업들 사이의 경제력의 차이가 한국의 중소기업과 재벌기업 사이처럼 '극복할 수 없을 정도'로 커지게 되어 그 경제력이 '경제권력'으로 성장하는 것이다. 남용으로 이어지는 경제력의 집중이 경제발전을 위해서 불가피하다는 '경제민간화' 논객의 주장은 시장경제론에 정면으로 배치된다. 흔히 시장경제가 계획경제에 비해 경제발전에서 우월한 이유는 효율성에 의거한 경쟁(실적경쟁 또는 능률경쟁)이 이루어지기 때문이라고 한다. 그런데 경제력의 남용은 바로 이러한 경쟁을 저해하는 행위이다. 따라서 경제력의 남용을 가능케 하는 경제력의 집중은 경제발전의 필요조건이 아니라 오히려 걸림돌이다. 시장경제가 경제발전을 촉진하려면 자유롭고 공정한 경쟁이 이루어져야 한다는 데 동의가 모아진다면 경제력은 집중되어서는 안 되며 분산되어야 한다. 경제력의 집중은 시장경제질서를 무너뜨리는 경제력의 남용을 잉태하는 과정이다. 예외적으로 효율성에 기초한 경제력 집중이 불가피하게 발생할지라도 이 경제력이 남용되지 않도록 "규제와 조정"(헌법 제119조 제2항)이 이루어져야 한다. "경제발전은 경제력의 집중 과정을 통해 실현될 수밖에 없다"라는 '경제민간화' 논객의 주장이 타당하려면 이 집중된 경제력이 남용되지 않거나 국민경제 전체가 재벌경제이어야 한다. 재벌 대기업과 중소기업이 공존하는 경제에서 집중된 경제력의 남용을 규제하는 것이 경제민주화이다. '공정거래법'이 경제민주화와 직접 맞닿아 있는 이유가 여기에 있다. 이를 반대하면서 경제력 집중을 고집하는 것은 극단적인 재벌옹호론이다. 마치 "한국의 경제발전은 재벌을 통해서만 가능하다"라는 오만을 노골적으로 드러내는 것과 같다.

나아가 경제력 집중이 경제발전의 필수조건이라는 주장은 시장경제의 역동성에 정면으로 배치되는 주장이다. '경제민간화' 논객이 주장하듯이 경제적 성과의 차이가 경제력 집중으로 이어지려면 적어도 다음과 같은 조건이 충족되어야 한다. 첫째, 시장에서 경제적 성과의 차이가 누적적으로 발생해야 한다. 성과를 많이 내서 분배를 많이 받은 경제주체는 중간에 뒤처지는 일 없이 계속 큰 성과를 내야 한다. 그래서 그의 수중에 경제력이 계속 집적되어야 한다. 반대로 성과가 약해 분배를 적게 받은 경제주체는 계속해서 작은 성과만을 내야 한다. 그래서 갈수록 경제력에서 소외되어야 한다. 둘째, 경쟁에서 승자독식의 원리가 관철되어야 한다. 패자가 재기할 기회 또는 패자부활전은 없어야 하고, 있더라도 실효성이 없어야 한다. 재기에 성공하는 패자가 많다는 것은 경제력 집중이 제대로 이루어지지 않는다는 것을 뜻하기 때문이다. 셋째, 신규진입자의 성공도 가능한 한 배제되어야 한다. 경제력을 분산시키기 때문이다. 이미 성공적으로 경제력을 수중에 쌓은 경제주체의 성공만 반복되어야 한다. 이들 조건이 충족되어 경제력 집중이 성공적으로 이루어진다면, '경제민간화' 논객이 주장하듯이 한국의 경제발전이 잘 이루어질까? 분명 그 정반대일 것이다. 소득과 부가 소수에게 집중되는 것은 경제의 역동성을 질식시키고 결국 경제발전을 저해하게 된다. 단적으로 한국 대학생들 사이에서 창업이 재벌기업 취업용 스펙에 한 줄 더 써넣기 위한 경험에 지나지 않는다면(『한겨레신문』, 2012년 2월 15일자),

한국경제의 역동성은 이미 죽은 것이나 다름없다. 역동적인 경제발전을 위해서는 반드시 경제력 집중이 차단되어야 한다.

'경제민간화' 논객의 주장은 경제발전에서 빼놓을 수 없는 혁신을 감안할 때 중대한 선택의 문제에 직면하게 한다. 자본주의 경제에서 혁신은 재벌과 같은 독과점기업에 의해서만 가능하다고 주장하거나 혁신 일체를 부정하지 않으면 안 된다. 경제력 집중 과정에서 배제된 중소기업에 의한 혁신이나 새로운 시장진입자의 획기적인 혁신에 기초한 창업은 '경제민간화' 논객의 경제발전관에서는 설 자리가 없다. 경제적 불평등이 고착되거나 경제력이 한국의 재벌기업처럼 소수에 집중되어 있을 경우에는 폭넓은 혁신이 질식당한다. 새로운 기술과 제품을 개발해도 번번이 재벌들에게 탈취당한다면 어느 개인이나 중소기업이 개발을 하려 하겠는가? 그래서 경제발전이 소수의 혁신에만 의존하는 경제가 되면 지속 가능하지 못할 것은 불을 보듯 빤하다. 결국 "평등한 기업생태계를 만들려는" 개인과 정부의 노력이 "변화와 발전의 동력을 상실"하게 만드는 것이 아니라 불평등하고 경제력이 집중된 기업생태계를 고착시키려는 재벌들의 몸부림이 혁신을 차단함으로써 오히려 변화와 발전을 저해하는 것이다. 따라서 정부가 국민경제의 지속적인 발전을 바란다면 "경제적 불평등과 경제력 집중"을 결코 방치해서는 안 된다.

시장경제의 생명력에 해당하는 역동성은 다름 아니라 혁신에서 온다. 그럼에도 이 논객은 자신이 펴는 주장의 이론적 · 현실적 귀결에 대한 깊은 생각 없이 재벌경제를 옹호하는 데만 몰두하다 보니 이처럼 혁신에 기반한 경제발전을 부정하는 막다른 골목에 이르게 되었다. 이 주장에서 제기되고 있는 "경제발전은 바로 경제적 불평등과 경제력의 집중 과정을 통해 실현될 수밖에 없다"라는 시장경제관은 1980년대까지 사회주의 나라들의 공식 이데올로기였던 '국가독점자본주의론'을 연상시킨다. 선진 자본주의의 경제발전은 독점화 과정, 즉 갈수록 소수의 수중에 경제력이 집중되는 과정이라는 것이 그것이다. 차이가 있다면 그 귀결에 있다. '국가독점자본주의론'은 독점화의 결과로서 선진 자본주의가 사회주의로 이행하는 물적 조건이 창출된다고 보았던 데 반해, '경제민간화' 논객은 경제력이 집중되어야만 자본주의 경제가 계속해서 발전할 수 있다고 보는 점이다.

끝으로 '경제민간화' 논객이 주장하듯이 경제력 집중이 경제발전에 필수적이라면 신자유주의 경제학에서 내세우고 있는 '낙수효과'를 부인하는 결과가 된다. 낙수효과는 경제력 집중에 역행하는 현상이기 때문이다. '경제민간화' 논객이 경제민주화를 반대하다 보니 자신의 이론적 뿌리마저 부정하는 결과에 이르렀다. 목욕물(경제민주화)을 버리려다 아이(신자유주의 경제학)마저 버리는 우를 범하고 있다. 경제민주화를 저지할 수만 있다면 어떤 이론이든 상관없고 자기모순을 내포하고 있어도 괜찮다는 것처럼 보인다. "경제적 불평등과 경제력 집중을 통한 경제발전"을 주장함으로써 이 논객은 재벌들을 살려내려다가 살려내지도 못한 채 큰 희생만 치르고 있다. 시장경제의 혁신을 부정하게 되었고, 그나마 신자유주의 경제학의 평등 요소인 낙수효과마저 버렸다. 그렇게 해서 재벌들이 살아난들 중소기업들이 사라져버리면 얼마나 오래 버틸 수 있을까? 결론적으로 '경제민간화' 논객의 경제민주화 반대론은 경제민주화에 대한 정확한 이해가 없을 뿐만 아니라 자기주장을 펴는 데에도 치밀하지 못한 개념 사용은 물론 개념상의 혼란마저 드러내고 있다. 그가 공박하려는 경제민주화론은 실체가 없는 유령이나 마찬가지이고, 그가 제기하는 대안인 "경제적 불평등과 경제력 집중을 통한 경제발전"은 현실적으로나 논리적으로 허무맹랑할 뿐이다. 경제민주화론이 제시하는 것은 "경제적 평등과 경제력 분산에 기초한 혁신을 통한 경제발전"이다.

그런데 여기에서 한 가지 돌발상황(?)이 발생했다. '경제민간화' 논객이 경제민주화가 한국 사회의 현실적 요구임을 깨달았기 때문이다. 그는 1980년대 말 "한국의 사회적 분위기가 경제민주화를 수용할 만큼 평등주의적 성향으로 바뀌었음"을 인식하고, "이미 20년이 넘게 경제평등주의 이념을 실현하기 위한 경제민주화의 길을 걸어왔다"라는 사실마저 깨닫기에 이르렀다(참고문헌 〔41〕). 말하자면 제119조 제2항의 경제민주화를 '경제민간화' 운운하며, 마치 근본도 없는 개념을 최근 정치권과 일부 학계가 무책임하게 실천에 옮기려 한다는 비난을 스스로 취소한 셈이다. 이처럼 입장이 바뀐 배경은 경제민주화를 "그동안 해보니까 해롭더라"라고 주장할 수 있는 논리를 새롭게 마련했기 때문인 것으로 보인다. 구체적으로 보자면, 지난 50년 한국경제발전사에서 초기 30년은 경제민주화가 없었기 때문에 고속성장, 동반성장, 성장과 분배의 동반 개선이 이루어질 수 있었다고 한다. 반면에 "선진화, 경제민주화를 내걸고 경제운영을 평등주의 정책체제로 전환한" 1990년대부터 20년에 걸친 기간에는 오히려 "경제양극화가 심화되었다"는 것이다. 이 논객이 예로 든 경제민주화 정책은 "대기업규제정책, 무차별적 중소기업 육성정책, 농업보호정책, 지역균형발전 정책, 수도권 규제정책, 교육평준화정책, 전투적 기득권 노조의 방치, 재분배 복지정책의 지속적인 확대 등"이다. 동반성장을 위해서는 이들 경제민주화 정책을 중단해야 한다고 주장한다.

한 마디로 원인과 결과를 뒤집고 문제와 대책을 전도하는 주장이다. 결과 때문에 원인이 생겼고, 대책 때문에 문제가 생겼다는 억지이다. 서로 연관된 여러 현상이 비슷한 시기에 발생했을 때 이들 사이의 인과관계를 파악하기 어려운 경우가 종종 있다. 그때 필요한 것이 논리적 판단능력이다. 한국경제발전 50년에서 초기 30년 동안은 고성장이 지속되었음은 물론 분배불평등 문제도 심화되지 않았다. 그렇기 때문에 경제민주화 정책이 크게 필요하지 않았다. 이를 두고 경제민주화를 안 했더니 분배불평등이 심해지지 않았다고 해석하는 것은 궤변의 절정이다. 또한 1980년대 이후 중화학공업화와 재벌체제 확립 등으로 계층 간, 도농 간, 지역 간 불평등이 심화되었기 때문에 대기업 규제, 중소기업 육성, 농업보호, 지역균형발전 등의 대응책이 필요해진 것이지 이들 '평등주의 정책체제' 때문에 불평등이 심화된 것은 아니다. 중소기업이 대기업과 상생하고 있는데 그 많은 상생법을 제정하고 개정했을까? 농업이 발전하고 농민들이 잘 살고 있는데 농업을 보호 · 육성하는 정책을 폈겠는가? 또는 정부가 중소기업을 보호 · 육성하는 경제민주화를 했기 때문에 대기업이 납품단가를 후려치고 기술을 탈취했는가? 정부가 지역균형발전 정책을 폈기 때문에 도시와 농촌 간의 격차가 확대되었는가? 사람들이 병에 걸리기 때문에 의사가 있는 것이지 의사가 있기 때문에 병에 걸리는 것이 아니다. 불이 나기 때문에 소화기가 발명된 것이지 소화기가 있어서 불이 나는 것은 아니다. 마찬가지로 양극화가 심해지기 때문에 '평등주의 정책체제'가 필요해진 것일 뿐 '평등주의 정책체제' 때문에 양극화가 심해진 것이 아니다. 최근 경제민주화 논의가 활발해진 것도 양극화나 경제력 집중이 한국경제의 지속 가능한 발전은 물론 한국 사회의 안정을 위협할 정도로 심화되고 있기 때문이다. 최근 자살이 급증하고 있는 현상만 해도 한국 사회가 망해 가고 있다는 징후이다. 이를 두고 '경제민간화' 논객은 자살률이 높아 양극화가 심화되고 있다고 해석하는 것이다. 한국 사회는 지금 기로에 서 있다. '재벌공화국'으로 망해 갈지, '민주공화국'으로 회생할지.

제2부

복지국가를 위하여

한국의 신자유주의 경제학은 복지국가 건설에 철저하게 반대한다. 공짜라는 이유로. 그리고 이를 위해 그리스 재정위기에서 시작된 유로화 위기를 복지국가의 위기로 연결하고 있다. 따라서 한국에서 그리스 재정위기의 진상을 정확하게 파악할 필요성은 복지국가 건설과도 연관이 있다. 아울러 한국의 신자유주의 논객들은 다양한 꼼수를 부려 복지국가의 실상을 호도하거나 왜곡하고 있다. 이들이 복지국가를 폄하하고 저지하기 위해 펴는 주장을 조목조목 따져보면 어처구니없고 허탈하고 분통 터질 수밖에 없을 것이다.

1. 글로벌 금융위기와 그리스 재정위기

1) 글로벌 금융위기에서 무엇을 배울 것인가

2008년에 시작된 글로벌 금융위기가 남긴 상처는 아직도 치유되지 않고 있다. 그런데도 그것이 남긴 교훈은 빨리 잊혀져가고 죽음 직전까지 갔던 신자유주의가 회생하고 있다. 이 장에서는 먼저 금융위기가 남긴 교훈 가운데 몇 가지를 짚어보자.

미국에서 글로벌 금융위기의 출발점이 된 주택담보대출의 유동화는 21세기 들어오면서 연간 발행 규모가 이미 1조 1,000억 유로에 달했고, 유럽에서는 2000년에 약 800억 유로에 이르렀다. 이 유동화 붐은 미국에서 2003년에는 2조 9,000억 달러가 넘게 발행되면서 절정에 이르렀고, 이미 2006년에는 파생금융상품에서 부도율이 배증하면서 문제가 되기 시작했다(실러Shiller, 2008). 이러한 상황이 발생한 직접적인 원인은 연준이 기준금리를 점차적으로 인상함에 따라 금융시장에서 리파이낸싱 조건이 점차 악화되었기 때문이다. 미국에서는 이미 2006년 2월부터 서브프라임 위기가 발발할 때까지 단기신용금리가 장기신용금리보다 높은 금리역전 현상이 발생했다. 문제가 심각해지고 있는데도 감독당국은 부동산담보시장에서의 연쇄 지급불능과 이에 따른 증권 재평가를 막기 위한 조치를 취하지 않았다. 금융계의 반발에 정부가 굴복함으로써 금융위기를 키운 셈이었다.

이와는 반대로 전통적으로 보수적인 금융관행을 유지해 온 독일에서는 이미 1997년에 유동화와 특수목적회사(Special Purpose Vehicles)의 활동에 대한 규제의 필요성이 연방은행에 의해 제기되기도 했다(도이치 분데스방크 Deutsche Bundesbank, 1997). 그렇지만 이 경고가 규제조치로 연결되지는 못했고, 오히려 지금의 메르켈 정부는 독일 금융권의 국제경쟁력을 높이기 위해서 독일에서도 앵글로색슨 모델에 따르는 유동화를 지원하는 정책을 연정협약에 포함하기도 했었다(아스무센 Asmussen, 2006). 이 정책이 실행에 옮겨지기 전에 글로벌 금융위기가 발발했기 때문에 독일은 안도의 숨을 쉴 수 있었다. 이 위기는 오히려 제조업 강국으로서의 독일의 면모가 다시 한 번 확인되는 계기가 되었다. 미국과 독일의 상반된 경험은 제조업을 방치하고 금융산업을 중시하는 성장전략이 잘못되었음을 보여주는 사례이다.

모리츠 슐라리크(Moriz Schularick)와 앨런 M. 테일러(Alan M. Taylor)가 1870년부터 2008년까지 14개 선진국의 통계를 이용해 수행한 연구결과인 「신용거품의 붕괴」(Credit Booms Gone Bust)에 따르면 1870년 이후 금융위기는 대부분 신용거품의 붕괴에 따른 것이었다. 이 신용거품은 정부와 중앙은행이 신용팽창을 적시에 저지했더라면 예방할 수 있었던 것이다. 두 저자는 또한 1970년경부터 은행의 금융거래와 금융 리스크가 급증했고, 그에 따라 금융위기의 빈도도 크게 증가했음을 증명했다. 은행들은 제2차 세계대전 이후 신용거품이 붕괴될 때마다 중앙은행이 대대적으로 개입하는 것을 경험했기 때문에 리스크가 높은 거래를 계속 증가시키는 방식으로 적응했다. 은행들은 자신들의 지불능력이 마비되면 중앙은행이 유동성을 공급해 주고, 금리를 낮추어 줄 것이며, 필요하면 국가가 나설 것이라는 확고한 믿음을 가지고 있었다. '최종대부자'로서 중앙은행에 대한 신뢰는 배신당하지 않는다는 사실을 잘 알고 있었던 것이다. 그것은 결국 납세자와 예금주가 최종적으로 리스크를 부담할 것이라는 믿음과 같다. 2008년 금융위기에서도 이 믿음은 옳았음이 증명되었다. 그래서 지금도 은행들은 이 믿음을 가지고 있다. 이 믿음이 국민경제와 세계경제에는 독이다.

글로벌 금융위기와 그리스 재정위기가 그다지 크지 않은 시차를 두고 발생하면서 한 가지 불공정한 비대칭성이 부각되었다. 은행들이 국가가 통제할 수 없었던 위험한 거래를 하다가 파산 지경에 몰렸을 때는 무한 지원을 해야 하는 반면에, 은행을 지원한 일이 큰 몫을 차지하는 재정적자로 인해 국가가 재정위기에 빠졌을 때는 복잡한 지원조건이 붙는 것이 그것이다. 이는 불공정한 처사가 아닐 수 없다. 이러한 구제금융의 비대칭성이 신자유주의 경제학의 특징이다. 그래서 케인스학파 경제학자들은 이 비대칭성에 이의를 제기한다. 가령 UNCTAD(국제연합 무역개발회의)에서 연구 활동을 하는 하이너 플라스베크(Heiner Flassbeck)와 소니아 보파(Sonia Boffa)는 에세이 「금융시장의 참을 수 없는 경박함」(The Unbearable Lightness of Financial Markets)에서 "수많은 나라에서 정부의 재정상태를 악화시킨 바로 그 시장참여자들이 이제는 정부를 더 이상 신뢰할 수 없다며 높은 리스크 프리미엄을 요구하고 있다. 정부 공동체는 이 패러독스에 단호하게 대처해야 한다"라고 촉구하고 있다. 정부가 중앙은행이 아닌 금융시장에서만 차입하면서 이른바 '시장논리'에 따라야 한다는 신자유주의 이데올로기가 낳은 비대칭이다. 정부까지 금융회사들의 사냥감으로 만드는 이 이데올로기를 타파하는 것이 복지국가의 재정 안정에 이바지할 수 있을 것이다.

금융위기의 발생을 예견했던 스타 학자들이 분석하는 금융위기의 원인은 금융시장의 시스템 리스크, 금융감독 부실, 금융기관의 도덕적 해이 등 대부분 공급 측면에 집중되어 있다. 그렇지만 시장에서는 공급과 수요가 만나 거래가 성사되고 가격이 결정된다. 그렇다면 이번 금융위기를 초래한 수요 측면의 요인은 없는 것일까? 또는 왜 미국인들은 유럽인들에 비해 자가소유욕이 강하고, 그래서 주택담보대출에 대한 수요가 유달리 많았던 것일까? 이에 대한 답변은 미국인의 가치관과 상대적으로 낮은 복지수준에서 찾을 수 있다.

미국은 건국이념에서부터 개인의 자유와 책임을 강조하고 있으며, 이 전통은 오늘날까지 전혀 흐트러지지 않고 있다. '아메리칸 드림'으로 표현되는 이 개인주의적 가치관의 핵심요소가 바로 자가소유이다. 그래서 미국 정부는 정파를 떠나서 국민의 자가소유를 지원하는 정책을 일관되게 펴왔다. 규제완화의 대명사로 불리는 레이건 정부도 집권 초기에는 저소득층의 주택구입을 위한 보조금제도를 일부 축소하기도 했지만, 1987년에는 주택구입에 대한 지원을 강화하는 방향으로 '주택공동체개발법'(Housing and Community Development Act)을 개정했다. 부시 대통령도 2002년 소수민족에게 자가주택 550만 채를 공급해 백인과 여타 인종 사이의 격차를 줄이려는 목표를 세우기도 했다.

이처럼 미국 사회에서 자가 보유가 중요한 이유는 그것이 미국인에게는 가장 중요한 노후보장책이기 때문이다. 사회보장제도가 상대적으로 취약한 미국에서 자가소유는 정부의 복지정책에 대한 대체물인 셈이다. 이처럼 자가소유가 미국인에게 가지는 중요성에도 불구하고 정부의 지원정책은 정부 역할을 불신하는 자유주의 전통으로 인해 처음부터 한계를 가질 수밖에 없었고, 이 한계는 정부의 누적된 재정적자로 인해 더욱 두드러질 수밖에 없었다. 이 한계를 돌파하기 위해 마련된 것이 주택금융시장의 규제완화이다. 레이건 정부 당시 전반적인 규제완화의 흐름 속에서 주택금융시장에 대한 규제도 대폭 완화되면서 신용도가 낮은 저소득층도 대출을 받아 내 집을 마련할 수 있는 길이 열렸다. 그리하여 금융위기가 발발하기 직전에 자가보유율이 70퍼센트에 육박할 정도로 증가하는 사이에 신규 주택담보대출에서 서브프라임이 차지하는 비중이 2000년 9퍼센트에서 2006년에는 40퍼센트 이상으로 증가했다. 이로써 금융시장의 불안정성은 심화될 수밖에 없었고 주택금융의 유동화를 통해 '폭탄 돌리기'가 시작되었다.

결국 글로벌 금융위기는 미국의 강한 개인주의와 자유주의 전통, 취약한 복지정책이 결합되면서 나타난 강한 자가소유 성향을 1980년대 이후 금융시장의 규제완화로 충족시키는 과정에서 금융시장의 불안정성이 높아진 결과로도 볼 수 있을 것이다. 복지제도의 결손이 자가소유를 위한 주택금융 수요를 과도하게 증폭시켜 금융위기가 초래된 것이다.

적지 않은 한국인에게도 자가보유는 노후보장수단이다. 이 점에서 본다면 한국은 미국과 닮았다. 다만 미국에서처럼 금융시장에서 소비자와 공급자의 도덕적 해이를 부추기지는 않을 정도로 금융규제가 이루어지고 있기 때문에 미국과 같은 금융위기가 발생하지는 않았다. 하지만 글로벌 금융위기를 거치면서 부동산 경기가 침체하고 주택가격이 하락하면서 자가를 보유한 중산층의 노후보장에 먹구름이 끼었다. 정부의 거듭된 노력에도 불구하고 주택경기는 살아나지 않고 있다. '하우스푸어'라는 신조어도 탄생했다. 복지 확충에 대한 요구가 분출하는 것은 지극히 자연스러운 현상이다. 한국 사회에서 복지국가가 시대정신으로 자리 잡는 데에는 부동산 경기 침체도 일조한 것으로 보인다.

2) 국가채무비율은 얼마나 문제인가

2008년 9월 리먼브라더스홀딩스(Lehman Brothers Holdings Inc.)가 파산하면서 글로벌 금융위기가 발발하자 전 세계 모든 정부는 자국 금융기관에 대한 보증은 물론 자본금 충당에 적극적으로 나섰을 뿐만 아니라 실물경제에 끼칠 악영향을 차단하기 위해 대대적인 경기부양 프로그램을 시행했다. 영국의 시사주간지 『이코노미스트』가 추정한 2012년 12월 12일 현재, 세계 국가부채총액은 49조 달러이다. 10년 전인 2003년(약 24조 달러)에 비해 2배 이상 늘었다. 2003년부터 2007년(30조 달러)까지 늘어난 각국의 국가부채총액은 약 6조 달러였지만, 2008년 이후 5년간 증가액은 19조 달러였다.

이처럼 2008년 금융위기 이후 모든 나라의 국가채무비율은 급증하는 모습을 보였다. 최근 그리스 재정위기를 해결하는 데 가장 큰 부담을 지고 있는 독일도 글로벌 금융위기를 뒷수습하는 데 막대한 재정부담을 떠안게 되면서 채무비율이 15퍼센트 포인트가량 증가했다. 포르투갈, 스페인, 이탈리아, 아일랜드, 그리스 모두 마찬가지였다. 이들 나라의 특징은 유로존의 평균 증가율인 18.6퍼센트 포인트보다 높은 증가율을 보였다는 점이다. 그리스가 55.4퍼센트 포인트, 스페인이 31.2퍼센트 포인트, 포르투갈이 35.8퍼센트 포인트였다. 이탈리아만 13.5퍼센트 포인트로 낮았지만 절대치가 이미 100퍼센트를 넘은 상황이었다. 국가부도에 직면했던 아일랜드는 73.5퍼센트 포인트 증가율을 보였다. 그리스는 증가율도 높지만 유로존에 가입할 당시부터 이미 국가채무총액이 GDP 대비 100퍼센트를 넘고 있었다. 최근에 그리스가 재정위기에 빠진 것은 국가부채총액의 규모도 클 뿐만 아니라 증가율도 가장 높았기 때문이라는 잠정적인 결론을 내릴 수 있을 것이다. 그러면 그리스가 이처럼 높은 채무증가율을 보였던 이유는 무엇일까?

유럽중앙은행(ECB)은 2011년 그리스 재정위기에 관한 보고서 「구제의 양면성」(The Janus-Headed Salvation)을 발표하면서 그리스 재정위기의 '진정한 원인'을 밝히고 있다. 보고서에 따르면 위기의 원인은 2008년 글로벌 금융위기에 있다. 유럽중앙은행 이코노미스트인 야코프 예싱(Jacob Ejsing)과 볼프강 렘케(Wolfgang Lemke)는 신용부도스와프(CDS)의 가격을 이용해서 은행에 대한 구제금융과 경기부양 프로그램이 국채와 은행채의 부도확률에 어떤 영향을 끼쳤는지 연구했다. 결과는 국가의 다양한 구제조치들이 은행의 신용위험을 낮추는 것과 거의 같은 정도로 국가의 신용위험을 높였다는 사실이다. 특히 그리스는 리먼브라더스홀딩스가 파산한 이후 아일랜드 다음으로 큰 타격을 받았다. 그리스의 GDP 대비 재정지출 비율은 금융위기가 발생하기 전에는 2000년 47퍼센트에서 2006년 43퍼센트로 줄어들었다. 그러다가 2008년 금융위기가 발발하면서 48퍼센트로 다시 증가했다. 글로벌 금융위기 여파로 마이너스 경제성장을 한 것이 이 재정지출 비율을 증가시킨 가장 중요한 원인으로 작용했다. 그러나 타격은 이것으로 그치지 않았다. 일단 악화된 국채 신용은 경제 전망이 악화될 때마다 금융위기가 발발하기 이전보다 더 빠르게 리스크 프리미엄을 높였다. 은행의 경우에는 정반대로 상승세가 현저히 둔화되었다. 구제조치는 결국 민간은행에 쌓여 있던 위험을 정부로 옮기는 결과를 초래했던 셈이다. 이는 결국 금융시장에서 그리스 국가재정의 건전성에 대한 신뢰가 떨어지는 결과를 낳았고, 그리스가 재정위기를 맞게 되는 빌미가 되었다. 방만한 복지 때문에 그리스가 재정위기를 겪고 있다는 신자유주의 경제학의 비난이 사실 무근이라는 점은 여기에서 벌써 드러난다.

3) 케인스주의는 금융위기를 어떻게 해석하는가

케인스주의는 미국 연방준비제도이사회(Board of Governors of the Federal Reserve System, 이하 '연준')의 장기적인 저금리정책이 없었더라면 그처럼 방대한 대출이 이루어지지 않았을 것이며, 대출이 적절하게 이루어졌더라면 미국 소비자의 과소비와 거품경제는 발생하지 않았을 것이라는 주장에 동의하지 않는다(플라스베크 Flassbeck 와 슈피커 Spiecker, 2009). 케인스주의는 금융부문이 아니라 실물부문에서 글로벌 금융위기의 거시경제적 원인을 찾기 때문이다. '글로벌 불균형(global imbalance) 이론'이 그것이다. 이때 불균형은 이중적이다. 먼저 국내적으로는 저임금이나 실질임금의 정체에 따른 소득분배의 악화와 지속적인 소득불균형이고, 국제적으로는 장기간에 걸친 무역수지의 불균형이다. 일단 진단의 출발점은 소득불균형에 따른 유효수요의 부족이다. 이는 1980년대 이후 신자유주의가 관철되면서 주요 선진국들에서 나타난 공통된 현상이고, 독일의 경우에는 1989년 통일 이후 통일 재원을 마련하기 위해 임금인상을 억제하고 사회보장을 축소한 결과이다. 실제로 근로소득과 이윤소득 사이의 기능적 분배뿐만 아니라 고소득층과 저소득층 사이의 인적 분배도 악화되었다. 1980년대 이후 거의 30년에 걸친 재분배 국면이 흐른 오늘날 미국의 소득분배는 경제 대공황 직전인 1920년대와 유사하게 다시 불평등해졌다(〈그림 2〉 참조).

(단위 : %)

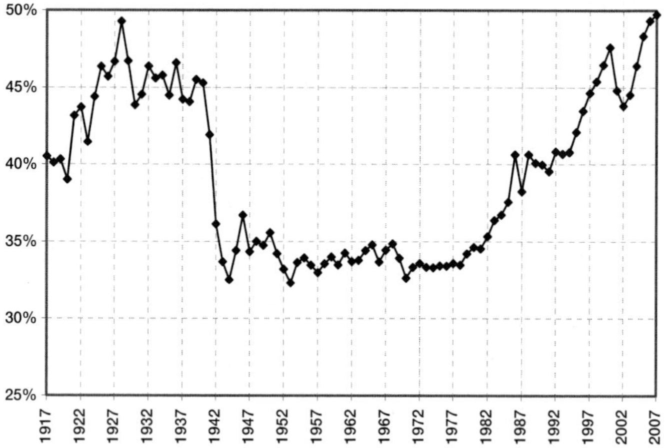

출처: 앳킨슨(Atkinson), 피케티(Piketty), 사에스(Saez)(2011).

〈그림 2〉 미국 시장소득 상위 10퍼센트의 비중(1917~2007)

신자유주의가 관철된 1980년대 이후 미국에서 완전고용은 인플레이션을 촉진한다는 이유로 포기되었다. 성장 동력으로 간주되던 임금상승도 포기되었고, 그 대신 부채와 자산가치 인플레이션이 성장 동력으로 대체되었다. 그리하여 금융산업의 호황과 저가 수입에 의존하는 '신자유주의 성장모델'이 정착되었다. 이 성장모델에서는 중저소득층의 소득이 고소득층으로 이전되어 소득분배는 악화되는 한편, 소비는 낮은 저축률, 자산가치 인플레이션, 가계부채로 지탱되었다. 다른 한편으로는 규제완화와 금융혁신을 추진함으로써 가계와 정부 모두 빚을 내어 성장을 지탱하는 '신자유주의 거품경제'가 형성되었다. 자산가치의 지속적인 상승에 힘입은 가계부채와 소비의 지속적인 증가에 덧붙여 만성적인 재정적자가 금융위기 이전에 미국 경제가 성장해 온 비결이었다. 이 '신자유주의 거품경제'에서 연준은 경기침체를 우려해 저금리정책을 기조로 했으며, 이 덕분에 가계부채는 증가했고 부동산가격은 지속적으로 상승했다. 연준은 "넘어지지 않으려면 계속 페달을 밟아야 하는 자전거"에 비유될 수 있었다. 여기에서 환율은 강한 달러로 요약된다. 미국 가계는 임금 삭감으로 인해 압박을 받았지만 강한 달러 덕분에 구매력을 유지할 수 있어서 정치적으로 인기가 있었다('환율 포퓰리즘'). 강한 달러 아래에서 미국 기업이 국내 생산을 줄이고 해외 생산을 확대하는 동안 개발도상국은 무역흑자를 달성하고 외환보유를 확대할 수 있었다. 이러한 거품경제가 지속 가능하지 못한 것은 자명한 일이다.

그렇다면 만성적인 흑자국에서는 어떤 일이 일어났는가? 미국과는 반대로 독일 소비자들은 실질임금이 정체하거나 하락하고 복지지출이 감소하는 상황에서 부채 증가가 아니라 소비 포기로 대응했다(로지 Logeay 와 츠비너 Zwiener, 2008). 이윤과 자산이 증가하고 감세 혜택을 입은 고소득층의 소득비중은 증가하는 반면, 소비성향이 높은 중산층은 비중이 줄었기 때문에 독일에서는 결국 소비가 침체되고 투자 기회를 찾는 화폐자산이 크게 증가했다. 이로 인해 감소된 유효수요를 보충해 준 것이 수출 증대에 힘입은 무역수지 흑자이다. 결국 국제적 차원에서는 개별 국가가 무역수지에서 적자와 흑자를 번갈아가며 겪으면서 균형을 찾아가는 것이 아니라 만성적 흑자국가군과 만성적 적자국가군이 형성되었다. 이들 흑자국가군과 적자국가군이 상호의존적이 되면서 흑자국의 무역흑자로 축적된 자본이 자본수요가 증대된 적자국 미국으로 계속 유입되는 '자기강화적 경향'이 나타났다. 이것이 바로 '글로벌 불균형'이다.

금융위기를 극복하기 위해 케인스주의가 제시하는 전략은 단기적으로는 팽창적인 통화정책과 재정정책이지만, 장기적이고 궁극적인 해결책은 신자유주의 성장모델을 대체할 새로운 성장모델을 구축하는 것이다. 단기적으로 유럽중앙은행의 구제금융이나 미국 연준의 금리인하는 시중은행을 비롯한 금융시장에 대한 신뢰를 회복하기 위해서 불가피한 조치로 이해된다. 그러나 미국이든 유럽이든 유동성 함정에 빠져 있기 때문에 '양적 완화'가 실물부문을 활성화시키지는 못할 것으로 본다. 실제로 은행과 기업 모두 리스크 관리에 나서면서 대출이 전반적으로 부진한 모습을 보이고 있고, 경기진작 효과도 미미하다. 2008년 12월 대비 2012년 3월 기업대출총액을 보면, 미국이 11.8퍼센트 줄었고 영국은 23.4퍼센트 감소했다. 유로존과 일본도 각각 2퍼센트 넘는 감소세를 보였다. 이에 비해 확대일로에 있는 글로벌 유동성은 주로 국제원자재 시장과 신흥국 금융시장으로 유입되어 투기를 부추기고 있다. 가령 2012년 10월 기준으로 옥수수의 투기 수요는 전년 동월 대비 58.3퍼센트나 급증했고, 금의 투기 수요는 84.3퍼센트 급증했다.

국제적 조율 아래 금융시장 개혁도 당연히 이루어져야 한다. 실물부문의 안정적인 성장을 뒷받침하는 금융의 본래 기능이 회복되지 않으면 경기회복은 이루어지지 않거나 불안정하게 회복되다가 추락할 위험이 있다. 그렇지만 금융위기의 근본적인 원인이 신자유주의 성장모델에 있으므로 위기에 대한 근본적인 대응책은 새로운 성장모델로 전환하는 것이다. 가장 시급한 것은 1945년부터 1980년까지의 '선순환' 성장모델에서처럼 생산성 향상이 소득 상승으로 이어지는 경제성장으로 돌아가는 것이다. 금융개혁에만 집중하고 경제성장 패러다임의 개혁을 간과할 경우 단기적으로는 안정될지라도 장기적으로는 경제적 정체를 피할 수 없을 것이기 때문이다. 독일 사회민주당이 구상하고 있는 '사회적 성장모델'은 새로운 성장모델의 한 예가 될 수 있을 것이다.

2. 그리스 재정위기의 실상

글로벌 금융위기로 빈사상태에 빠져 있던 신자유주의 경제학에 그리스 재정위기와 유로화 위기는 소생의 기회가 되고 있다. 한국의 신자유주의 경제학자들은 그리스 재정위기를 '복지망국론'으로 재치 있게 연결해 복지국가 담론에 찬물을 끼얹고자 무던히 애쓰고 있다. 이들에게는 그리스가 복지국가로 분류된 적도 없었다는 사실은 전혀 중요하지 않다. EU 회원국이니 당연히 복지국가일 것이라는 선입견을 가지고 그리스 재정위기를 예단하고 있다. 그리스보다 먼저 국가부도 위기를 경험한 아일랜드 사례는 신자유주의의 참담한 실패를 곧바로 드러내기 때문에 가능한 한 덮어두고 싶어한다. 일본의 국채비율이 그리스보다 더 높은데도 불구하고 왜 국가부도에 몰리지 않는지에 대해서도 별로 관심이 없다. 한국에서 복지국가를 차단할 수만 있다면 이들에게는 모든 수단이 정당화될 수 있는 것처럼 보인다. 그래서 제 논에 물 대기, 개념 혼란, 부풀리기 등 다양한 꼼수를 부리고 있다. 뿐만 아니라 신자유주의 논객들 사이에서도 서로 모순되는 주장이 나오고 있다. '복지망국론'이라는 총론에서는 일치하지만 구체적으로 어느 나라가 그런 경험을 했는지에 대해서는 논객마다 차이를 보이고 있다. 이들에게 중요한 것은 객관적 사실과 인과관계가 아니라 한국 사회에서 시대정신으로 떠오른 복지국가를 저지하는 것이다.

1) 그리스 재정위기는 어떻게 진전되었는가

지금까지 한국에서 일반적으로 언론 등을 통해 알려진 그리스 재정위기의 발발 과정을 간단히 요약하자면 다음과 같다. 그리스 정부는 방만한 재정운용으로 국가채무가 누적되어 더 이상 금융시장에서는 국채를 연장하거나 새로운 국채를 매각할 수 없을 정도로 신뢰가 악화되어 어쩔 수 없이 이른바 '트로이카'(EU, 유럽중앙은행, IMF)의 지원을 요청하게 되었고, 이 지원을 받기 위해 대대적인 재정긴축을 약속할 수밖에 없었다는 것이다. 그런데 국내에서는 정치인이나 언론뿐만 아니라 적지 않은 학자들, 특히 경제학자들이 나서서 그리스 재정위기를 초래한 방만한 재정운용을 과도한 복지정책의 결과로 다시 주장하면서 국내 복지국가 논쟁에서 대표적인 부정적 사례로 거론하고 있다. 2011년 8월 자유기업원은 그리스 아테네대학교 아리스티데스 N. 하치스(Aristides N. Hatzis) 교수를 초청해서 그리스 재정위기의 원인이 "정치권이 복지 포퓰리즘을 남발했기 때문"이라는 '증언'을 들었다. 신자유주의 경제학자들은 간혹 애꿎은 스페인을 같이 끌어들여 복지국가에 대한 경종을 울리려고 애쓴다. 그러나 이러한 주장은 경제학의 이름으로 자행되고 있는 꼼수들의 집합이다. 부분적인 사실을 전체로 과장하고 있고, 인과관계를 흐려놓고 있으며, '제 논에 물 대기' 식의 억지를 부리고 있다. 그리스 재정위기의 진정한 원인은 어디에 있는 것일까? 여기에서 밝히고자 하는 사실은 다음과 같다. 첫째, 그리스의 재정적자가 누적된 이유는 방만한 복지재정 탓이 아니다. 둘째, 재정적자의 누적과 국가채무비율의 상승은 재정위기의 필요조건일 뿐 충분조건은 아니다. 이 충분조건은 국제금융자본의 투기였다. 이제 그리스 재정위기의 경위부터 살펴보자.

그리스는 2001년 1월 1일 유로존에 가입하기 전부터 국가채무가 누적되고 있었고, 가입 이후에는 가속적으로 악화된 것으로 드러났다. 그리스는 가입 이전부터 재정안정을 위한 가이드라인(GDP 대비 재정적자비율 3퍼센트, 국가채무비율 60퍼센트)을 충족시키지 못하고 있었다. 가입 후에도 계속 증가해 2003년에는 국가채무비율이 100퍼센트를 넘었다. EU 가이드라인에도 불구하고 이를 충족시키지 않는 회원국에 대한 제재수단이 없었기 때문에 그리스뿐만 아니라 여러 나라의 국가채무비율이 증가하고 있었다. 그러다가 2008년 글로벌 금융위기에 대처하기 위한 재정지출이 증가하면서 그리스는 물론 모든 EU 회원국들에서 국가채무비율도 크게 증가했다. 그리스 재정위기는 2010년 4월 EU에 공식적으로 지원을 요청하면서 표면화되었다.

그리스의 국가채무가 지속적으로 증가하고 있었는데도 왜 2010년에야 비로소 재정위기로 표출되었는가? 그 답은 그리스의 정권교체에서 출발해서 찾을 수 있다. 2009년 10월 총선에서 그리스 사회당(PASOK)은 43.9퍼센트를 득표해 절대다수의 의석을 차지하게 되었다. 이틀 후 신임 총리 게오르기오스 파판드레우(Georgios Papandreou)는 취임선서를 했지만 공약에 포함되었던 복지예산의 증액을 실천에 옮길 수가 없었다. 2009년 재정적자 규모가 전임 정부가 발표했던 GDP 대비 6퍼센트가 아니라 12~13퍼센트로 훨씬 큰 것으로 드러났기 때문이다. 훗날 유럽연합통계국(Eurostat)이 정밀 조사한 바에 따르면 15.6퍼센트에 달했다. 이로 인해 2009년 재정적자 규모를 GDP 대비 3.7퍼센트로 감축하겠다는 약속도 지켜질 수 없게 되었다. 신임 정부는 2012년까지 재정적자를 GDP 대비 3퍼센트 미만으로 줄여야 한다는 목표를 EU로부터 부여받았다. 2010년 2월에 열린 EU 긴급정상회담에서는 그리스가 국가부도를 피하려면 급격한 긴축정책을 단행해야 한다는 경고도 받았다. 같은 해 3월에는 유로존 국가들이 그리스에 대한 재정지원에도 합의했다. 이후 그리스에 대한 재정지원은 유럽중앙은행과 IMF도 참여하면서 그 규모가 갈수록 커졌다. 그리스의 유로존 탈퇴까지 거론되는 협상과정을 거쳐 마침내 2012년 12월에 그리스 재정긴축과 EU의 지원을 골자로 하는 합의가 도출되었다.

그리스 재정위기는 유로존에 한 가지 중요한 제도 변화를 가져다주었다. 당초 유로존에서는 회원국들 사이에서나 유럽중앙은행에 의한 구제금융이 금지되었으나 그리스 재정위기를 계기로 바뀌었다. 2010년 5월 10일 EU와 IMF는 그리스는 물론 재정적 어려움을 겪고 있는 GIIPS 5개국, 즉 그리스, 이탈리아, 아일랜드, 포르투갈, 스페인에 대한 1,100억 유로의 지원에 합의했다.* 그밖에 유럽중앙은행과 EU 회원국들은 그리스 국채 1,000억 유로를 은행과 펀드로부터 구매하기로 결의했다. 그리스의 자구노력도 당연히 수반되었다. 2010년 3월 3일 부가가치세를 21퍼센트로 인상했고, 공무원 월급을 삭감해 48억 유로를 절감하기로 결정했다. 5월 2일에는 IMF 및 EU와 2013년까지 정부기구를 축소하고 월급을 삭감함으로써 300억 유로를 절감하기로 합의했다. 그리스 정부는 긴축도 단행해 지출을 10퍼센트 줄였다. 2010년 8월까지 재정적자는 일단 감소했다. 그렇

* 이들 5개국의 머리글자를 따서 만든 'PIIGS'라는 약자는 애널리스트들과 딜러들이 주로 사용했는데, 이후 일부 학자들까지 사용하고 있다. 이 약자가 주는 모멸감을 피하기 위해 순서를 바꿔 'GIIPS'가 사용되기도 한다. 이 글에서는 'GIIPS'를 사용하기로 한다.

지만 민간부문에서 부도율이 높아지고 실업률이 높아졌다. 투자가 줄고 국내총생산이 줄면서 조세수입도 당연히 줄었다. 이는 금융시장에서 그리스의 국채에 대한 리스크 프리미엄을 다시 인상하는 빌미가 되었다. 2010년 말에는 5월 이전 수준으로 상승했다. 실업률이 상승하자 정부는 실업자 구제를 위한 지출을 증가시키지 않을 수 없었고, 이는 재정적자를 다시 증대시켰다. 악순환이었다.

2009년 정권교체와 더불어 드러난 또 한 가지 사실은 전임 신민주당 정부가 발표한 재정적자 예상치뿐만 아니라 그리스의 재정 전반이 통계 조작으로 가득 찼었다는 것이다. 그리스가 2001년 유로존에 가입하면서 제출한 과거 재정통계는 물론, 가입 후 10년 동안 유럽연합통계국에 제출한 통계도 미국 투자은행 골드만삭스(Goldman Sachs)와 JP모건체이스앤컴퍼니(JPMorgan Chase & Co., 이하 'JP모건') 등의 자문을 받아 체계적으로 조작되고 있었다. 이 조작 사실이 알려진 다음 그리스가 EU에 구제금융을 신청하기까지는 5개월이 채 안 걸렸다. 이로 인해 골드만삭스나 JP모건이 징계를 받았다는 소식은 없다. 그들은 막대한 이익을 챙길 수 있었던 이 행위가 "위법이 아니었다"라는 해명을 남겼을 뿐이다. 그리스 재정위기가 촉발된 근본 원인을 이해하려면 먼저 이 5개월 사이에 어떤 사건들이 있었는지를 순서대로 추적할 필요가 있다. 그런 다음 눈을 약간 돌려 그리스 재정위기와 연관된 전후 상황들을 살펴볼 필요가 있다.

그리스 재정적자가 당초 예상(?)보다 훨씬 심각하다는 사실이 알려지자 가장 먼저 움직인 것은 신용평가회사들이었다. 2009년 12월 8일 피치 IBCA(Fitch IBCA, 이하 피치)가 그리스 신용등급을 BBB+로 강등했다. 1주일 시차를 두고 스탠더드앤드푸어스(Standard & Poor's, 이하 'S&P')와 무디스인베스터서비스(Moody's Investors Service, 이하 '무디스')도 등급을 떨어뜨렸다. 2010년 4월 27일 S&P는 그리스 신용등급을 BB+로, 무디스는 A3, 피치는 BBB-로 강등했다. 6월 14일에 무디스는 다시 그리스 국채 신용등급을 Ba1으로 한꺼번에 4단계, 정크본드 수준으로 강등했다. 그 이유는 '현저한' 거시경제적 위험이 상존하고 EU와 IMF의 대대적인 지원 프로그램에도 불구하고 특히 성장전망이 불투명하기 때문이라고 했다. 이로써 2010년 6월 24일 독일과 그리스의 국채금리 차이는 약 7.8퍼센트로 확대되었다. 2010년 4월 10년 만기 국채금리가 8.5퍼센트를 넘어서자 그리스 정부는 국가부도를 막기 위해 금융지원을 요청했다. 투기자본들에게 항복한 셈이었다. GIIPS에 대한 1,100억 유로의 지원에도 불구하고 시장에서 투기자본들이 요구하는 그리스 국채금리는 낮아지지 않았고 오히려 다시 올랐다. 2010년 7월에는 피치가 유로존의 그리스 지원이 지연된다는 이유로, 유로존의 제2차 구제금융 지원에 대한 합의가 이루어진 후인 7월 25일에는 무디스가 "민간투자자의 경제적 손실"에 대한 우려를 제기하면서 다시 신용등급을 낮추었다. 2011년 3월 7일 무디스는 그리스 신용등급을 Ba1에서 B1으로 3단계 낮추었다. 그리스 정부가 긴축 프로그램을 실천에 옮길 수 있을지 불확실하다는 이유에서였다. 3월 30일에는 S&P도 다시 BB+에서 BB-로 강등시켰고, 5월 20일에는 피치가 BB+에서 B+로 낮추었다. 2011년 6월 29일 그리스 의회는 EU와 IMF의 요구에 따라 제3차 긴축계획을 결의했다. 2015년까지 지출삭감과 조세 인상을 통해 280억 유로, 민영화와 국유 부동산 매각을 통해 500억 유로를 포함해 총 780억 유로를 절감하겠다는 것이었다. 신용평가회사들이 1997년 한국의 외환위기나 2008년 글로벌 금융위기 국면에서와 마찬가지로 신용위험을 사전에 경고하기는커녕 오히려 위기를 선도하고 증폭시켰던 모습이 그리스 경우에도 그대로 재현되었다. 마치 사전 경고에 실패했던 무능력을 만회라도 하려는 듯이 신용등급을 한꺼번에 3~4단계씩 강등시킴으로써 차분히 수습할 기회를 주기는커녕 이런저런 이유를 들어 오히려 시장을 혼란에 빠뜨리곤 하는 것이었다.

그런데 신용평가회사들의 무책임한 등급 하락이 시작되기 직전인 2009년 11월에 한 가지 주목할 만한 사건이 있었다. 『뉴욕 타임스』 2010년 2월 13일자 보도에 따르면, 골드만삭스는 그리스 정부가 재정통계를 조작한 사실이 공개되기 직전까지도 그리스 정부에 재정통계를 계속 조작할 방법을 제안했다. 2009년 11월 골드만삭스의 개리 콘(Gary Cohn) 회장이 이끄는 팀이 아테네를 방문해서 재정상황을 은폐할 방법을 브리핑했다. 보다 구체적으로 골드만삭스는 "집주인이 신용카드 빚을 갚기 위해서 2차 주택담보대출을 받듯이" 그리스 보건시스템이 안고 있는 부채 상환을 미래로 미루는 금융상품을 그리스의 정부에 내밀었다. 이름하여 '교차통화스와프'(Cross Currency Swaps)였다. 그리스 정부에 달러나 엔으로 대출해 주는 것처럼 위장하고 이 대출금에 높은 유로 환율을 적용해 재정통계에 드러나는 것보다 훨씬 많은 대출을 해주는 방법이다. 이는 그리스가 유로존에 가입한 직후부터 재정적자를 은폐하기 위해 사용했던 파생상품이었다. EU의 가이드라인을 지키기 어려운 다른 나라들도 금융공학을 이용해서 몇 년 간 이 기준을 우회할 수 있었다. 그러나 이 금융공학은 2009년 새로운 '유럽국민소득계정시스템'이 도입되면서 재정적자를 은폐하기 위한 수단으로 사용되기 어렵게 되었다. 개혁이 이루어지기 이전에는 국가채무로 포착되지 않았던 계정이 개혁과 더불어 국가채무로 포함되면 당연히 국가채무비율이 상승할 것이고, 이에 따라 '시장신뢰'도 추락할 것이라는 사실은 금융시장 전문가들이라면 충분히 알고 있었을 것이다. 그리스 정부는 골드만삭스의 '교차통화스와프' 제안을 거부했다. 그리고 한 달도 지나지 않아 그리스의 신용등급이 하락하기 시작했다.

그리스 정부가 재정 상태를 분식하기 위해서 사용한 다른 금융공학은 장래 들어올 재정수입을 담보로 국채를 발행해 증권화하는 '미래수입(future-flow) 유동화'였다. 그리스 정부는 2001년에만 53억 달러의 유동화를 성사시켰다. 이들 사업에는 프랑스의 최대 은행인 BNP 파리바(BNP Paribas), 미국의 모건스탠리(Morgan Stanley), 시티은행, 독일의 도이치방크 등이 참여했다. 이들은 높은 수수료 때문에 서로 참여하기 위해 치열하게 경쟁한 것으로 알려졌다. 그리스 정부가 2001년 재정적자를 축소하기 위해서 동원한 대표적인 '미래수입 유동화' 사례는 구체적으로 다음과 같다. 첫째, 특수목적회사인 '아이올로스'(Aeolos)를 설립해 그리스 영공을 통과하거나 그리스 공항을 이용하는 항공기로부터 받을 것으로 예상되는 3억 5,500만 유로를 유동화했다. 둘째, 특수목적회사인 '아리아드네'(Ariadne)를 설립해 그리스의 국영복권사업에서 예상되는 수입 6억 5,000만 유로를 유동화했다. 셋째, EU로부터 향후 7년 동안 받을 구조조정기금을 유동화했다. 이들 특수목적회사는 모두 런던에 소재했었다.

재정통계를 조작한 사실이 드러나자, 유럽 정부와 금융계에서는 한편으로는 문제가 심각하지 않다는 반응을 보이면서도 그 책임은 전적으로 그리스에 묻는 분위기가 조성되었다. 2009년 12월 초 각국 정부와 EU는 피치의 등급 하락에도 불구하고 일단 금융시장을 진정시키고자 노력했다. 유로존 가맹국의 신용등급이 최상급에서 탈락한 것은 유로존 11년 역사상 그리스가 처음이었다. 그리스 정부는 그리스가 '유럽의 보호' 아래 있지만 재정난을 자력으로 해결할 수 있다고 선언했고, 독일 정부도 그리스 정부의 이 발표를 신뢰하며 "그것이 가능할 것이라는 사실을 의심할 아무런 이유가 없다"라고 발표했다. EU평의회 의장도 나서서 그리스가 국채를 시장에서 스스로 매각할 수 있으므로 IMF 지원이 필요한 상황이 아니라고 말했다. 독일 연방은행 총재 악셀 베버(Axel Weber)도 "우리는 IMF가 필요하지 않다"라고 말했다. EU의 '안정성장협약'만으로도 그리스를 채무 함정에서 구할 수 있을 것이라고 했다.

다른 한편에서는 '그리스 단독책임론'을 퍼뜨리기 바빴다. 독일 코메르츠방크(Commerzbank)의 크리스토프 바일(Christoph Weil)은 "그 나라는 허위 통계를 이용해서 말하자면 유로존에 잠입했고, 부실한 재정정책으로 어려운 상황에 빠져들었다. 그것은 명백히 자초한 일이며, 글로벌 금융위기의 결과가 아니다"라고 주장했다. 독일 연방재무부 학술자문위원 클레멘스 퓌스트(Clemens Füst)는 그리스 정부를 지원해서는 안 되는데, 그 이유는 "그럴 경우 재앙적 결과가 초래될 것이기 때문이다. 독일 납세자들이 스스로 아무런 영향을 끼칠 수 없는 예산에 대해 책임을 지는 결과가 될 것이다"라고 주장했다. EU 재무장관협의회 안데르스 보리(Anders Borg) 위원장은 그리스 정부가 "마침내 진지한 재정정책을 추진하기 시작해야 한다"라고 경고하면서 재정건전화계획을 제출하고 단기적으로는 급격한 긴축 프로그램을 단행해야 한다고 주장했다. 2010년 2월 3일 EU위원회는 그리스 정부가 2~3개월마다 예산절감비율을 보고하고 2012년까지는 재정적자를 GDP 3퍼센트 미만으로 낮출 것을 의결했다. 이후로도 그리스 정부와 '트로이카'(EU, 유럽중앙은행, IMF) 사이에 밀고 당기는 협상이 2년 넘게 계속되었다. 유럽중앙은행이 유로화 표시 국채의 무한 매입을 공언하고 그리스 정부에 대한 국가채무비율의 인하 시한을 연장하기로 합의가 이루어지면서 2012년 12월 위기는 잦아들었다. 그러나 위기가 해결된 것은 아니며 단지 잠재적 가능성으로 다시 가라앉았다는 표현이 더 적절할 것이다. 그리스에 내려진 긴축재정 처방이 경제성장을 둔화시켜 세수 감소를 초래하면 국채를 상환할 수 있는 여력이 줄어드는 것이기 때문에 그리스 정부가 약속한 국가채무비율의 감소가 여의치 않을 수 있다. 1997년 외환위기 당시 한국의 경험이 중요한 교훈이 될 것이다. 당초 IMF가 처방했던 긴축재정과 고금리로 인해 기업이 줄도산하고 경제가 급격히 위축되자, 한국 정부의 설득으로 긴축을 완화하고 금리를 인하하면서 경제가 급속히 회복세로 돌아설 수 있었다. IMF의 신자유주의적 처방을 따랐기 때문이 아니라 교정했기 때문에 한국경제는 되살아날 수 있었다.

2) 국제 투기자본이 준비한 그리스 재정위기

그리스 재정위기의 출발점은 특히 글로벌 금융위기 이후 급증한 재정적자의 누적에서 찾을 수 있다. 유로화를 도입한 직후 한동안 개선의 기미를 보이던 그리스 재정수지는 2004년부터 다시 완만하게나마 악화되기 시작한 것으로 나타났다(〈표 2〉). 재정적자는 EU의 가이드라인을 지키지는 못했지만 GDP 대비 한 자릿수에 머물러 있었다. 그러다가 2008년 금융위기를 맞으면서 GDP 대비 재정적자는 두 자릿수로 급상승했고 국가채무비율도 급상승했다. 이러한 재정수지와 국가채무비율의 변동에는 경제성장률의 변동도 큰 영향을

연도	2002	2003	2004	2005	2006	2007	2008	2009	2010	2011
국가채무비율	101.7%	97.4%	98.6%	100.0%	106.1%	107.4%	113.0%	129.3%	145.0%	165.3%
재정수지	-4.8%	-5.6%	-7.5%	-5.2%	-5.7%	-6.5%	-9.8%	-15.8%	-10.3%	-9.1%

출처: 유럽연합통계국.

〈표 2〉 그리스 국가채무비율 및 재정수지

연도	1999	2000	2001	2002	2003	2004	2005	2006	2007	2008	2009	2010	2011
경제성장률	3.4%	4.5%	4.2%	3.4%	5.9%	4.4%	2.3%	4.5%	4.3%	1.3%	-2.3%	-4.2%	-3.0%

출처: 유럽연합통계국.

〈표 3〉 그리스 경제성장률

끼쳤다. 3~4퍼센트에 이르렀던 경제성장률이 글로벌 금융위기를 거치면서 2009년부터 마이너스로 급락해 재정수지에 큰 압박을 가했던 것이다(〈표 3〉). 마이너스 성장은 세입 감소와 세출 증가를 수반하기 때문이다.

2009년 정권교체로 집권한 그리스 사회당은 그리스 재정상태가 발표된 것보다 훨씬 심각한 상태에 있고, 이에 분식회계가 큰 책임이 있음을 알게 되었다. 그리스 정부의 분식회계 문제는 2004년 유럽연합통계국이 처음으로 제기한 바 있다. 그해 11월에 유럽연합통계국은 그리스 정부가 조작한 재정적자 통계 11가지를 수정하는 보고서를 제출했다. 가령 1.7퍼센트로 보고된 2002년 재정적자비율은 3.7퍼센트로 수정되었다. 그렇지만 이 보고서가 그리스 정부의 분식회계 관행을 불식하는 데까지는 이르지 못했고, 결국 국가채무비율의 증가로 이어졌다.

그리스 정부가 금융공학을 이용해 재정회계를 조작한 사실이 다시 드러나자, 감독당국인 유럽연합통계국이 2001년부터 2008년까지의 거래에 대해 정밀 조사에 착수했지만 그 결과를 대외적으로 공표하지는 않았다. 블룸버그통신(Bloomberg News)이 2010년 12월 22일 정보공개를 청구하는 소송을 제기했지만 성과는 없었다. 이로 인해 유럽연합통계국은 그리스 정부가 시장 신뢰를 조기에 회복할 수 있는 기회를 놓치게 했다는 비난을 받았다. 지금까지도 유럽연합통계국은 그리스 정부가 골드만삭스의 지원을 받아 체결한 통화스와프에 대한 정보를 확인해 주고 있지 않다. 『뉴욕 타임스』가 인용한 신용평가회사 무디스의 고위 매니저가 판단한 바에 따르면 이들 거래가 그리스에는 결국 손해를 보는 사업이었다. 이 파생상품이 가지는 파괴력은 이미 2008년 글로벌 금융위기를 촉발한 파생상품이었던 미국 주택담보대출 유동화에서 입증된 바 있다. 이러한 방식으로 그리스 정부는 EU의 가이드라인을 10년 동안 위반할 수 있었다. 그리하여 2009년 말 그리스의 GDP 대비 재정적자비율은 15.6퍼센트에 달했다. 그리스 이전에도 장래 재정수입을 담보로 발행한 국채를 유동화하는 상품은 멕시코와 브라질 정부도 이용한 적이 있었다. 또한 이탈리아도 금융공학을 이용해 재정상태를 분식한 적이 있었다.

그리스 정부가 국가채무비율을 분식하는 과정에서 발생한 더욱 놀라운 사건은 골드만삭스가 재정적자와 국가채무비율이 악화되는 방향으로 재정통계를 조작하도록 적극 유도했을 뿐만 아니라 그리스 국가부도를 걸고 다른 투기자본들과 함께 투기상품을 거래했었다는 것이다. 이런 점에서 볼 때 그리스 재정위기는 투기자본들에 의해 치밀하게 준비된 위기였다. 2010년 2월 24일자 『뉴욕 타임스』에 실린 기사 「그리스 재정적자 은폐에 가담했던 일부 은행들마저 그리스 부도에 베팅하고 있다」(Banks Bet Greece Defaults on Debt They Helped Hide)에 따르면 그리스 국채를 매입하고 있던 대형 은행인 크레디트스위스(Credit Suisse), UBS(스위스연방은행), 소시에테 제네랄(Société Générale), BNP 파리바, 도이치방크 등은 그리스 재정적자와 국가채무비율이 조작되었다는 사실이 알려지기 전부터 투기를 통해 그리스를 국가부도로 몰고 가고 있었다. 이들은 그리스 국가부도를 걸고 '신용부도스와프'(Credit Default Swap)를 거래했다. 이는 마치 이웃집이 불나는 데 내가 보험을 드는 것과 같다. 그러면 이웃집에 불을 낼 유인이 생기게 된다. 이 투기에서는 골드만삭스, JP모건 등 10여 개 은행이 국가부도 리스크를 측정하기 위해 개발한 지표가 이용되었다. '아이트랙스 소브엑스 웨스턴 유럽'(iTraxx SovX Western Europe)이 그것이다. 이미 2009년 9월 런던의 마킷그룹(Markit Group Ltd.)은 이 지표를 도입해서 재정위기가 발발하기 직전에 투기꾼들이 도박할 수 있는 파생상품을 출시했다. 이러한 상품은 유럽의 재정위기에 커다란 영향을 끼쳤는데, 그 이유는 투기꾼들은 '일일변동'에 초점을 맞추기 때문이다. 그 결과는 악순환이었다. 일단 비관적인 신호가 시장에 나타나자 국채 투자자들은 그리스 국채를 기피하기 시작했고, 그리스 정부가 금융시장에서 차입하는 것이 갈수록 어려워졌다. 이로 인해 불안감은 증폭되었고, 차입비용은 더욱 상승했다. 2010년 1월 초 그리스 국채 1,000만 달러를 매각하려면 28만 2,000달러가 소요되었지만 2월 들어서는 40만 달러로 급증했다.

그리스 국채와 연계된 신용부도스와프의 거래량은 그리스 정부의 재정통계 조작 사실이 밝혀지면서 급증했다. 2009년 2월 380억 달러에서 2010년 2월에는 850억 달러로 증가했다. 이 거래량은 절대규모 자체가 아니라 그것이 유발하는 도미노 효과 때문에 중요하다. 마킷그룹에 따르면 이들 지수는 "국채 CDS시장에서 투명성을 높여준다. 그것이 만들어지기 전에는 투자자들이 국채 CDS시장에서 상품의 실적을 추적할 수 있게 해주는 벤치마킹 지수가 확립되어 있지 않았다." 그런데 지수가 개발되고 나서는 앞다투어 보험을 들려고 했다.

재정위기는 일단 잠재적 가능성으로 머물러 있다가 투기자본들의 투기로 인해 현실이 된다. 이 투기가 그리스 재정위기의 충분조건인 셈이다. 그리스 5년 만기 국채수익률은 2007년 4.53퍼센트, 2008년 4.33퍼센트, 2009년 7월까지 3.33퍼센트로 점차 하락하고 있었다. 그러나 그리스 정부에 대한 EU의 1차 지원 합의에도 불구하고 신용등급이 계속 하락하자, 2010년 7월에는 10.66퍼센트로 상승했고, 2011년 7월에는 다시 19.14퍼센트, 9월에는 25.89퍼센트를 기록했다. 신용부도스와프 프리미엄이 상승하던 추세를 보면 재정위기의 투기적 성격은 더욱 두드러진다. 2008년 9월 이전에는 50bp 수준이던 프리미엄이 글로벌 금융위기 이후 급등하면서 2009년 초에는 300bp에 이르렀다. 그리스 재정위기가 촉발되면서 프리미엄은 더욱 급등했다. 2010년 6월 14일 1,126bp를 기록하더니 2011년 9월 13일에는 3,500bp까지 올랐다. 이처럼 프리미엄이 급상승한 데에는 투기자본의 공매도가 결정적인 역할을 했다.

국제 투기자본들의 그리스 국채 신용부도스와프 거래를 활성화시켜준 것이 신용평가회사들이다. 2009년 12월 9일 이후 신용평가회사들이 줄줄이 그리스 국채 신용등급을 인하하면서 투기에 기름을 부었다. 신용평가회사와 국제 투기자본의 암묵적(?) 또는 명시적(?) '공조'에 의해 그리스 국채상환 능력에 대한 의구심이 확산되면서 그리스 국채수익률이 급등한 것이 그리스 재정위기를 잠재적 가능성에서 실제 상황으로 전화시킨 원인이다. 신용평가회사들의 신용등급 강등에 뒤이은 리스크 프리미엄의 급상승은 그리스 상환부담을 더욱 가중시켰고, 결국 그리스 정부로 하여금 금융시장을 통한 국채 연장과 발행을 포기하도록 유도하는 결과를 낳았다. 그리스 재정위기는 신용평가회사와 투기자본의 개입에 의해 '자기동학'(自己動學)을 가지게 된 것이다. 재정적자 실상 공개 → 신용등급 하락과 국채 프리미엄 상승 → 재정적자 심화 → 신용등급 추가 하락과 국채 프리미엄 추가 상승이라는 악순환이 발생했다. 결국 그리스 정부는 자력으로 국채를 연장하거나 신규로 발행하지 못하고 EU, IMF, 유럽중앙은행의 지원을 받지 않을 수 없게 되었다. 유로존 위기를 둘러싸고 신용평가회사들이 보인 행태에 EU가 분통을 터뜨리고 독자적인 공공 신용평가기관을 설립하려는 이유도 바로 여기에 있다. 이들은 공공기관이 아니라 이윤을 추구하는 민간회사들이라는 사실을 결코 잊어서는 안 될 것이다. 그것도 심각한 도덕적 해이에 빠져 있는 민간회사들이다. 이들은 국제금융회사들이 새롭게 개발한 파생상품이 최고등급을 받을 수 있도록 자문을 해주고 자문료를 받은 다음 최고등급을 부여한다. 말하자면 신용평가회사들은 국제금융자본을 견제하기보다는 이들과 철저하게 공생하는 관계에 있다. 신용평가회사들의 등급에 민간기업은 물론 각국의 정부마저 목을 매고 한국 정부도 신용평가단이 방문할 때마다 칙사 대접을 하는 이유는 이들이 내린 평가등급에 따라 리스크 프리미엄이 결정되고 국제금융자본이 움직이기 때문이다. 사익을 추구하는 민간회사들에 기업이나 금융회사들은 물론 정부의 신용등급평가가 맡겨진다는 사실 자체가 전혀 문제시되지 않는 것이 신자유주의 경제학이다. 공익보다 사익을 앞세우는 것이 신자유주의 경제학이다.

독일의 '거시경제경기변동연구소'(Institut für Makroökonomie und Konjunkturforschung)가 추산한 바에 따르면, 그리스 국채 금리가 3퍼센트로 하락하면 국가채무비율은 2015년까지 110퍼센트로 감소할 수 있다. 신용평가회사들에 의한 신용등급 하락과 투기자본에 의한 금리인상이 그리스 재정위기를 가능성에서 현실성으로 전화시킨 필요성으로, 즉 충분조건으로 작용했음을 보여주는 증거이다. 역사에서 가정은 금물이라고 하지만 그리스 정부가 골드만삭스의 '교차통화스와프' 거래와 재정통계를 계속 조작하라는 제안을 받아들였더라면, 그래서 국제 투기자본의 공격을 받지 않았더라면 그리스 재정위기는 한동안 더 잠재적 가능성에 머무르지 않았을까?

3) 왜 하필 그리스인가

그리스가 한 마디로 유로존의 '약한 고리'가 되고 국제 투기자본이 그리스를 공격 대상으로 선택한 데에는 여러 요인이 작용했다.

첫째, 그리스는 유로존에서 차지하는 경제규모의 비중이 2.6퍼센트에 지나지 않을 정도로 작은 나라이다. 말하자면 크지 않은 투기자본으로도 국가재정을 흔들 수 있는 나라이다. 경제규모는 작지만 금융시장에서 특징적으로 나타나는 도미노 효과와 전염효과로 인해 작은 규모의 투기로도 그리스 경제는 물론 유로존 전체를 흔들 수 있다.

둘째, 그리스 정부는 위기가 발생하기 15년 전부터 재정통계를 조작했음이 드러나 이미 도덕성에 치명적인 타격을 입었기 때문에 자기 잘못으로 국가부도 사태를 맞았다는 비난을 받아도 변명할 여지가 없었다.

셋째, 그리스 정부가 재정통계를 조작하면서 골드만삭스 등 국제 투기자본의 회계기술적 지원을 받는 과정에서 그리스 재정의 실상은 이들에게 완전히 노출될 수밖에 없었고, 투기자본은 이를 기반으로 그리스 국가부도를 적극적으로 유도하는 파생상품을 거래했다. 회계자문을 받을 때 수반되는 위험은 한국의 하이닉스(지금의 SK하이닉스)도 경험한 바 있다. 2000년대 초 하이닉스가 해외매각의 소용돌이에 휘말렸던 배경에는 재무상태의 미국 노출이라는 악재가 작용했던 것이다. 하이닉스반도체는 1999년부터 살로만스미스바니(Saloman Smith Barney)의 회계자문을 받았는데, 이 회사는 시티그룹(Citigroup Inc.)의 자회사였다. 하이닉스가 그렇게 한 이유는 외환위기를 거치면서 한국에서는 미국의 저명한 컨설팅사의 자문을 받아야 경영선진화를 하는 것처럼 보이는 분위기가 지배하고 있었기 때문이다. 하이닉스가 재정적 어려움에 빠졌을 때 로버트 루빈(Robert Rubin) 시티그룹 회장이 여러 차례 청와대를 찾아와 "골치아픈 하이닉스를 팔고 구조조정을 해라. 만약 미국에 팔면 자동차나 다른 산업 쪽으로 혜택을 줄 수 있다"거나 "하이닉스를 마이크론테크놀로지(Micron Technology)에 매각하면 한국이 어려울 때 도와주겠다"라고 제안했다는 것이 하이닉스 구조조정특별위원장을 맡았던 신국환 전 산업자원부 장관의 증언이다. 루빈 회장은 외환위기 당시 미국 재무장관으로서 사실상 한국 정부에 대한 IMF의 요구조건을 결정했던 인물이기도 하다. 한국 정부 내에서도 하이닉스 해외매각을 불가피한 것으로 간주하는 분위기였기 때문인지 협상대상으로 선정된 미국 마이크론테크놀로지의 스티븐 애플턴(Steven Appleton) 회장이 보인 자세는 매각대금을 자사 주식으로 지급하는 등 "완전히 공짜로 먹겠다"는 것이었다. 우여곡절 끝에 매각은 결렬되었고, 이후 다행히 독자회생으로 가닥이 잡혀 지금에 이르고 있다. 그리스 정부가 부채 통계를 조작할 수 있도록 자문했던 국제금융회사들은 훤히 드러난 재정 상황을 토대로 그리스 국채를 사들이면서 그리스 정부의 파산을 걸고 투기를 했던 것이다.

넷째, 그리스 국채의 대부분을 외국 금융회사들이 보유하고 있었다. 그리스의 국가채무를 보면 2011년 현재 GDP 165퍼센트에 달하는 3,500억 유로이다. 이 가운데 그리스 은행과 연기금이 보유한 국채가 약 600억 유로에 지나지 않고 대부분을 외국 금융기관들이 보유하고 있다. 이들은 그리스 재정위기를 막으려 노력하기보다는 오히려 이윤 극대화에 도움이 된다면 재정위기를 유발할 뿐만 아니라 재정위기가 발발하면 이를 이용해 이윤을 극대화하는 데 골몰할 뿐이다. 국가채무비율로만 본다면 일본이 240퍼센트를 넘어 세계적으로 가장 높지만 일본의 국가부도를 우려하는 목소리는 전혀 없다. 대부분의 국채를 우정국과 일본 은행들이 보유하고 있기 때문이다. 민간기업인 국제금융자본에 국민경제나 세계경제에 대한 책임감을 요구하는 것만큼 어리석은 기대도 없을 것이다. 이는 외자유치와 외국인투자를 무차별적으로 환영하고 있는 한국 정부에 전하는 경고가 될 수 있을 것이다.

마르크스 공황론의 관점에서 볼 때 그리스 재정위기는 가능성, 필요성, 현실성의 논리에 의거해 분석될 수 있다. 그리스 정부의 지속적인 재정적자와 국가채무비율의 점진적인 상승이 재정위기를 일으킬 수 있는 씨앗을 뿌린 것은 분명한 사실이다. 이 과정에서 국제금융자본의 도움을 받아 국가채무통계를 조작했던 일은 분명 그리스 정부가 지탄받아 마땅하지만 그 자체로서 바로 재정위기가 폭발되는 것은 아니다. 재정적자의 누적과 국가채무비율의 상승은 재정위기의 가능성일 뿐이다. 이 가능성이 곧바로 국가부도 사태의 발발이라는 현실성으로 발전했다는 국내 신자유주의 경제학자의 주장은 그리스보다 재정적자나 국가부채비율이 훨씬 더 심각한 일본이 국가부도를 겪지 않고 있다는 사실에서 허구임이 드러난다. 국가채무비율만 놓고 본다면 일본이 더 취약하지만 국채를 대부분 내국인이 보유하고 있기 때문에 국제 투기자본의 공격 대상이 되지 않는다. 또한 국가부도로 이어지는 국가채무비율의 '상한선'이 존재하지 않는다는 사실도 재정적자의 증가가 곧바로 재정위기로 연결되는 것은 아니라는 의미이다. 미국의 오바마 정부가 공화당과 '재정절벽'이라는 신조어를 만들어내면서까지 국가부도를 방지하기 위한 방안을 둘러싸고 협상하고 있지만 국가채무비율의 상한선에 관한 언급은 전혀 없다. 재정위기(국가부도)의 가능성은 어디까지나 가능성일 뿐이므로 이 가능성이 현실성으로 발전하기 위해서는 이윤을 목적으로 하는 국제 투기자본의 투기라는 필요성에 의해 매개되어야 한다.

그리스가 국가부도 직전까지 몰리게 된 데에는 그리스 특유의 여러 가지 정황도 촉진제로 작용했다. 첫째, 탈세로 인한 세입 결손이 다른 나라에 비해 컸다. 그리스에서는 탈세가 '국민 스포츠'라는 비아냥이 있을 정도이다. EU 평균 조세부담률이 40퍼센트인 데 비해 그리스는 32퍼센트에 지나지 않는다. 그러나 소득이 있어야 탈세도 있는 법이다. 탈세는 고소득 자영업자들에 의해 주로 자행되고 있다(『슈피겔』 *Der Spiegel*, 「그리스는 부자들을 보호한다」 Griechenland schont seine Reichen, 2012년 10월 31일자). 독일의 시사주간지 『슈피겔』의 보도에 따르면, 이들은 2009년에만도 290억 유로를 탈세했다. 이는 그리스 국내총생산의 10분의 1이 넘는 수치이다. 의사들의 실제 소득은 신고된 것보다 2.5배 높았고, 다음으로 변호사와 경제학자, 기자, 연예인 등이 뒤를 이었다. 30년 동안 변론하면서 세금을 한 푼도 내지 않은 변호사도 있었다. 이처럼 정작 세금을 내야 할 고소득층 사이에서 탈세가 일반화되었다면 세율을 높인다 해도 소용이 없을 것이다. 또 한 가지 비극적인 일화가 있다. 그리스의 대표 산업 가운데 하나가 해운업이다. 미국의 존 F. 케네디(John F. Kennedy) 대통령의 미망인이었던 재클린 케네디(Jacqueline Kennedy)와 재혼한 이가 바로 그리스 '선박왕' 아리스토텔레스 오나시스(Aristoteles Onassis)였다는 사실을 기억하는 한국인이 적지 않을 것이다. 그런데 그리스가 해운강국인 이유가 세금이 사실상 없기 때문이라는 사실은 잘 알려져 있지 않다. 그리스 정부는 이들이 선적을 바꾸지 않도록 극진한 대접을 하고 있다. 최근 그리스 정부가 스위스와 세무자료를 교환하려 하자 선주들이 막아섰다. 자신들은 세무신고를 할 필요가 없으니 자료교환에서 빼달라고 한 것이다. 재정위기를 맞아 그리스 정부가 선주들에게 간청하다시피 해서 거두기로 한 세금이 2016년까지 총 2억 유로이다. 국채 3,500억 유로에 비하면 '코끼리 비스킷'도 안 된다.

둘째, 세출 측면에서 본다면, 그리스 정부의 예산 집행을 감독하는 기관이 그리스에도 없고 EU에도 없다. 또한 정부의 정실인사와 연고주의로 인해 공공부문이 비대해져 전체 노동력의 5분의 1 이상이 공공부문에 종사하고 있었다. EU가 구제금융을 제공하는 조건으로 제시한 것이 바로 공공부문 감축이다. 하지만 비대한 공공부문이 바로 방만한 복지정책을 의미하지는 않는다. 그리스는 한 번도 복지국가로 분류된 적이 없을 정도로 복지재정이 풍부한 나라가 아니다.

오히려 대표적인 복지국가로 분류되는 스웨덴, 핀란드, 덴마크 등은 그리스보다 높은 복지예산 비중에도 불구하고 튼튼한 재정건전성을 보이고 있다. 그리스 복지정책에서 부조리가 있었던 것은 사실이지만 그것이 한 나라의 재정을 거덜낼 정도는 아니었다.

셋째, 유로존에 가입하면서 그리스 경제의 경쟁력이 급속히 약화되었다. 유로존 가입으로 가장 먼저 나타난 현상은 물가상승과 금리하락이었다. 강세통화가 도입되면서 그리스 물가가 전반적으로 상승하기 시작했고, 이에 노조의 임금인상 요구가 거세졌다. 이로 인해 2000년부터 2010년 사이에 단위임금비용이 거의 40퍼센트 가까이 상승했다. 같은 기간 동안 독일에서는 이 비용이 5퍼센트 상승하는 데 그쳤다. 단위임금비용을 독일 수준으로 낮추려면 그리스 근로자 임금이 25퍼센트나 낮아져야 한다. 다른 한편에서 그리스 정부도 공공부문 임금 인상에서 절제를 발휘하지 않았고, 이것이 민간부문의 임금인상을 자극하는 결과를 가져왔다. 이러한 물가상승과 임금인상은 그리스 대표산업인 관광산업이 자국의 고객을 터키에 빼앗기는 결과를 낳기도 했다. 독일에서 관광안내 자료를 보면 터키 여행상품이 그리스 여행상품보다 압도적으로 많다. 자체 통화가 있다면 평가절하를 통해 경쟁력 약화를 상쇄할 수 있었겠지만 유로화를 유지하는 한에서는 이 수단을 사용할 수 없었다.

넷째, 그리스뿐만 아니라 GIIPS 나라들의 관점에서는 재정위기의 책임을 독일에 돌리는 부분도 있다. 단일통화를 도입한 이후, 독일과 남유럽 나라들 사이에 생산성 격차가 상존하면서 경상수지 적자가 지속되었는데, 이를 해소하기 위해서는 독일에서 임금상승이 이루어져 단위임금비용이 균등화되었어야 했다. 그러나 현실에서는 정반대로 독일의 실질임금은 오히려 하락했기 때문에 오히려 적자가 확대되는 양상이 나타났다. 이에 대해서는 뒤에서 자세히 살펴보기로 하겠다.

4) 그리스 재정위기에 대한 오해

그리스 재정위기와 관련해서는 몇 가지 오해를 규명할 필요가 있다.

첫째, 그리스에 대한 자금지원으로 흔히 독일 등 지원국의 납세자에 대한 부담, 즉 재정부담이 증가한다고 주장하지만 실상은 정반대이다. 독일의 일간지 『프랑크푸르터 룬트샤우』(*Frankfurter Rundschau*)에 따르면 독일은 그리스 정부에 대한 지원으로 오히려 '짭짤한' 돈벌이를 하고 있는 것이다. 2010년 제1차 구제금융에서 독일이 분담한 몫은 220억 유로였는데, 이 자금은 독일 정부의 예산에서 가져온 것이 아니라 독일 정부가 금융시장에서 차입한 것이었다. 이때 지불된 금리는 2~3퍼센트였다. 이 지원금에 대한 대가로 그리스 정부가 독일 정부에 지불한 금리는 이른바 '징벌금리'를 포함해서 4.2퍼센트였다. 이 '구제금융'을 통해 독일 정부는 4억 5,000만 유로를 벌 수 있을 것으로 예상되었다. 이밖에도 독일은 그리스 등의 금융위기로 인해 간접적으로도 적지 않은 이익을 보고 있다. 독일 국채가 안전자산으로 평가되면서 금리가 낮아졌기 때문이다. 2012년에는 금리가 0퍼센트(!)인 국채를 두 차례 판매하기도 했다. 금리인하 덕분에 독일 정부는 매년 35억 유로를 절약할 수 있을 것으로 예상되고 있다. 뿐만 아니라 독일의 지원에는 독일의 이익과 독일 금융회사의 이익을 보호하려는 직접적인 동기도 크게 작용하고 있다. 『슈피겔』의 보도에 따르면 독일 금융회사들은 막대한 그리스 국채를 보유하고 있는데, 히포레알에스테이트(Hypo Real Estate)가 91억 유로, 독일 연방정부가 지분을 보유하고 있는 코메르츠방크가 46억 유로, 바덴뷔르템베르크주립은행(Landesbank Baden-Württemberg)이 27억 유로, 바이에른주립은행(Bayerische Landesbank)이 15억 유로 등이다.

둘째, 그리스인의 '방탕한' 생활로 인해 재정적자가 누적되었다는 주장도 사실무근이다. 특히 독일에서 『빌트』(*Bild*) 등 황색 저널을 중심으로 널리 확산된 이 주장은 재정위기의 근본적인 원인을 철저하게 호도하는 선동이다. 이 주장은 오히려 그리스의 국민들 사이에서 문제에 대한 진지한 접근을 차단하고, 즉흥적인 반응을 보이도록 선동하며, 그 결과로 독일에 대한 국민 감정을 악화시키는 빌미가 될 뿐이다. 그리스에 대한 독일의 적극적인 지원에 반대하는 독일인이 60퍼센트를 넘는다는 여론조사 결과는 긴축재정에 반대하는 그리스 시위대가 나치 복장을 한 메르켈 독일 총리의 사진을 들고 나서는 것과 '한 동전의 양면'을 이룬다. 유럽연합통계국에 따르면 그리스인의 주당 노동시간은 43.3시간으로서 EU의 평균인 41.7시간보다 길다. 프랑스의 나티시스(Natixis) 은행에 따르면 그리스인의 연평균 노동시간은 2,119시간이고, 독일의 연평균 노동시간은 1,390시간이다. 연평균 휴가일수는 23일로, EU에서 가장 긴 독일의 30일보다 짧다. 그리스의 임금 수준은 유로존 평균의 73퍼센트이고, 노동자 4분의 1이 월 750유로 미만을 받는다. 재정위기 이전에 그리스인의 5분의 1이 빈곤상태에 있었다. OECD에 따르면 그리스 남성은 평균 61.9세에 연금을 받고, 독일 남성은 61.8세에 받는다. 연금수령액은 글로벌 금융위기 전인 2007년에 617유로로, 유로존 평균의 55퍼센트에 지나지 않는다. 연금생활자의 3분의 2가 월 600유로 미만으로 살아야 한다. 모두 과잉복지와는 거리가 먼 수치들이다.

셋째, 몇몇 투기자본이 그리스라는 한 나라를 부도위기로 몰아넣을 수 있는지에 대해 의문을 가질 수도 있을 것이다. 이에 대한 대답은 두 가지 전례에서 어렵지 않게 찾을 수 있다. 1992년 영국의 '파운드위기'를 일으킨 것도 조지 소로스(George Soros)의 퀀텀펀드(Quantum Fund)를 비롯한 몇몇 헤지펀드였다. 영국은 그 위상이 갈수록 추락해 2011년에는 브라질에도 밀렸지만 그래도 세계 7위의 경제대국이다. 그리스는 EU에서도 국내총생산 비중이 2.6퍼센트에 지나지 않을 정도로 작은 나라이다. 더욱이 소로스는 파운드화에 대한 투기적 공격을 공개적으로 단행해서 영국 정부를 굴복시켰다. 두 번째 사례로 롱텀캐피털매니지먼트(LTCM; Long-Term Capital Management)는 파산 당시 불과 21억 달러의 자기자본을 보유한 헤지펀드였다. LTCM이 파산에 직면하자 미국 연준은 즉각 기준금리를 인하했다. 새로운 투자자들이 37.5억 달러의 자금을 투입해 90퍼센트를 인수함으로써 LTCM은 사실상 해체되었다. 이 사건이 가지는 중요성은 LTCM의 구제대책을 논의하는 자리에 뉴욕 연준의 의장뿐만 아니라 골드만삭스, 모건스탠리, 메릴린치(Merrill Lynch), JP모건, 도이치방크 등 13개 투자은행의 회장들이 참석했다는 사실에서 알 수 있다. 그 이유는 미국 금융시장은 물론 국제 금융시장이 붕괴할 우려 때문이었다. 퀀텀펀드는 물론 LTCM도 자체만으로는 크지 않지만 금융시장의 연쇄작용으로 인해 한 나라나 세계경제를 뒤흔들 수 있는 파괴력을 가지고 있는 것이다.

넷째, 그리스 국가부도를 방지하기 위한 그리스의 유로존 탈퇴 시나리오는 전혀 현실성이 없는, 문자 그대로 '경제주의적' 발상이다. 유럽통합 과정은 처음부터 정치 프로젝트였고 지금도 그러하다.

통합 과정의 한복판에 있는 단일통화 도입이 그리스의 탈퇴로 후퇴하는 것은 지금까지 이룩한 유럽통합의 성과를 무용지물로 만들 우려가 있기 때문에 고려할 대상이 아니다. 흔히 유럽통합의 쌍두마차로 불리는 독일과 프랑스가 처음 유럽통합 과정에 주도적으로 앞장섰던 배경에는 미국과 소련이라는 두 초강대국의 패권 다툼에 휘둘리지 않는 유럽이 되어야겠다는 목표가 작용했다. 이 목표를 위해서 약간의 경제적 손실이나 희생도 감수할 의향이 충분히 있음은 물론이다. 특히 독일은 EU 내에서 가장 큰 순재정부담국이면서도 통합에 가장 적극적이다. 그것은 독일이 늦어도 1980년대부터는 유럽에서 비록 경제적 헤게모니를 장악하고 있을지라도 통합 과정에서는 언제나 프랑스와 공조하고 가능한 한 영국도 끌어안고 가려는 모습에서 가장 잘 드러난다. 여기에는 자신의 영향력을 유럽 밖으로 확산할 경우에는 독일이 아니라 EU의 이름으로 하는 것이 제2차 세계대전 패전국으로서 다른 나라의 저항도 받지 않는 지극히 현실적인 전략이라는 판단도 작용한 것으로 보인다. 독일이 재정적자의 누적과 국가채무비율의 지속적 상승이라는 비효율적 행태를 보이고 있는 그리스를 유로존에서 퇴출시키지 않고 구제금융에 가장 적극적인 자세를 보이는 것은 EU를 보존하겠다는 정치적 고려 없이는 이해될 수 없다. 폴 크루그먼(Paul Krugman)이 유로화 도입을 두고 '엘리트들의 거만함'의 결과라고 지적하는 것은 바로 이 점을 부정적 시각에서 표현한 것이라 할 수 있다. 다른 한편에서 그리스 재정위기의 해결책으로 그리스의 유로존 탈퇴 시나리오를 유포하는 배후에는 바로 이러한 정치적 고려를 무산시키려는 의도가 숨겨져 있다고 판단할 수도 있다. 즉 유럽통합을 무산시킴으로써 미국의 경제적 패권을 공고히 하려는 의도가 그것이다. 이 무산은 미국의 금융자본에도 적지 않은 경제적 이익을 가져다줄 것이다. 유로존보다 경제규모가 훨씬 더 작은 각 나라들을 환율변동과 금리격차 등을 이용해 주무르는 것이 훨씬 용이할 것이기 때문이다. 독일이 유로존에서 탈퇴하는 것이 유로화 위기를 해결하는 가장 현실적인 방안이라는 매우 엉뚱한 '경제주의적' 발상이 미국 금융가에서 흘러나오는 것도 경제적 이익을 극대화하려는 의도뿐만 아니라 경제논리를 앞세운 패권주의적 발상이라 할 것이다.

끝으로, 그리스 재정위기의 최대수혜자는 누구일까? 국제 투기자본이다. 그리스 재정통계를 분식하는 과정에서 국제 투기자본들이 막대한 이익을 챙긴 것은 물론이고 그리스가 국가부도의 위기에 직면한 상황에서도 투기자본들은 그리스 국채 거래를 통해 큰 이익을 챙기고 있는 것이다. 그리스에 대한 구제금융을 놓고 논의가 한창일 때 투기자본들은 가격이 급락한 그리스 국채를 대량 매입했다. 그리스가 결국 국가부도를 맞는다거나 유로존을 탈퇴할 수도 있다는 예상들이 돌던 시절이었다. 그러나 그리스에 대한 구제금융을 두고 논란이 거듭되다가 마침내 합의가 이루어지는 사이에 투기자본들은 그리스 정부가 만기가 된 국채를 사들일 것으로 예상하고 국채를 대량으로 매입했다. 그리스의 국가부도 가능성이 낮아지면서 국채가격도 올랐다. 그래서 2012년 6월 초만 해도 1유로당 15센트에 지나지 않았던 10년 만기 그리스 국채가격이 11월 중순에는 35센트로 상승했다. 그리스 정부가 국채를 환매할 때 지불하는 가격이 올라가는 만큼 투기자본은 이익을 보게 되는 구조이다. 6월 초에 국채를 사두었던 헤지펀드는 2배 이상의 수익률을 올린 셈이다. 그런 수익을 올린 헤지펀드 명단에는 그레이록(Greylock), 서드포인트(Third Point), 피어트리파트너스(Fir Tree Partners), 애펄루사매니지먼트(Appaloosa Management) 등이 올라 있다(『슈피겔』, 「헤지펀드들이 수십억을 투기하다」Hedgefonds spekulieren auf Milliarden, 2012년 11월 23일자).

그리스가 국가부도를 선언할 경우에도 신용부도스와프를 보유하고 있는 투기자본들은 이익을 본다. 주지하는 바와 같이 신용부도스와프의 거래 자체가 그리스의 신용도를 가속적으로 떨어뜨리는 영향을 끼쳤다. 한 달 사이에 1퍼센트만 가격이 상승해도 시장에서는 경계심이 확산되어 그리스 정부가 채무를 연장하기가 어려워지면서 악순환이 시작된다. '시장 불신'이 깊어지고 그리스 국채를 매입하려는 투자자들이 더욱 적어지는 것이다. 그에 따라 부도위험이 커질수록 그만큼 신용부도스와프 가격이 상승하기 때문에 투기자본들은 이익을 얻는다.

신자유주의 경제학은 재정위기에서 투기자본이 행한 역할에 전혀 비판적 관심을 두지 않는다. 그것은 자신의 근본을 부정하는 행태가 될 것이기 때문이다. 신자유주의의 확산은 금융주도 자본주의의 성장과 궤를 같이 한다. 주지하는 바와 같이 금융자본은 새로운 산업을 개척하기보다는 기존 산업과 국가부문은 물론 가계를 자신의 이윤증대 목적에 철저하게 이용한다. '주주가치 극대화'를 명분으로 종업원, 지역사회, 소비자, 하청업체의 이익은 철저하게 무시된다. 특히 '노동시장의 유연화'라는 이름으로 자행되는 해고 위협과 임금 압박은 전 세계에서 고용불안을 높이고 빈부격차를 확대하고 있다. 〈그림 2〉에서 보는 바와 같이 미국에서 1940년대 이래 비교적 안정적인 모습을 보이던 상위 10퍼센트의 소득비중이 1980년대 들어 급증하고 있다. 신자유주의는 바로 이러한 소득불평등 심화를 '효율성 증대'라는 이름으로 적극적으로 옹호했다. 이미 과잉축적되어 있음에도 불구하고 자본으로서의 존재 이유를 끊임없이 확인해야 하는 금융자본이 금융위기와 재정위기의 뿌리인데도 신자유주의 경제학자들은 금융위기와 재정위기의 원인을 다른 데에서 열심히 찾고 있는 것이다. 신자유주의 경제학에서 금융자본에 대한 비판을 기대하는 것은 '자살골' 넣기를 기대하는 것과 같다.

3. 독일은 그리스 재정위기에서 어떤 역할을 했는가

그리스 재정위기에 관한 해결책을 둘러싸고 논란이 일고 있는 사이에 극단적인 해결책의 하나로 그리스의 유로존 탈퇴가 거론되기도 했다. 그러나 이는 다른 유로존 국가로 확산될 가능성이 컸기 때문에 처음부터 진지하게 고려될 방안은 아니었다. 그런데도 사이사이에 포르투갈, 스페인, 이탈리아의 열악한 재정상태에 대한 내용이 보도되면서 재정위기의 확산과 유로존 붕괴에 대한 우려가 일기도 했다. 독일과 프랑스의 공조를 중심으로 EU 회원국들이 협력한 결과, 그리스 재정위기는 일단 고비를 넘겼다. 유럽중앙은행과 IMF는 측면에서 지원했고, 미국은 처음부터 자기 앞가림하기에 바빠 멀리 비켜서 있었으며, 영국은 오히려 계속 딴죽을 걸었다.

유로존은 일단 투기자본의 공격으로부터 스스로를 방어할 의지와 역량을 보여주었다. 이 과정에서 그리스에 대한 구제금융에서 가장 큰 몫을 담당하고 있는 독일에 관심이 집중되었다. 독일은 그리스 재정위기와 유로화 위기를 타개하는 데 전면으로 나서면서 한편으로는 가장 큰 위험부담을 졌지만, 다른 한편으로는 유럽 내 경제적 헤게모니를 더욱 공고히 할 수 있게 되었다. 통일의 후유증에서 가까스로 벗어나고 있던 독일이 유로존 붕괴에 사실상 혼자 맞서고 있는 모습은 경이로워 보이기도 했다. 그렇지만 EU에서 독일의 경제적 헤게모니가 더욱 공고해져 당초 유럽통합이 목표했던 '독일의 유럽화'가 아니라 '유럽의 독일화'가 이루어질 가능성에 대한 우려도 제기되고 있다.

그리스 재정위기의 발발과 대응에서 독일이 한 역할과 관련해서는 두 가지 흥미로운 사실이 있다. 하나는 '독일 책임론'이고, 다른 하나는 '독일 민주주의 위기론'이다. 유로화가 도입된 이후, 독일이 그리스와의 무역에서 항상 흑자를 달성함으로써 그리스의 경제성장과 재정수지에 부정적인 영향을 끼쳤다는 것이다. 이것이 '독일 책임론'이다. '독일 민주주의 위기론'은 글로벌 금융위기와 그리스 재정위기를 겪으면서 왜 그토록 많은 자금이 투입되어야 하는지에 대해 국민을 충분히 설득하지 못했기 때문에 독일 의회에 대한 독일 국민의 신뢰가 현저히 약화되었다는 것이다.

1) '독일 책임론'

독일 책임론은 주로 학자들에 의해 제기되고 있으며 이에 동조하는 독일 학자들도 있다. 2003년 시작된 '아겐다 2010'(Agenda 2010)이라는 신자유주의 '개혁' 덕분에 독일 실질임금은 지난 10년 동안 정체 내지 하락하는 양상을 보였고, 이것이 독일 경제의 국제경쟁력을 강화하는 데 이바지했음은 누구도 부인하지 않는 사실이다. 그래서 지난 10년 동안 독일의 신자유주의적 경제성장 전략이 결국에는 그리스 재정위기를 초래했다는 주장도 제기되고 있는 것이다. 그런데 여기에서 한 걸음 더 나아가 독일 통일까지 거슬러 올라가는 학자들도 있다. 라이프치히 대학교의 교수 군터 슈나블(Gunther Schnabl)과 홀거 제마네크(Holger Zemanek)는 공동으로 작성한 논문 「독일 통일과 유럽의 재정위기」(Die Deutsche Wiedervereinigung und die europäische Schuldenkrise)에서 독일 통일이 작금의 유럽 재정위기의 단초가 되었다는, 상당히 엉뚱한 것처럼 들리지만 설득력 있는 주장을 펴고 있다. "독일 통일의 유산이 현재와 같은 경상수지 격차와 유럽 채무위기의 중요한 이유이다." 이들은 독일 통일이 독일과 EU에 끼친 '비대칭적 충격'에서 유럽 재정위기의 출발점을 찾고 있다. 그 논의를 따라가 보자.

통일 전 10년 동안 독일은 꾸준한 경상수지 흑자에 힘입어 해외순자산을 1980년 240억 유로에서 1990년 2,500억 유로로 증대시킬 수 있었다. 통일 후에는 이 자산을 동독 재건에 투입할 수 있었다. 덕분에 독일 내에서는 통일 특수가 형성되었지만, 경상수지는 1990년 400억 유로 흑자에서 1991년 200억 유로 적자로 급반전했고, 차곡차곡 쌓아두었던 해외순자산은 1998년 거의 고갈되었다. 독일이 통일 특수를 경험하는 동안 유럽의 다른 나라들은 경기침체를 경험했다. 이것이 '비대칭적 충격'이다. 유럽의 자본시장에서 독일의 자본 공급이 급감하자 당시 독일 마르크화는 절상압력을 받았다. 여기에 독일연방은행이 인플레이션을 억제하기 위해 금리를 인상하자 절상압력은 더욱 커졌다. 마르크화 절상은 수출 감소로 이어졌고, 독일은 1990년대를 경상수지 적자와 함께 보냈다(〈그림 3〉).

주지하는 바와 같이 독일 통일은 정치적 고려에 의해 추진되었다. 먼저 서독 화폐와 동독 화폐의 교환비율이 1 대 1 또는 1 대 2로

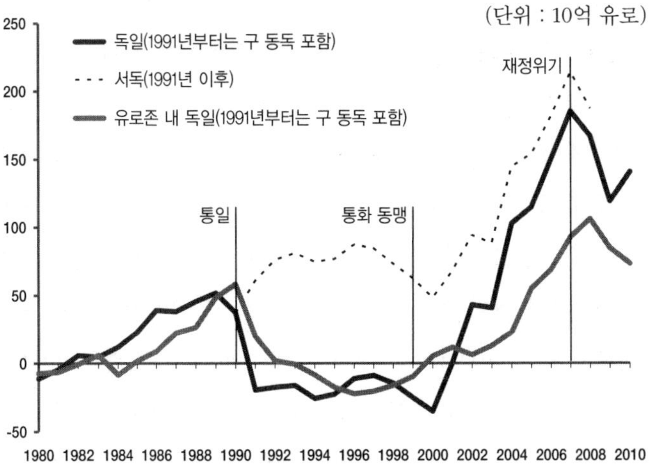

출처: 슈나블(Schnabl)/제마네크(Zemanek)(2011).

〈그림 3〉 **독일의 경상수지(1980~2010)**

결정된 것은 동독인의 금융자산을 보존해 줌으로써 동독인들의 생활수준을 가능한 한 조속히 서독 수준으로 끌어올리려는 배려에서였다. 당시 시장환율은 1 대 10으로 추정되었다. 나아가 통일 후 동독의 임금수준은 동독 노동자의 생산성이 아니라 서독 임금을 기준으로 결정되었다. 여기에는 동독인의 생활수준을 빠른 시일 안에 서독 수준으로 향상시켜주겠다는 선거 공약뿐만 아니라 단일노조로 조직된 노조의 압력도 크게 작용했다. 서독 노조는 통일되자마자 동독 노조를 빠른 속도로 편입했다. 당초 동독 노조는 공산당 선전기구에 지나지 않았기 때문에 동독 노동자들 사이에서 불신의 대상이었다. 서독 노조는 "3년 후 서독 임금의 100퍼센트"까지 올려주겠다는 공약으로 동독 노동자들의 지지를 이끌어냈다. 통일 독일 정부도 동독 임금이 급속히 상승하면 동독인들이 고임금을 찾아 서독으로 이주하는 상황을 방지할 수 있을 것으로 기대했다. 그러나 그 결과는 정반대로 나타났다. 동독 노동자의 입장에서 고향을 떠나 서독으로 이주할 유인은 적어졌지만 동독 지역에서 낮은 생산성, 고임금, 불분명한 소유관계 등으로 인해 투자가 적게 이루어져 충분한 일자리가 공급되지 않았기 때문이다. 이미 1 대 1의 화폐교환 자체가 동독 기업들에는 10배의 평가절상을 의미하는 '날벼락'이었기 때문에 그 조건에서 살아남는다는 것만으로도 기적이었다. 통일 특수로 마르크화가 평가절상되니 경쟁력이 취약한 동독 기업의 숨통은 더욱 조여들었다. 그런데 여기에 임금마저 생산성과 무관하게 급상승하니 버텨낼 재간이 없었던 것이다. 그렇다고 줄줄이 도산하는 동독 기업을 대신할 서독 기업이나 외국 기업의 투자가 활발한 것도 아니었다. 동독 투자 부진의 일차적인 책임은 서독 정부에 있었다. 동독과 통일조약을 체결하면서 동독의 국유재산을 원소유주에게 반환하기로 결정했기 때문이다. 이는 사유재산권 존중이라는 자본주의 원칙을 지켰다는 점에서는 칭찬받았을지 모르겠지만 동독 경제의 재건이라는 당면 목표를 달성하는 데에는 결정적인 걸림돌이 되었던 것이다. 동독 국유재산의 원소유주가 불분명한 경우가 적지 않았을 뿐만 아니라 소유관계가 분명한 경우라도 소유주들 사이의 이해관계가 엇갈려 해당 재산의 향후 처리방안을 결정하지 못하는 사례도 발생했다. 외국 기업은 물론 서독 기업도 동독에 대한 투자를 꺼리게 되었다. 이에 동독인들은 일자리를 찾아 서독으로 이주하지 않을 수 없었다. 2008년까지 서독으로 이주한 동독인이 전체 인구의 8퍼센트에 달했다. 뿐만 아니라 동독에서 서독으로 출퇴근하는 동독인도 적지 않았다. 일자리를 구한 동독인들은 그나마 다행이었다. 동독 지역의 실업자가 급증했다. 사회주의 시절이었던 1990년에 0퍼

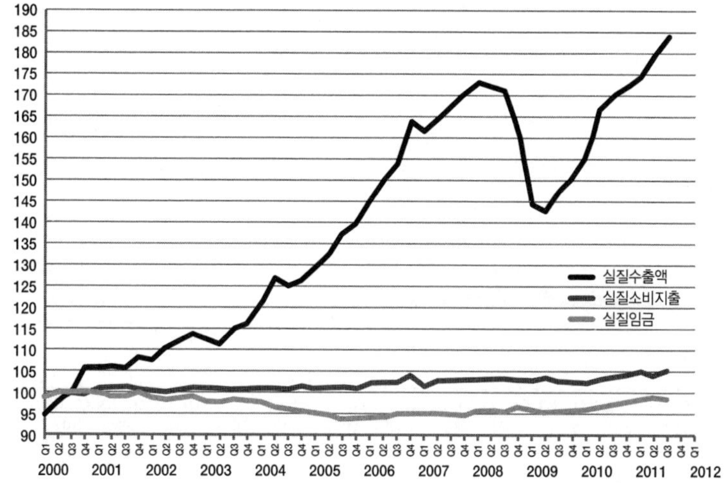

출처: 독일연방통계국.

〈그림 4〉 독일의 실질임금, 실질수출액, 가계의 실질소비지출(2000 = 100)

센트였던 실업률이 1991년에는 10퍼센트, 1998년에는 20퍼센트로 집계되었다. 이에 따라 독일의 전체실업률도 1990년의 7퍼센트에서 1998년에는 12퍼센트로 상승했다. 국가채무비율마저 1990년의 41퍼센트에서 1998년에는 60퍼센트로 급증하는 상황이었다. 이에 1990년대 하반기부터 재정건전성을 높이고 실업률을 낮추기 위한 노력이 가시적인 변화로 이어졌다. 공공부문에서 먼저 재정적자 감축을 이유로 급여 인상이 자제되었다. 노조의 협상력은 국가채무비율의 증가, 높은 실업률, 동유럽 국가들의 EU 가입에 따른 경쟁 압력 증대 등으로 크게 약화되었다. 민간부문에서도 노조의 협상력 약화로 인해 물가상승률에도 미치지 못하는 임금인상이 이루어졌다. 그 결과 실질임금은 21세기 들어 오히려 감소하기에 이르렀다. 〈그

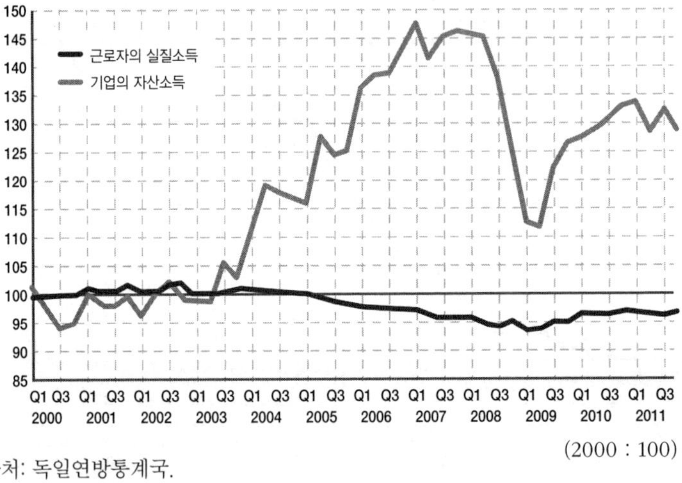

출처: 독일연방통계국.

〈그림 5〉 근로자의 실질소득과 기업의 자산소득의 변동(2000~2011)

림 4〉는 2000년 1/4분기부터 2011년 3/4분기까지 노동자 실질임금, 실질수출액, 가계의 실질소비지출의 변천을 보여준다. 실질수출은 83.92퍼센트 증가한 데 비해 실질소비지출은 5.40퍼센트밖에 증가하지 않았고, 실질임금은 오히려 1.03퍼센트가 하락했다. 〈그림 5〉는 실질임금이 감소하는 사이에 기업의 자산소득은 급속히 증가했음을 보여주고 있다. 그 동안 노동생산성은 지속적으로 상승했기 때문에 1995년 이후 명목 단위임금비용도 다른 EU 나라들에 비하면 상승하지 않은 것이나 마찬가지이다(〈그림 6〉).

독일의 단위임금비용이 상대적으로 하락한 데 힘입어 독일의 실질 유효환율이 1990년대 하반기 들어 하락하기 시작했다. 이와 함께 독일의 경상수지 적자는 흑자로 반전했고, 특히 남유럽 국가들의 적자는 커졌다. 1999년 유로화 도입은 유로존 내 경상수지 격차를 더

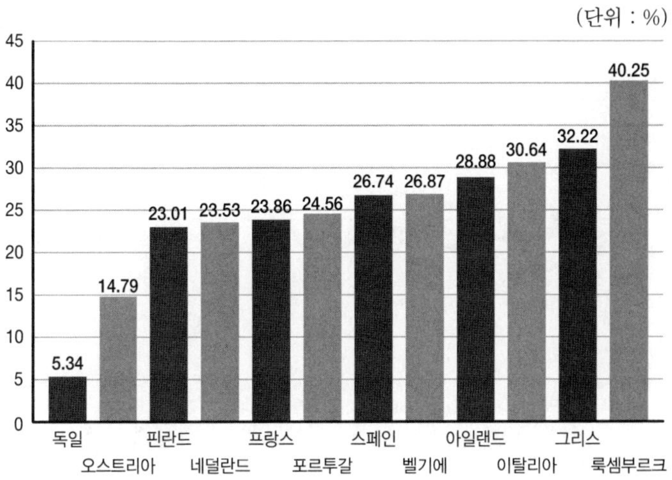

출처: www.querschuesse.de

〈그림 6〉 명목 단위임금비용(2000~2011년 3/4분기)

욱 확대했다. 유로화 도입과 함께 통화정책은 유럽중앙은행이 수행했고 자본시장은 통합되었지만, 통일 후 계속되어온 독일의 '허리띠 졸라매기'로 인해 임금인상률 격차는 유지되었다. 독일의 경상수지 흑자는 유로존 내에서 급증했고, 이를 바탕으로 자본순수출도 증가했다. 1998년 거의 고갈되었던 해외순자산도 다시 급증해 2009년에 이미 9,000억 유로에 이르렀다. 여기에 '닷컴버블'(dot-com bubble) 붕괴 이후 미국의 저금리정책은 유로존에서도 금리인하를 초래해 독일의 자본수출을 더욱 촉진했다. 독일의 자본수출은 동유럽과 남유럽에 집중되었다. 환율 위험이 사라지고 유럽중앙은행에 의한 공동의 통화정책 덕분에 그리스와 같은 전통적인 고금리국가에서도 대출조건이 크게 개선되었기 때문이다. 유로화가 도입되면서 이 지역에서는 불가피하게 높은 인플레이션과 임금상승이 발생했지만 유

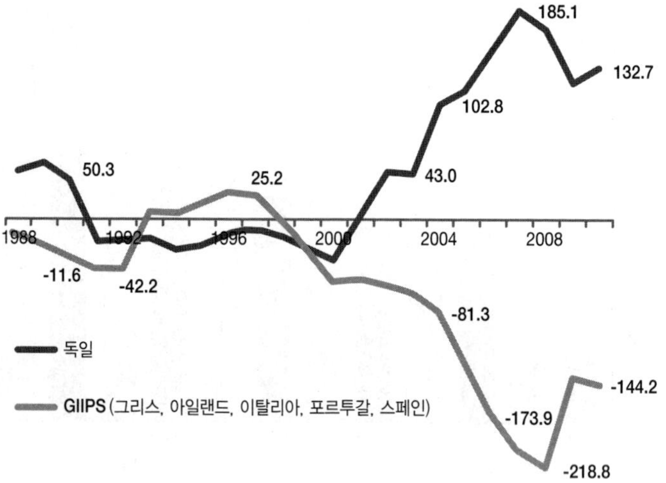

출처: IMF.

〈그림 7〉 독일과 GIIPS의 경상수지(1998~2008)

럽중앙은행의 금리정책은 유로존 평균 인플레이션율을 겨냥하고 있기 때문에 이 경향을 저지할 명분이 없었다. 마치 존재하지도 않는 마르크화가 평가절하되는 것과 같은 효과가 나타났다. 그래서 독일의 경상수지 흑자는 특히 동유럽 및 남유럽 국가들과의 교역에서 나타났다. 〈그림 7〉에서 보는 바와 같이 유로화가 도입된 이후, 독일의 경상수지 흑자와 요즘 재정위기의 위협을 받고 있는 GIIPS 나라들의 경상수지 적자가 기묘할 정도로 거의 대칭을 이루고 있다. 그리스는 단위임금비용의 인상 속도가 가장 빠른 나라에 속하며(〈그림 6〉), 그에 따른 경쟁력 약화와 경상수지 적자의 누적이 재정위기의 거시적 원인으로 지적되고 있는 것이다.

앞의 논의에서 내릴 수 있는 결론은 독일 실질임금의 정체 내지 하락이 특히 남유럽 국가들과의 경상수지 불균형을 초래했다는 것이다.

독일의 민간 경제연구소 이포(Ifo; Institut für Wirtschaftsforschung)의 소장 한스 베르너 진(Hans-Werner Sinn)에 따르면 2011년 실질 순임금이 1988년 이래 최저수준을 보이고, 최근 2000년 이후에 임금소득비율이 하락하는 이유는 '구조적 효과' 때문이다. 먼저 사회주의가 붕괴된 이후 임금이 낮은 접경 국가들로부터 독일에 엄청난 임금 압박이 가해졌다. 그래서 임금소득비율이 하락했고, 임금 억제가 공공부문에서 주도되었기 때문에 GDP 대비 정부지출 비율도 감소했다. 1996년 49.3퍼센트에 달했던 이 비율은 2006년에는 45.4퍼센트로 감소했다. 가장 중요한 이유는 이 동안 공무원의 급여가 거의 인상되지 않았기 때문이다. 연금이나 여타 사회보장급여도 급여에 연동되어 있기 때문에 연금생활자 수가 증가해도 정부지출에는 큰 영향을 끼치지 않았다.

실질임금의 정체 내지 하락을 초래한 '구조적 영향'이란 저임금 노동(파트타임, 미니 일자리, 미디 일자리)의 급증을 의미한다. '미니 일자리' 또는 '마이크로 일자리'는 사고보험에만 가입하고 4대보험(질병, 연금, 요양, 실업)에는 가입하지 않으면서 월 400유로 이하의 임금을 받는 일자리이다. 월 400유로를 초과할지라도 연중 고용기간이 두 달을 초과하지 않으면 파트타임으로 분류된다. 월 400유로 초과, 800유로 이하인 일자리는 '미디 일자리'라 불리며 사회보험에 가입해야 한다. 2012년 2월 현재 이들 저임금 일자리 수가 725만 개에 달한다. 진 소장에 따르면 이는 무엇보다도 2003년 '아겐다 2010'에 의해 초래된 독일 노동시장의 '패러다임 변화'의 결과이다. 정규직 노동자의 실질임금은 가령 구(舊)서독 지역에서 지난 20년 동안 20~30퍼센트가 상승했지만 이들 저임금 일자리가 평균임금을 하락시켰다. 반면에 독일 자본이 집중적으로 투자된 동유럽과 남유럽에서는 세계적인 저금리 기조와 맞물리면서 실질임금이 급상승했고 경상수지 적자도 급증했다. 적자 해소를 위한 평가절하라는 손쉬운 정책수단이 유로화 도입으로 사라졌기 때문에 이들의 적자는 누적되었다. 단일통화권이 유지되기 위해서는 무엇보다도 회원국들 사이의 생산성 격차가 해소되어야 한다. 그렇다고 생산성이 높은 나라의 생산성 향상을 억제할 수도 없고 억제해서도 안 되기 때문에 결국 회원국 사이에 생산성을 균등화하면서도 생산성 발전, 즉 경쟁을 계속 촉진해야 하는 어려운 과제에 단일통화권은 직면하게 된다. 독일처럼 생산성이 높은 나라의 경쟁력이 강해지는 것을 막으려면 실질임금의 인상폭이 더 커야 했지만 독일이 실제로 행한 것은 정반대였다. 유로화를 도입한 이후 독일의 실질임금은 오히려 하락했다. 독일의 수출에서 EU가 차지하는 비중은 60퍼센트 이상이다.

독일의 흑자 누적은 남유럽과 동유럽의 적자 누적과 '한 동전의 양면'인 셈이다. 결국 유럽의 재정위기가 주는 중요한 교훈 하나는 임금인상을 억제해 경쟁력을 강화함으로써 수출을 증대시켜 불황을 타개하거나 경제성장을 촉진하는 전략은 개별 국가에서는 가능하지만 모든 국가에서 동시에 가능한 것은 아니라는 사실이다. 즉 신자유주의 '개혁' 덕분에 독일은 경상수지 흑자를 축적할 수 있었고 최근의 재정위기 국면에서 큰소리칠 수 있는 '실탄'을 확보한 셈이다. 그러나 경상수지는 세계적 차원에서는 '제로섬게임'이므로 독일의 경우에는 그리스 같은 적자국들의 '희생' 위에서 수출 주도의 경제성장을 촉진할 수 있었던 것이다. 이런 점에서 독일의 평균 실질임금 억제에 책임이 있는 신자유주의 프로그램 '아겐다 2010'이 그리스 재정위기의 가능성을 높인 요인이라는 분석이 가능해진다. 한국의 신자유주의 경제학은 독일의 성공적인 '개혁' 성과를 널리 알리고 싶을 것이다. 그러나 논리적 일관성을 버리지 않는다면 이 성공이 바로 일부 유럽 국가의 재정위기에 원인을 제공했다는 사실도 인정해야 할 것이다. 그러므로 신자유주의 경제학에 독일 사례는 '양날을 가진 칼'이다.

여기에서 독일의 실질임금과 관련해 한 가지 덧붙여 언급해야 할 사항이 있다. 앞서 인용한 이포의 소장 진은 독일의 실질임금의 정체가 저임금부문의 확대라는 '구조적 효과' 때문이라는 분석을 제시하지만, 그렇다고 독일과 동유럽 · 남유럽 국가들 사이의 경상수지 불균형을 해소하기 위해 독일이 임금을 인상하거나 시간당 7.5유로의 최저임금을 도입하는 것은 독일의 실업문제를 악화시킬 것이라면서 반대하고 있다. 2007년의 주장이기는 하지만 독일은 임금비용이 노르웨이와 덴마크 다음으로 높은 '극단적 고임금 국가'라는 것이다. 그런데 이 주장은 국가나 기업의 경쟁력이 궁극적으로 임금비용의 절대 수준이 아니라 단위임금비용에 좌우되고, 이 단위임금비용은 임금뿐만 아니라 생산성에도 좌우된다는 사실을 잠깐 잊고 행한 주장이다. 독일은 '안전으로 위장된 태만' 또는 '전문성으로 위장된 소비자 경시'가 상당히 만연해 있는 나라이므로 이 거품을 걷어내면 생산성 향상에서 작지 않은 성과가 있을 것이다.

생산성이나 경쟁력에 관한 논의는 어느 나라에서나 노조에는 달갑지 않은 주제이다. 그것이 물적 또는 인적 자본투자에 의한 노동생산성 향상은 물론이고 노동강도의 제고에 의해서도 가능하기 때문이다. 어느 경제에서나 경제발전은 대체로 노동강도의 약화를 수반한다. 독일에서도 1970년대 이래 '노동의 인간화'를 표방한 노조운동의 결실로 노동강도는 꾸준히 약화되었다. 그래서 독일 노동자들이 가장 듣기 싫어하는 말이 '빨리빨리'이다. 독일에서 일처리를 재촉하는 것은 상대를 자극하기 십상이다. 그러나 독일에서는 당연한 것으로 간주되는 생산성 공백이 메워질 수 있다면 단위임금비용에 부담을 주지 않으면서도 임금을 인상할 여지는 적지 않다.

2) '민주주의 위기론'

그리스 재정위기와 이에 따른 유로화위기론이 확산되면서 독일에서는 의회민주주의의 한계에 관한 우려가 깊어지고 있다. 내각을 견제해야 하는 의회가 글로벌 금융위기, 재정위기, 경제위기가 빈발하는 상황에서 정확한 실상을 파악하지도 못한 채 시간에 쫓겨 의사결정을 해야 하는 경우가 자주 발생하기 때문이다. 독일 연방의원 620명 가운데 경제학 전공이 33명, 경영경제 및 사회학 전공이 60명, 법학 전공이 151명, 기타 전공이 363명이고, 대학을 나오지 않은 의원이 13명이다. 말하자면 97퍼센트 이상이 석사 이상의 학력을 가진 전문가들인데도 현재의 위기 상황을 제대로 이해하고 나름대로 판단해서 표결에 임하는 의원은 손가락으로 꼽을 정도이다. 특히 이들의 결정이 수백억 유로에 달하는 독일의 지원 부담에 관한 것으로 언론을 통해 알려지면서 국민들 사이에서 불만과 불신이 확산되고 있다. 시골 출신의 한 기독교민주당 의원은 나름대로 열심히 학습해서 지역주민들에게 설명해 보지만 제대로 이해되는 것 같지 않아 "메르켈 총리가 잘하고 있으니 걱정 말라"는 결론으로 달랜다고 했다. 그러면서 기자에게는 만약 그리스나 다른 나라가 빚을 갚지 못하는 상황이 되면 주민들이 자기 집에 불을 지를지 모르겠다는 걱정을 털어놓았다. 재무장관 출신의 의원도 "독일 의회민주주의의 대처능력의 한계"를 우려하고 유권자들도 70퍼센트 이상이 연방의회에 불만을 나타내고 있지만 다른 대안도 마땅치 않다는 생각이다. 게다가 이런 상황에서는 이익집단들의 영향력이 커진다는 것이 또 다른 우려이다. 독일에서 신자유주의가 확산되면서 새로 생겨나기 시작한 로비스트가 지금은 약 5,000명이나 활동하고 있으니 의원 한 명당 8명꼴이다. 의원 한 명당 보좌진은 2~3명에 불과하니 때로는 표결을 불과 몇 시간 앞두고 연방정부에서 넘어오는 법안을 충분히 검토하지도 못한 채 신자유주의 경제학으로 무장한 로비스트의 번듯한 논리에 현혹되기 쉬울 것이다.

3) 통일비용은 동독인 스스로 조달하고 있다?

1990년 갑자기 통일이 되면서 독일 정부에 엄청난 재정부담이 가해졌다. 신자유주의 논객이 주장하듯이(참고문헌 〔10〕) 독일이 1980년대에 재정위기를 겪었다면 통일은 아마도 꿈도 꾸지 못했을 것이다. 연방정부에서부터 기초자치단체에 이르기까지 독일 정부가 2010년까지 지출한 '통일비용'은 총 1조 3,000억~1조 6,000억 유로로 추정되고 있다. 통일이 처음부터 급히 결정된 정치적 프로젝트였기 때문에 지극히 '독일인답지 않게' 추진되기는 했지만 이러한 비용 규모는 당초 예상을 크게 뛰어넘는 부담이다. 그래서 특히 옛 서독인들 사이에 불만이 수그러들지 않고 있다. 그렇다고 동독인들이라고 마냥 행복한 것은 아니다. 이들의 생활수준은 이미 서독인들의 80퍼센트를 넘어섰지만 특히 손상당한 자존심이 회복되는 데에는 아직도 긴 시간이 걸릴 것으로 보인다. 통일 20주년을 맞이해 메르켈 총리가 나서서 동독인들이 열심히 살고 있다고 칭찬하는 것이나 할레경제연구소(IWH; Institut für Wirtschaftsforschung Halle)가 아래 연구결과를 제시한 것 자체가 동독인들의 자존심을 세워주기 위한 것임은 두말할 나위가 없다.

독일에서는 통일 20주년을 기해 새로운 측면에 대한 조명이 이루어지고 있다. 그 가운데 한 가지 흥미로운 연구결과는 통일비용을 결과적으로는 동독인들 스스로 조달했다는 것이다. 할레경제연구소가 발표한 연구결과에 따르면 동독인들은 통일비용을 대부분 스스로 조달했고 지금도 하고 있다. 서독이 동독에 천문학적 규모의 자금을 이전지출한 것은 사실이지만 경제 전반에 끼친 모든 영향을 감안한다면, 이 통일비용은 대부분 동독인들이 부담했다는 것이다. 통일된 이후 주로 숙련노동력에 해당하는 동독인 180만 명이 서독으로 이주해서 경제활동에 참여함으로써 서독 지역의 경제성장 가운데 약 4분의 1을 담당했다. 이들이 납부한 세금만도 동독에 대한 연간 이전지출 750억 유로의 약 3분의 1에 이른다. 늦어도 2013년부터는 동독인이 창출한 부가가치가 이전지출과 비슷해질 것으로 예상된다. 이밖에도 수치로 계산하기 어려운 이익도 있다. 통일에 의해 서독 기업의 판로가 확대되면서 이윤이 증가했고, 그에 따라 세금도 늘었다. 동독인들의 서독 제품 선호도는 예상을 훨씬 뛰어넘는 것이었다. 통일된 직후 동독산으로 표기했을 때는 잘 팔리지 않던 과일잼이 서독 기업이 공장을 인수하고 이 기업의 제품으로 표기를 바꾸자 불티나게 잘 팔린 사례가 있다. 당초 서독 정부가 예상했던 것보다 훨씬 더 많은 동독기업이 파산한 데에는 이러한 요인도 함께 작용했다.

끝으로 통일과 함께 동독의 숙련노동력이 노동시장에 편입됨으로써 서독은 수십 년 동안 골머리를 앓아온 숙련노동력 부족을 부분

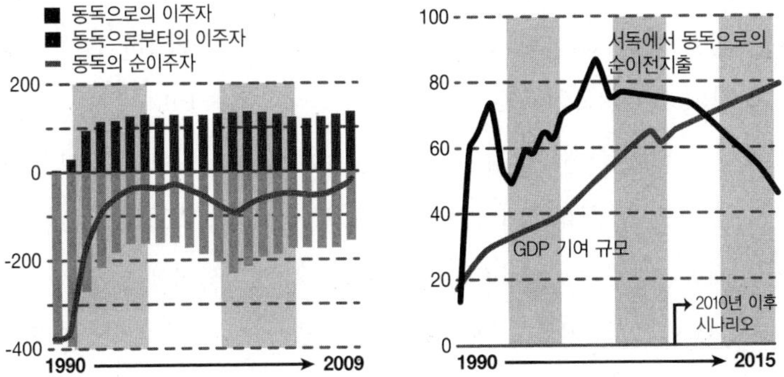

독일 내 이주(단위: 1,000명)　　동독인의 실적(단위: 10억 유로)

출처: 할레경제연구소.

〈그림 8〉 동독과 서독의 이주와 동독인들의 실적

적으로나마 해소할 수 있었고, 그만큼 경제성장에 도움을 받았다. 이렇게 동독인들은 자력으로 통일비용을 조달하고 있는 셈이다. 그러나 숙련노동력이 서독으로 이주함에 따라 초래된 동독 지역의 '공동화'는 통일 독일이 안고 있는 심각한 과제로 남아 있다. 쾰른독일경제연구소(IDW; Institut für deutsche Wirtschaft) 부설 컨설팅 회사가 2010년 실시한 연구결과에 따르면 독일에서 경제적으로 가장 활력 있는 주는 뮌헨이 있는 바이에른 주이고, 동독 지역 5개 주는 모두 맨 뒤에서 서로 앞서거니 뒤서거니 하고 있다. 동독인들이 가장 선호하는 지역도 바로 일자리가 가장 많은 바이에른 주이며, 매년 2만 명가량의 동독인들이 이주하고 있다(〈그림 8〉).

독일은 통일 후 동독 재건에 소요되는 천문학적 비용을 조달하기 위해서 사회보장을 축소하고 임금인상을 자제하는 노력을 기울인 결과 국가재정도 건전해졌고 수출경쟁력도 좋아졌다. 그래서 유럽의 재정위기를 극복하는 과정에서 가장 든든한 버팀목이 될 수 있는 힘을 지난 20년 동안 비축할 수 있었다. 그렇지만 그 역효과도 만만치 않다. 독일 근로자의 실질임금이 지난 10년 동안 상승하지 않아 독일인 개개인의 생활수준은 정체상태에 있다. 2000년부터 2008년 사이에 스웨덴이 17.9퍼센트, 영국이 26.1퍼센트, 덴마크가 19.0퍼센트, 네덜란드가 12.4퍼센트가량 오르는 사이에 독일의 실질임금은 오히려 0.8퍼센트 하락했다. 어느덧 독일도 '부자 나라, 가난한 국민'이 되어버렸다. 1985년 무렵에 『슈피겔』이 일본을 집중 탐구한 기사를 실은 적이 있다. 그 당시 일본은 매년 막대한 무역흑자 행진을 계속하면서 미국의 상징인 엠파이어스테이트빌딩을 사들이는 등 승승장구하고 있었다. 반면에 일본 종합상사에 다니는 샐러리맨의 도쿄 생활은 당시 독일 노동자의 삶에 비해서 열악하기 그지없었다. 당시 독일 기자는 독일에서는 모든 가정이 갖추고 있던 세탁기, 냉장고, 세척기, 오븐 등 가전제품도 변변하게 갖추어지지 않은 좁은 아파트에 살고 있는 일본 중산층을 보면서 측은지심을 감추지 않았다. '나라는 부자인데 국민은 가난한 일본'. 지금도 일본은 세계에서 중국 다음으로 많은 1조 달러가 넘는 외환보유고를 갖추고 있는 부자 나라이다. 하지만 IMF, 세계은행, CIA가 각국의 실질적 생활수준을 파악하기 위해 구매력평가로 측정한 일본의 1인당 국민소득은 3만 4,000달러로, 한국의 3만 1,000달러와 큰 차이가 없다. 일본인을 측은하게 여겼던 독일 기자가 지금 독일의 모습을 본다면 같은 표현을 독일에 사용하지 않을까? '부자 독일, 가난한 독일인'. 2012년 독일은 중국(2,050억 달러)보다 많은 2,300억 달러의 경상수지 흑자를 기록하면서 이 부문에서는 세계 1위를 차지할 것으로 예상되었다. 다른 한편에서는 740만 명의 독일인이 일을 더 많이 하고 싶어 대기 중이다. 등록된 실업자 250만 명 이외에 약 200만 명의 파트타임 노동자, 170만 명의 풀타임 노동자, 120만 명의 '잠재 실업자'가 그들이다. 주당 32시간 이상 노동하는 풀타임 노동자들마저 더 일하려는 것은 통일 전의 독일에서는 없었던 현상이다. 임금은 유지하면서 노동시간을 줄이기로 타협한 것이 1980년대 독일 노사였다. 소득보다 삶의 질에 더 큰 관심을 가졌던 독일인들이었다. 그런데 지금은 달라졌다. 일자리와 소득증대에 대한 관심이 갈수록 커지고 있다. 양극화가 사회적 이슈가 되고 사회정의에 대한 요구가 갈수록 커지고 있다. 오죽하면 보수적인 기독교민주당 출신의 노동사회부 장관 우어줄라 폰 데어 라이엔(Ursula von der Leyen)이 나서서 2012년에는 임금인상을 좀 많이 하자는 호소를 했을까?

천문학적 통일비용의 발생은 기초자치단체들이 통일비용 분담이 과중하다며 주정부를 상대로 소송을 제기하는 사태까지 초래하고 있다. 2012년 4월 노르트라인베스트팔렌 주(州)의 91개 기초자치단체가 주정부를 상대로 헌법소원을 제기한 것이다. 독일의 통일비용은 한국에서도 일찍이 예상 통일비용에 관한 연구를 촉발했다. 그 결과 제시된 다양한 예상치는 한국 사회에서, 특히 청년층 사이에서 통일에 대한 반대 분위기를 형성하는 데 결정적으로 작용했다.

4. 스페인 위기

국내의 일부 신자유주의 경제학자들은 재정위기의 책임을 복지국가에서 찾기 위해 스페인을 '끼워넣기'도 한다. 재정위기 국가군을 나타내는 GIIPS에 스페인이 포함되어 있는 것은 사실이지만 스페인이 재정위기 후보국가에 포함된 이유는 그리스와는 전혀 다르다. 스페인의 재정수지 악화는 미국과 같은 부동산시장 거품 붕괴 때문이다.

노벨경제학상 수상자인 크루그먼 교수는 『뉴욕 타임스』에 기고한 칼럼을 통해, 뉴스의 대부분이 유럽의 부채와 재정적자에 맞춰지면서 모든 문제가 각국 정부의 방만한 재정 운용으로부터 기인한 것이라는 인상을 주고 있다고 지적했다. 하지만 크루그먼 교수는 재정원칙의 결여가 유럽이 겪고 있는 문제의 근저에 자리한 전적인 원인은 아니며 심지어 주요 원인조차 아니라고 단언한다. 그는 유럽이 겪고 있는 혼란 뒤에 숨겨진 진실은 정치인들의 방만함이 아니라 엘리트들의 거만함으로부터 기인한다고 평가하면서, 특히 유럽이 단일통화를 받아들일 준비가 되어 있지 않았는데도 유로화 사용을 추진한 엘리트들에게 책임이 있다고 말했다. 다음은 크루그먼 교수의 2월 15일자 『뉴욕 타임스』 칼럼을 정리해 요약한 것이다.

"지난 2008년 금융위기가 발발하기 전까지만 해도 모범적으로 재정을 운영한다고 여겨졌던 스페인의 경우 2007년 당시 정부 부채는 GDP의 43퍼센트에 불과해 독일의 66퍼센트보다 낮았다. 스페인은 재정흑자를 유지하고 있었으며, 훌륭한 금융규제정책을 갖고 있었다. 하지만 온화한 날씨와 아름다운 해변 덕분에 '유럽의 플로리다'로 일컬어지던 스페인은 플로리다와 마찬가지로 어마어마한 부동산 가격 상승을 겪게 된다. 이때 자금은 대부분 국외에서 흘러들어 왔는데, 특히 독일을 비롯한 여타 유럽 국가들로부터 엄청난 자금이 유입되었다.

그 결과 상당한 인플레이션을 동반한 급격한 경제성장이 나타났고, 2000년과 2008년 사이에 스페인의 상품 및 서비스 가격은 35퍼센트나 상승했다. 이는 같은 기간 독일의 물가가 10퍼센트 상승한 것을 크게 웃도는 수치다. 물가 급등으로 인해 스페인의 수출은 경쟁력을 상실했지만, 부동산 가격이 오른 덕분에 고용은 유지되었다. 그런데 부동산 거품이 꺼지면서 실업률이 치솟고 정부 재정은 큰 적자를 기록하게 되었다. 즉 재정적자는 스페인이 안고 있는 문제의 결과일 뿐 원인은 아닌 것이다. …… 따라서 유럽이 더욱 진전된 정치적 공동체가 되어 유로화가 제 기능을 할 수 있도록 만드는 것만이 유일한 해결책이다. 하지만 이 같은 과정이 조만간 일어날 것 같지는 않다. 아마도 우리는 극도의 긴축정책 요구가 수반된 구제책 도입과 높은 실업률, 디플레이션 등 수년에 걸친 고통스러운 회복 과정을 목격하게 될 것이다."

스페인 재정위기에 관한 크루그먼의 분석은 정확하다. 그는 여기에서 스페인 재정위기의 가능성이 커지는 과정을 잘 설명하고 있다. 다만 유로화 도입을 '엘리트들의 거만함' 탓으로 돌리는 것은 편향된 진단이다. 유럽 통합과 유로화 도입에 경제적 고려뿐만 아니라 다분히 정치적 고려도 작용했음은 공공연한 사실이다. 제2차 세계대전 이후, 미국과 소련 사이에서 휘둘리지 않는 유럽을 만들기 위해서 하나로 뭉쳐야 할 필요가 있었던 것이다. 이러한 노력을 '엘리트들의 거만함'으로 보는 것은 지극히 미국 중심적인, '경제주의적인' 사고라 하지 않을 수 없다.

5. 복지국가 꼼수 시리즈

복지는 좁은 의미에서 모든 국민에게 최소한의 인간적 생활을 보장하기 위한 정책적 노력이라고 할 수 있다. 모든 인류에게 적용되는 보편적 가치라 할 수 있는 자유와 평등, 정의, 인권, 연대, 평화를 구현하기 위한 물질적 뒷받침을 제공하는 것이다. 그러므로 복지정책을 판단하는 기준은 이들 보편적 가치를 얼마나 지속 가능하게 구현할 수 있느냐에 있다. 그리고 경제를 평가하는 기준은 이러한 가치를 구현하기 위한 복지가 가능하도록 효율성을 높이는 데 있다. 그런데도 신자유주의 경제학은 복지정책마저도 경제성장에 도움이 되는지의 여부, 즉 효율성을 증진시키는지의 여부를 기준으로 판단하면서 성장저해적인 요소라고 비난하고 있다. 그러므로 "공짜 점심은 없다"라는 주장으로 대표되는 신자유주의 경제학의 복지관은 보편적 가치를 구현하는 데 걸림돌이 될 뿐이다. 인간의 삶 전체를 효율성이라는 수단적 기준으로 평가하면서 보다 상위의 목표(가치)에 해당하는 자유와 평등, 인권, 정의, 연대, 평화를 도외시하게 되는 것이다. 그래서 "꼬리가 몸통을 흔드는" 본말전도의 상황을 강제하려는 것이다. 여기에 신자유주의 경제학이 가지는 반(反)인간성이 있다. 이 반인간적 실상을 은폐하기 위해 신자유주의 경제학은 다양한 꼼수를 동원한다.

제1꼼수

허위사실 — 복지 하면 망한다

신자유주의 경제학(자들)이 복지에 반대하는 이유는 참으로 단순하다. 한 마디로 복지가 많으면 경제가 망한다는 이유다. 2012년 19대 총선을 앞두고 여당과 야당이 복지 공약을 경쟁적으로 제시하면서 득표에 열을 올리는 모습을 보면서 한 신자유주의 경제학자가 한국경제연구원에 평소의 지론에 맞게 기고를 했다. 신자유주의 경제학의 논리를 압축적으로 보여주고 있기 때문에 길더라도 인용해 보자.

"…… 무상보육, 무상의료, 무상교육, 기초노령연금 등 스스로의 힘으로 살아 갈 수 있는 계층에게도 복지를 확대하고 이를 위한 재원으로 재벌세, 금융소득종합과세, 법인세 등 다양한 세금으로 부담을 늘리겠다는 것이다. 그러나 조세부담이 증가하면 투자위축을 초래하고 심지어 자본과 기업이 해외로 이전하거나 기업이 문을 닫을 수밖에 없다. 그 결과 세수는 처음 예상보다 적고 복지 수요는 더 많아질 수밖에 없다. 정부의 복지지출 증가는 그래서 필연적이다. 줄어든 세수를 보충하고 늘어난 복지지출의 재원 확보를 위해서는 **국채발행이 불가피**하다. 그러나 국채발행도 문제가 없는 것은 아니다. 국채가 늘어나 건전재정을 위태롭게 하기 때문이다. 부채가 늘어나서 감당하기 어려우면 복지 축소와 정부지출을 줄이는 것이 정상이다. 하지만 복지에도 **금단현상**이라는 것이 있다. 수혜자에게 복지는 기득권이기 때문에 이를 지키기 위해서 집단적으로 저항한다. …… 국가신인도가 낮아지고 국가부도사태의 위험이 있을 때까지 부채가 증가하게 마련이다. 이 지경에 이르면 복지재원을 위해 **화폐를 발행**하지 않을 수 없다. 하지만 이는 인플레를 야기하여 경제를 더욱 더 위기로 몰아간다. …… 복지를 위한 세수는 감소하고 복지수요가 늘어나면 예상대로 복지를 확대하기 어렵다. 그래도 복지를 확대해야 한다면 채권발행이나 통화발행에 의존하지 않

> 을 수 없다. …… 이와 같이 증세를 통한 낭비적인 과잉복지, 기업과 시장의 통제를 의미하는 경제민주화, 그리고 기업의 부담을 가져다주는 일자리 정책 등 총선공약들은 서로 영향을 주고받아 상승 작용하여 결국 재정·경제위기를 불러오는 것은 필연적이다. **이는 소설 같은 허구**가 아니다. 1970~80년대 **스웨덴과 독일**, 1960~70대의 **영국** 등 여러 나라의 역사적 경험이 뚜렷이 말해준다. 그들은 모두 과잉복지를 위한 조세의 과중 부담, 시장과 기업에 대한 강력한 규제로 재정위기와 함께 경제위기를 겪었다. 최근에는 그리스와 이탈리아가 과잉복지로 빚잔치를 하다가 참혹한 경제위기로 몸살을 앓고 있다. …… 결론적으로 경제자유화, 성장과 같은 중요한 가치를 주장하는 목소리를 들을 수도 없다. 천문학적 재정을 요하는 복지와 기업의 규제와 통제를 의미하는 경제민주화만 강조하는 포퓰리즘이 난무하는 총선이다. …… 어찌 총선이 화려한 축제가 될 수 있겠는가?"(참고문헌 〔10〕, 강조는 필자)

한국에서 총선이 언제 '화려한 축제'가 된 적이 있었는지는 기억이 가물가물하지만 이 글의 논지는 여전히 단순명료하다. 신자유주의 경제학 논리로 포장된 '소설 같은 허구'이다. 신자유주의의 '흘러간 물로 물레방아를 돌리려는' 안쓰러운 시도이다. 총선에서 남발되는 복지공약이 실천에 옮겨지려면 증세가 불가피한데, 그렇게 되면 기업의 투자가 줄어들어 경제성장은 위축된다는 논리이다. 아울러 성장이 위축되면 복지 수요는 오히려 증대되어 이에 부응하려면 국채발행이 필연적이고 여차하면 통화발행까지 행해져 인플레이션이 초래된다는 것이다. 증세 → 투자 감소 → 세수 감소 및 복지수요 증가 → 국채발행 및 통화 증발의 연관관계를 주장하고 있다. 한 마디로 '복지망국론'이다. 그 사례가 과거의 스웨덴과 독일, 영국이고 현재의 그리스와 이탈리아라고 한다. 그런데 이 주장에는 문자 그대로 신자유주의 경제학이 안고 있는 꼼수들이 총집결해 있다.

첫째, 복지를 확충하기 위해서는 증세가 불가피한가?

둘째, 증세하면 기업이 해외로 이전하거나 문을 닫을 수밖에 없는가? 그래서 증세하면 투자가 위축되는가?

셋째, 복지재정 확충이 '통화발행'으로도 이루어지는가?

넷째, 복지에 금단현상은 불가피한가?

다섯째, 스웨덴과 영국, 독일, 그리스, 이탈리아가 과잉복지 때문에 경제위기를 겪었는가?

첫 번째 의문부터 검증해 보자. 복지를 확충하려면 증세가 곧바로 이루어져야 하는가? 신자유주의 경제학계에서는 물론 한국 사회의 지배적인 담론에서는 복지의 긍정적인 면보다 부정적인 면이 훨씬 더 부각되어 있는 것이 현실이다. 한국 국민은 복지선진국의 경험에 대해 너무 편중된 정보를 가지고 있다. 그래서 한국 사회 전반에 복지제도의 확충에 대한 막연한 두려움이 깔려 있다. 이 신자유주의 논객이 복지국가의 확충을 언급하면서 만사 제쳐두고 증세를 먼저 거론하는 것은 바로 '공포 마케팅'이다. '세금폭탄'에 대한 국민의 두려움을 자극해 복지국가를 저지하려는 비겁한 꼼수이다. 정확하게 말하자면, 언젠가는 분명 증세가 이루어져야 하겠지만 지금 당장은 아니다. 그리고 작금에 복지국가에 관해 진행되는 모든 논의에서 증세는 언제나 마지막 수단으로 간주된다. 지금과 같은 규모의 재정에서도 효율성을 높이면 복지예산을 상당히 늘릴 수 있다는 것이 중론이다. 복지 확충이 단계적으로 이루어진다면 증세도 점진적으로 진행될 수 있을 것이다. 선진 복지국가의 부정적 경험은 반면교사로서 충분하다. '앞바퀴가 뒤집히면 뒷바퀴는 조심한다.'

또한 증세 문제는 동태적으로 바라볼 필요가 있다. 즉 증세를 통해 조달된 복지재정은 대부분 한계소비성향이 높은 내수로 연결되어 성장을 촉진하는 승수효과를 발휘한다. 성장이 촉진되면 그에 따라 증가된 세수를 복지지출에 충당할 수 있기 때문에 세율 인상을 의미하는 증세가 반드시 누적적으로 이루어져야 하는 것은 아니다. 복지국가들이 경제위기에 강한 면모를 보이는 것도 바로 이러한 복지지출이 내수를 뒷받침해 주기 때문이다. 경제학원론에서 설명되는 '재정의 자동안정장치'에서 핵심은 복지지출이다. 경제성장이 원활하면 세수는 증가하고 복지지출은 줄어들어 경제가 과열되는 것을 조절해 주고, 경기가 둔화되면 세수는 줄어들고 복지지출은 늘어나 경기를 진작시키는 효과를 보인다는 것이다. 경제학원론에는 있는 이 메커니즘이 이 신자유주의 논객의 논리에는 없다. 왜? 복지는 무조건 반대해야 하기 때문이다.

둘째, 증세하면 투자가 위축되는가? 감세하면 투자가 활성화되는가? 이에 관해서는 제3부에서 보다 자세히 반박하기로 한다. 한 가지만 덧붙인다면 증세가 투자를 위축시킨다면 그 이유는 세후 이익이 줄어들기 때문이다. 기업이 부담하는 세금은 세전 이익에 좌우된다. 세전 이익이 많으면 세금을 많이 내고, 세전 이익이 적으면 세금을 적게 내거나 아예 내지 않는다. 그리고 세금은 세전 이익의 일정 비율만큼만 낸다. 그러므로 세금은 노동생산성이나 매출액에 비해 기업의 순이익을 결정하는 데 큰 비중을 차지하지 않는다. 세금을 내는 기업은 세금을 낼 수 있을 정도로 충분한 세전 이익을 달성한 상태이고, 세금이 부담스러운 기업은 이미 세전 이익이 저조한 상태이다. 세금 때문에 적자를 보는 기업은 없다. "세금이 무서워 투자하지 않는 사람을 본 적이 없다"라는 워런 버핏(Warren Buffett)의 말이 틀린 말이 아니다.

셋째, 부족한 복지재정을 조달하려고 '화폐발행'까지 감행(?)하는 복지국가가 있는가? 단연코 없다. 오늘날 경제적으로 의미 있는 나라들에서 통화량은 중앙은행이 금리를 매개로 해서 관리한다. 복지국가가 아닌 한국에서도 정부가 중앙은행을 재무부의 일개 국처럼 다스리던 시대는 지났다. 오늘날 중앙은행의 독립성은 신자유주의 경제학의 관점에서는 오히려 선진경제의 지표로 간주되고 있다. 그리고 중앙은행은 모든 나라에서 안정 목표를 유일하거나 우선적인 목표로 추구하도록 제도화되어 있다. 그런 중앙은행에 한국에서 안정 목표를 희생하면서 성장 목표를 우선적으로 추진하도록 기준금리인하를 통한 통화증발을 종용했던 주체는 누구인가? 바로 신자유주의 이명박 정부이다. 한국에서는 복지재정을 위해서가 아니라 신자유주의 정부가 성장을 촉진하기 위해 인플레이션 위험을 무릅쓰고 '화폐발행'을 강행했던 것이다. 결국 복지재정을 확충하기 위해 '화폐발행'을 할 것이라는 주장은 현실과 동떨어진 '소설 같은 허구'이다.

정부가 재정적자를 보충하려면 오늘날 '화폐발행'은 불가능하므로 국채를 발행해야 한다. 이 국채를 민간 금융회사가 사들인다면 화폐발행이나 인플레이션과는 무관하다. 그리스 재정위기 이전의 유로존이 그러했다. 유로존은 아예 협약을 맺어 회원국 상호 간이나 유럽중앙은행이 다른 회원국의 국채를 매입하지 못하도록 금지했었다(회원국 간 구제금융 금지 No bail-out). 그래서 그리스 정부가 국채를 연장하거나 신규 발행할 경우에는 바로 그리스 국가부도를 걸고 투기를 하고 있던 국제금융자본에 의존할 수밖에 없었다. 당초 이 협약을 맺은 의도는 회원국 정부에 '시장논리'를 강제함으로써 도덕적 해이를 방지하고 재정 규율을 강화해 재정건전성의 회복을 촉진하려는 것이었지만 오히려 투기자본의 논리에 걸려들면서 재정위기라는 정반대의 결과가 나타난 셈이다. 위기상황이 장기화되고 개선의 기미가 보이지 않자 유럽중앙은행이 결국 그리스 국채를 매입하지 않을 수 없게 되었다. 이것이 2012년 유로존의 역설적인 현실이다. 급기야는 2012년 8월 국채 금리 상한선을 도입하려는 계획까지 세웠다. 스페인과 이탈리아 등 국가채무비율이 높은 나라들의 이자부담을 덜어주기 위해서였지만 다수 회원국의 지지를 받지는 못했다. 이 제도가 도입되었더라면 금융시장에서 당장 국채금리를 전반적으로 낮출 수 있었을 것이다.

국채를 중앙은행이 인수하는 것을 '화폐발행'이라 한다면 그것도 지극히 제한적으로만 타당하거나 아니면 전혀 타당하지 않다. 중앙은행이 국채를 매입하면서 시중은행 등이 보유하고 있는 유동성을 흡수함으로써 '중화'(sterilize)시킬 수 있기 때문이다. 실제로 유럽중앙은행은 2010년 5월부터 2011년 10월까지 2,000억 유로에 달하는 그리스, 포르투갈, 스페인, 이탈리아 국채를 매입한 다음 이 가운데 절반을 '중화'시켰다. 전액을 중화시키지 않은 이유는 통화량을 증대시킬 필요가 있었기 때문이다. 2011년 9월 말 현재 유럽 시중은행들의 중앙은행 차입금은 6,000억 유로에 달했기 때문에 '중화'를 전제로 해서 국채를 매입할 여력은 충분히 있었다. 이마저도 부족하다면 중앙은행이 나서 이자를 지불하는 '중화용 채권'을 직접 발행할 수도 있었다. 결국 국채를 중앙은행이 인수할지라도 통화증발의 문제는 별개이다. 그러므로 이 신자유주의 논객처럼 복지재정의 확충이 통화증발은 물론 국채 발행을 초래할 것이라는 주장도 논리 비약, 즉 꼼수이다.

재정적자와 관련해 신자유주의 경제학자들이 애써 숨기고 싶어 하는 사실이 있다. 정부지출의 증가가 경제성장을 촉진하는 효과를 가져온다는 사실이다. 2008년 글로벌 금융위기로 실물경제가 타격을 입을 우려가 깊어지자 전 세계 정부들이 앞다투어 3조 달러 규모의 경기부양 프로그램을 단기간에 걸쳐 실행함으로써 그나마 공황을 막을 수 있었다. 적자재정에 기초해서 정부지출을 증가시킬 때 우려되는 것이 민간투자 등을 위축시키는 이른바 '구축효과'이지만, 이는 호경기에서나 우려될 문제이지 지금처럼 장기침체를 눈앞에 두고 민간투자가 잔뜩 위축된 상황에서는 논외이다. 오히려 정부가 복지를 확충해 소비지출을 촉진해야 할 뿐만 아니라 투자에도 적극적으로 나서야 할 상황이다.

오늘날 통화증발과 그에 따른 인플레이션의 우려는 복지국가가 아니라 오히려 글로벌 금융위기 대응책이 낳은 결과이다. 글로벌 금융위기가 발생하자 그 영향권에 든 모든 나라는 금리를 대폭 내려 문자 그대로 '통화증발'을 적극적으로 유도했다. 그래서 지금까지도 미국, 유럽, 일본 모두 사실상 제로 금리를 유지하고 있고 한국도 저금리에서 예외는 아니다. 그 이유는 간단하다. 신자유주의적 경제자유화를 향유하다 결국 파산 지경에 몰린 은행들에 사실상 통화를 무제한 공급해서 어떻게든 금융시장을 정상화하고 경기를 살려야 한다는 절박한 이유 때문이다. 인플레이션이 우려되었지만 디플레이션이 더 무섭다고 했다. 그러므로 오늘날 IMF가 권장하는 '양적 완화', '유동성 완화', '신용 완화' 등 통화증발은 복지과잉의 결과가 아니라 금융 주도의 자본주의가 자행한 투기의 결과이다. 무제한 통화증발에도 불구하고 기대했던 경기활성화는 나타나지 않고 장기 침체의 우려만 높아지고 있다. 세계경제가 유동성 함정에 빠져 있는 것이다. 금융위기 국면에 금리를 파격적으로 내리면서 중앙은행들이 기대했던 것은 시중은행들이 거의 공짜로 돈을 빌려가서 기업들에 낮은 금리로 대출해 주어 투자가 활성화되는 것이었다. 그러나 투자는 활성화되지 않고 있다. 은행들이 불투명한 경기전망을 이유로 기업에 대출하는 것이 아니라 국채 등 안전자산에 투자하기 때문이다. 은행들은 중앙은행에서 사실상 무이자로 돈을 빌려 다시 정부에 이자를 받고 빌려주는 기이한 형국이다. 정부가 은행들에 금리만큼의 보조금을 지급하는 것과 똑같다.

한국에서는 은행들이 편안하고 수익성 높은 가계대출에 열심이다. 그 결과 가계대출 총액이 1,000조 원에 육박하면서 한국경제의 가장 큰 불안요인이 되었다. 정부가 은행에 대출방식을 강제할 수 없는 '경제적 자유'가 보장되어 있으니 정부로서는 속앓이를 할 뿐이다. 옛날처럼 '창구지도'를 하고자 해도 외국인 주주가 100퍼센트인 시티은행이나 SC은행은 물론 외국인 지분율이 절반을 넘는 다른 은행들도 외국인 주주 핑계를 대면서 공익은 안중에 없고 매년 배당성향 기록을 갱신할 뿐이다. 2011년 배당성향(배당총액/순이익) 40.5퍼센트는 상장기업의 평균배당성향보다 두 배 이상 높은 수치이다. 이런 자본을 옛날 옛적에 '매판자본'이라 부르지 않았던가? 왜 이런 현상이 발생하는 것일까? 은행의 사적 이익과 정부가 추구하는 공익이 부합되는 것이 시장이라는 우연에 맡겨져야 하기 때문이다. 그런데도 정부가 은행의 공익기능을 포기할 수 없는 이유는 그것이 안고 있는 시스템 리스크 때문이다. 금융회사들끼리는 물론이고 각각의 금융회사가 여타 경제부문과 맺고 있는 복잡한 관계로 인해 대형 금융회사 하나만 위기에 빠져도 국민경제 전체가 위기에 빠질 수 있다는 사실을 가장 최근에 뼈저리게 깨닫게 해준 사건이 바로 2008년 글로벌 금융위기였다. 그리고 한국에서는 1997년 외환위기의 기억이 아직도 생생하다. 그러나 금융회사들에 공익 기능을 기대하는 정부의 짝사랑은 현실에서 철저히 배신당한다. 은행은 철저히 사익을 추구하고 있다. 사익을 추구하다가 위기에 빠지면 언제나 정부가 '최종 대부자'로서 개입할 것임을 잘 알고 있다. 정부가 아무리 '자기책임 원칙'을 강조해도 그것이 '공포탄'에 지나지 않는다는 사실을 은행들은 역사적 경험을 통해 잘 알고 있다. 그러므로 공익이 추구되길 바라는 '기대'와 사익을 추구하는 '현실' 사이에 존재하는 괴리는 결국 법과 제도로 극복할 수밖에 없다. 은행은 극구 반대하지만 공익의 관점에서 규제가 당연히 이루어져야 한다. 규제를 풀고 경제적 자유를 은행들에 허용하면 경제 전반의 효율성을 높여줄 것이라던 신자유주의 경제학의 주장은 결국 은행에는 채산성이 유일한 기준이 된다는 사실을 정부에 일깨워주었을 뿐이다. 사익을 위해 공익을 인질로 삼고 있는 은행들에 왜 정부가 마냥 끌려다녀야 하는가? 신자유주의 논객이 진정으로 과도한 '화폐발행'을 걱정한다면 복지국가를 탓할 것이 아니라 국민경제와 세계경제를 볼모로 사익 추구에 여념이 없는 은행을 공익에 맞게 규제하는 방안을 강구해야 할 것이다.

넷째, 복지에 금단현상은 불가피한가? 금단현상은 있지만 그로 인한 저항은 예방할 수 있다. 사람은 누구나 높아진 생활수준에는 금방 적응하지만 낮아지는 생활수준에는 적응하기 힘들어한다. 그래서 복지 축소에 반발할 수 있다. 이를 방지하기 위해서는 먼저 복지재원이 원활하게 조달될 수 있도록 지속 가능한 경제성장을 추구해야 한다. 불가피하게 복지가 축소되어야 할 경우에는 고통분담에 관한 사회적 합의에 도달하는 공론화 과정이 반드시 전제되어야 할 것이다. 선진 복지국가의 과거 경험에 비추어볼 때에도 복지 축소에 대한 반론은 있었지만 그것이 '저항'으로까지 이어지지는 않았다. 금단현상이 두려워 복지국가를 포기하는 것은 '구더기 무서워 장 못 담그는 격'이다.

비슷한 맥락에서 '복지병'에 대한 우려도 자주 제기되는 복지국가 반대론이다. 복지혜택만 받고 자구 노력은 게을리하는 사람은 어느 사회에나 분명 존재한다. 독일이 2003년 '아겐다 2010'으로 신자유주의 '개혁'을 시작할 당시 전면에 내세웠던 명분이 바로 이 '복지병'이었다. 그러나 그것은 단편적인 현상이지 결코 일반적인 현상이 아니다. 이를 예방하기 위해서 도입된 것이 근로장려세제다. 기초소득은 정부지원으로 보장해 주되 근로소득이 일정 수준을 넘지 않으면 이 지원을 한꺼번에 중단하는 것이 아니라 근로소득에 비례해서 순소득이 늘어날 수 있게 해주는 제도이다. 노동철학적 관점에서 볼 때에도 일하기 싫어하는 것을 인간의 본성으로 볼 수 없다. 노동이 인간에게는 소득원일 뿐만 아니라 자아실현의 기회도 제공하기 때문이다. 성취감을 느낄 수 있고 사회적으로 인정받을 수 있는 계기도 되는 것이다. 인간에게 일자리가 없다는 것은 단지 소득원이 없다는 것뿐만 아니라 자아실현의 기회도 없다는 것이다. 성취감을 못 느끼고 스스로 사회에 불필요한 존재라는 절망감을 느끼게 된다. 그래서 정상적인 인간이라면 노동을 통한 소득창출과 자아실현을 추구한다. 복지혜택의 오·남용이 존속할 수 있는 이유는 대부분 복지 전달체계의 결함 때문이지 복지국가의 내재적 결함 때문이 아니다. 복지국가를 한 번도 해본 적이 없는 한국이 금단현상과 '복지병'을 걱정하면서 복지확충을 망설이고 있는 동안에도 전 세계에는 수십 개의 복지국가가 존재하고 있다. 이 엄연한 현실이 신자유주의 경제학의 편협한 인간관에서는 보이지 않을 뿐이다.

다섯째, 스웨덴, 영국, 독일, 그리스, 이탈리아가 과잉복지 때문에 경제위기를 겪었는가? 그런 나라는 하나도 없다. 1970~80년대 스웨덴과 독일, 1960~70년대의 영국이 복지 때문에 재정위기 또는 경제위기를 겪었다는 것은 한마디로 새빨간 거짓말이다. 하나씩 살펴보자. 영국은 제2차 세계대전 이후 위기를 두 차례 겪었고 세 번째 위기는 현재 진행 중이다. 그렇지만 어느 경우든 과잉복지 때문은 아니었다. 그렇다면 그 이유는 어디에 있었는가? 영국 경제의 전반적인 구조적 결함 때문이었다. 세 차례의 위기 중에서 2009년 초 영국을 경제위기 직전까지 몰고 간 것은 글로벌 금융위기였다. 영국에서는 금융위기의 여파가 그 어느 나라에서보다도 심각했고 지금도 그 영향을 받고 있다. 더욱 심각한 문제는 영국 정부가 금융위기의 교훈을 제대로 실천에 옮기지 않고 있다는 데 있다. 영국은 일찌감치 제조업을 포기하면서 경제적 비중을 높인 금융산업을 지키기 위해서 스스로 몰락의 길을 의연하게 걸어가고 있는 것이다.

영국에는 노동당과 보수당을 막론하고 국익처럼 관철되는 정책이 적어도 두 가지가 있다. 유럽 대륙보다 미국을 중시하는 대외정책과 '시티'로 통칭되는 영국 금융산업의 이익을 철저히 옹호하는 것이다. 같은 개혁적 정당이면서도 독일의 사회민주당이 미국의 이라크 전쟁을 비판하는 사이에 영국 노동당 정부는 미국과 어깨를 나란히 하며 이라크 침공을 자행했다. 이 침공의 명분이었던 '대량살상무기'는 결국 없는 것으로 드러났고, 이 무기에 관한 정보가 미국 CIA와 마찬가지로 영국 정보부에 의해서도 과장되고 왜곡되었다는 사실이 밝혀져 당시 토니 블레어(Tony Blair) 총리가 궁지에 몰리기도 했지만 친미노선에 대한 반성은 찾아볼 수 없었다. 유로존 위기가 한창 진행되는 동안에 같은 보수적 정치인이면서도 독일의 메르켈 총리가 유럽통합의 심화를 통해 위기를 극복하려는 데 반해 영국의 데이비드 캐머런(David Cameron) 총리는 EU의 권한을 약화시킬 기회로 보았다. 유럽 재정위기에 대응하는 과정에서 지원에는 동참하지 않으면서 발언권을 갖고 싶어했기 때문에 다른 회원국들의 눈총을 받았다. 그래서 유럽 대륙에서는 영국만 아니었으면 문제를 훨씬 쉽게 해결했을 것이라는 탄식이 들렸다.

영국 금융산업에 대한 집착은 두 번째 공통점이다. 1980년대 말 대처 정부의 '빅뱅'과 더불어 급속히 자유화된 영국 금융산업을 미국 월스트리트를 모델로 발전시키는 것에 대해서는 정파를 초월한 합의가 이루어졌다. 마거릿 대처(Margaret Thatcher) 정부는 '자유시장경제'로 영국 경제를 개조하면서 이미 세계화된 금융산업에 주력하고 제조업은 사실상 방치하는 전략을 채택했다. 블레어 노동당 정부도 1990년대 초 '지식주도경제 발전'에 관한 비전을 제시하면서 금융산업을 영국 경제의 핵심 성장 동력으로 설정했다. 그래서 영국은 하나의 '거대한 역외 헤지펀드'처럼 변했다. 그 때문에 영국이 유럽의 다른 어느 나라보다 금융위기로 인해 큰 타격을 입었음에도 불구하고 마치 '호랑이 등에 올라탄 소년'처럼 지금도 금융산업을 계속 고수하고 있다. 영국은 케이먼 군도를 조세회피처로 보유하고 있어 조세회피처에 대한 규제에도 반대하고 있다. 캐머런 총리는 2011년 말 독일과 프랑스가 주도해서 EU에서 '금융거래세'를 도입하려 하자, '영국 금융산업의 이익'을 내세워 27개 회원국 가운데 유일하게 반대함으로써 철저히 '영국의 국익'을 수호하겠다는 의도를 숨기지 않았다. 독일 메르켈 총리의 측근으로 통하는 기독교 민주당 원내대표 폴커 카우더(Volker Kauder)가 "자기 이익은 찾으면서 기여는 하지 않으려는" 영국을 비난하자, 영국의 조지 오즈번(George Osborne) 재무장관은 미국과 중국의 동참 없는 금융거래세는 '경제적 자살'이라고 반발했다. 캐머런 총리는 EU에서 채택된 제도들이 성장을 촉진하는 것이 아니라 오히려 방해하는 "무의미한 개입, 규칙, 규제"를 가하지만 그래도 영국으로서는 EU를 탈퇴하기보다 남아 있는 것이 더 낫다고 주장했다. 반면에 영국의 경제 싱크탱크인 경제경영연구센터(CEBR; Centre for Economics and Business Research)의 분석에 따르면 영국에는 유로존 해체가 중기적으로 이익이다.

이러한 영국의 태도에 대해 자유주의 성향을 지닌 독일의 시사주간지 『차이트』(*Die Zeit*)는 2011년 12월 9일자 사설 「영국 없이도 되지 않는가?」에서 영국을 "매번 징징대기나 한다"라고 신랄하게 비난하고 있다.

> "영국은 이미 1973년부터 이 클럽 EU에 가입했으면서도 언제나 거리를 두었다. 자기 이익은 가능한 한 크게 취하면서 책임은 덜 지려는 나라. 다른 어떤 나라도 영국처럼 EU를 자유무역지대로 축소시킨 나라는 없었다. …… 지금 위기 상황에서 그럴듯한 조언이나 하려는 나라는 눈에 띈다. 그러면서 영국이 처절하게 지키려는 독립은 이미 허구일 뿐이다. 영국은 경제적 · 정치적 의존도가 너무 높다. 영국인들도 이 의존성을 느끼면서 속으로는 고통스러워할지도 모른다. 바로 그렇기 때문에 영국인들은 통합을 진전시키는 모든 제안에 과민반응을 보이는 것일 수도 있다. 다른 회원국들도 물론 새로운 규칙을 포기하고 싶을 것

이다. 그러나 영국 말고 어떤 나라도 지금 자신만을 위한 특별규칙을 요구하려는 생각은 하지 않는다. 다른 회원국들도 금융거래세의 도입이 지니는 의미에 대해 회의적일 수 있다. 그러나 자국의 금융산업을 그토록 무조건적으로 방어하는 정부는 영국 정부뿐이다. 영국을 급하게 필요로 하는 분야인 외교안보정책에서도 영국은 힘을 다해 길을 막고 있다. EU의 군사사령부 설치도 지난 주에 런던의 반대로 좌절되었다. …… 악명 높은 반대자 영국은 필요 없다."

흔히 글로벌 금융위기는 2008년 9월 미국 리먼브라더스의 파산과 더불어 시작된 것이라고 말하고 있지만 영국에서는 이미 그보다 1년 전 노던록(Northern Rock) 은행에 대한 '뱅크런'(Bank Run)과 더불어 시작되었다. 당시 영국의 금융회사들은 거의 1조 파운드에 달하는 구제금융을 받고 겨우 살아날 수 있었다. 사실 영국만큼 금융위기로 인해 국가채무비율이 높아진 선진국도 없다. 4년 사이에 재정적자는 GDP 대비 11퍼센트로 증가했고, GDP 대비 국가채무비율은 47퍼센트에서 82퍼센트로 급증했다. 지금 영국의 국가채무가 문제된다면 그 원인은 투기적 금융산업의 과잉 발전에서 찾아야 할 것이다. 위기 전 영국 GDP의 12퍼센트를 차지하던 '시티'는 9퍼센트 이하로 위축되었고, 고용인원도 35만 4,000명에서 31만 5,000명으로 줄었지만 다른 나라에 비하면 여전히 높은 비중이다. 금융위기 와중에도 1,600만 파운드의 퇴직금을 챙긴 스코틀랜드왕립은행(RBS; The Royal Bank of Scotland)의 프레드 굿윈(Fred Goodwin) 전 행장의 '경'(sir) 칭호가 취소된 것은 한 토막의 희비극이다. 그는 스코틀랜드왕립은행을 세계적인 은행으로 키운 공로로 2004년 작위를 받았다. 그러나 그가 2008년 10월 네덜란드 은행 에이비엔 암로

(ABN Amro)를 인수하는 데 실패한 후 퇴임하면서 챙긴 퇴직금이 영국인의 분노를 불러일으키자, 품위를 떨어뜨렸다는 이유로 2012년 2월 기사 작위를 박탈당했다.

글로벌 금융위기를 계기로 영국 경제는 제도적 변화를 기회주의적인 방식으로 겪고 있다. 금융위기의 주범에 대한 규제를 강화하려 해도 영국 경제에서 금융산업이 차지하는 비중도 클 뿐더러 신자유주의 경제학의 눈으로는 명확한 대안이 보이는 것도 아니기 때문이다. 노동당 정부 아래에서 '규제완화'(light touch)의 정신으로 설립되었던 금융서비스청(FSA)을 해체하고 2010년 9월 금융감독권을 영국의 중앙은행인 잉글랜드은행(영란은행이라고도 함)으로 넘기면서 금융산업에 대한 규제를 강화한 것은 그나마 가장 큰 가시적 변화라 할 수 있다.

현재의 보수당 정부는 경제구조의 '재균형'(rebalancing)을 말하고 있다. 그리고 이 맥락에서 제조업을 재조명하기 시작했다. 2009년 1월 4일 독일의 일간지 『쥐트도이체차이퉁』(*Süddeutsche Zeitung*)은 영국에 다음과 같은 훈수를 두었다.

> "토니 블레어 이래 규제받지 않는 금융시장 자본주의를 육성했던 노동당 정부는 런던 시티와의 밀월을 급히 종식시켰다. 영국의 대형은행들에 지분 참여를 했고, 헤지펀드 및 투자회사들에는 보다 엄격한 규정을 강제하고 있다. 그것은 시장만으로는 안정적인 경제를 보장할 수 없다는 자백이다. 그렇지만 서둘러 통과시킨 주식시장법과 은행의 부분 국유화만으로는 영국을 위기에서 구하기에 부족하다. …… 홀대받았던 제조업에 새로운 기회가 주어져야 한다."

영국 정부도 공식적으로는 제조업을 중시하는 정책을 천명하고 있다. 그렇지만 한때 '세계의 공장'으로 불리던 정도까지는 아닐지라도 그래도 제조업 강국으로 거듭나기에는 이미 너무 많이 멀어진 것이 아닌가 하는 회의가 든다. GDP에서 제조업이 차지하는 비중은 12.4퍼센트(독일 21.9퍼센트)에 지나지 않으며, 케임브리지 계량경제연구소(Cambridge Econometrics)의 추정에 따르면 감소 추세는 계속될 전망이다. 영국의 대표기업이라고는 항공방위우주산업체인 비에이이시스템스(BAE Systems)와 석유회사인 브리티시석유회사(BP; British Petroleum Company PLC), 제약회사인 글락소스미스클라인(GlaxoSmithKline)과 아스트라제네카(AstraZeneca) 정도이다. 부동산 부문이 GDP에서 차지하는 비중이 노동당 정부에서 12.6퍼센트에서 16.2퍼센트로 증가한 것도 문제다. 빈스 케이블(Vince Cable) 경제장관은 2010년 9월 독일과의 '쾨닉스빈터협의회'(Königswinter Conference)에서 "독일로부터 많은 것을 배워야 한다. 영국은 수출주도 성장을 추구한다"라고 천명하면서 특히 기업과 응용연구를 연결해 주는 독일 프라운호퍼연구소(Fraunhofer COMEDD) 모델을 언급하기도 했다. 그렇지만 영국은 강한 제조업의 허리가 되어주는 중소기업이 너무 빈약하고 산학협력은 태부족이다. 자유주의 전통이 강한 영국에서 정부가 나서 제조업을 육성하는 '산업정책'이 시행될 것 같지도 않다. 보수당 정부는 노동당 정부가 추진하던 적극적 산업정책 이니셔티브마저 중단했다. 결국 영국은 경제 패러다임의 재편을 논하기에는 너무 멀리 왔고 계속 멀어지고 있다.

영국이 2007년의 금융위기에 앞서 이미 두 차례나 굴욕을 겪은 적이 있었지만 이것도 복지국가와는 무관하다. 1976년의 통화위기와 1992년 9월 16일 유럽통화시스템(EMS)에서의 강제탈퇴가 그것이다. 1976년 해럴드 윌슨(Harold Wilson) 총리가 위기에 처한 파운드화를 구제하기 위해 IMF에 10억 달러의 구제금융을 요청하러 워싱턴을 방문했던 일은 당시 강대국 영국에는 씻을 수 없는 치욕이었다. 1992년 영국이 파운드화의 과대평가로 유럽통화시스템에서 2년 만에 탈퇴한 것 역시 영국인에게는 굴욕적인 사건으로 기억되고 있다. 영국이 제2차 세계대전 이후 고수해 온 강한 파운드화 정책을 포기하지 않은 결과였다. 그것도 잉글랜드은행이 금리를 10퍼센트에서 15퍼센트로 파격적으로 인상하는 등 나름의 방책을 써보았지만, 소로스를 비롯한 몇몇 투기자본의 공개적인 파운드화 공격을 방어하기에는 역부족이었다. 영국이 유럽통화시스템으로부터의 이탈을 발표하자마자('검은 수요일'), 파운드화는 독일 마르크에 대해서는 15퍼센트, 달러화에 대해서는 25퍼센트 평가절하되었다. 소로스의 퀀텀펀드(Quantum Fund)는 공매도를 이용한 투기를 통해 불과 1주일 사이에 10억 달러를 벌어들여 일약 유명해졌다. 오늘날에도 영국은 유로존에도 가입하지 않고 파운드화를 고수하고 있다. 유로화가 도입된 이후 파운드화는 40퍼센트 이상 평가절하되었다. 그 덕분에 영국의 국제경쟁력이 그나마 유지되고 있지만 이 또한 가슴 뿌듯한 현상은 아닐 것이다. 평가절하에도 불구하고 지속되는 경상수지 적자는 유로존 위기를 바라보면서 "가입하지 않기 잘 했다"라고 자위하기에는 너무 궁색한 자화상이다. 2010년 정권교체로 집권한 보수당과 자유당 연립정부는 금융위기의 뒤치다꺼리를 하면서 재정긴축에 올인함으로써 금융시장의 요구에 충실히 부응하고 있다. 당연히 복지부문이 가장 먼저 크게 축소되어 중산층 가족, 학생, 연금생활자, 복지 수혜층이 가장 큰 타격을 받고 있다. 게다가 병력 수를 줄이고 있을 뿐만 아니라 항공모함까지 팔려고 내놓았다. 이로 인해 경기침체가 장기화될 수 있다는 우려에도 불구하고 긴축재정은 지속되고 있다. 실제로 2012년 2/4분기까지 3분기 연속 마이너스 성장을 기록했다. 다른 한편으로는 0.5퍼센트의 초저금리를 몇 년째 유지하고 있다. 오즈번 재무장관은 대대적인 부자 감세를 예고한 상태이고, 국영기업을 민영화할 계획도 발표했다. 금융회사들의 투기 때문에 급증한 국가채무를 줄이기 위해 여타 부문이 엄청난 희생을 감수하고 있는 것이다. 영국의 이러한 신자유주의적 갱신 노력에 무디스는 2013년 2월 23일 영국 경제의 중장기 성장 전망이 불투명하다는 이유로 신용등급을 한 단계 낮추는 '따귀 때리기' 호응을 보였다. 영국의 고집스러운 신자유주의 실험은 계속되고 있다. 행여 과잉복지 때문에 영국이 재정위기 또는 경제위기를 겪었다는 주장을 영국인들에게는 하지 말기를 한국 신자유주의 논객에게 조언하고 싶다.

1970~80년대 스웨덴과 독일이 과잉복지 때문에 재정위기나 경제위기를 겪었는가? 그것도 아니다. 1980년대 스웨덴에서는 은행에 대한 규제완화로 인해 부동산 거품경제가 형성되었고, 이 거품경제가 붕괴되면서 1990년대 초 은행위기를 겪었다. 그리고 그 씨앗은 1980년대 중반 자본시장 규제완화와 더불어 뿌려졌다. 1985년 이른바 '11월혁명'을 통해 대출금액과 금리 결정에 대한 규제를 폐지했다. 은행에서 대출받은 금융회사들이 대대적으로 부동산 시장에 투기하면서 거품을 키웠다. 부동산 거품은 낮은 실질금리와 세법 개정 등으로 더욱 커졌다. 1980년대 동안 스톡홀름의 사무실 임대료는 260퍼센트나 상승했고, 신규 건축은 2배 증가했으며, 전반적인 부동산 가격은 무려 790퍼센트나 상승했다. 이는 다른 유럽 국가들보다 거의 3배나 높은 수준이었다. 위기는 부동산 회사 알후스(Allhus)가

파산하면서 시작되었다. 2년도 안 되어 거의 1,000개에 이르는 부동산 회사가 파산했다. 주택가격은 반 토막 났고, 은행들은 파산위기에 직면했다. 스웨덴 정부는 처음에는 은행별로 대책을 달리 했다. 당시 7개 은행 가운데 부동산 담보대출에 주력했던 저축은행이 가장 먼저 위기에 빠지자, 이에 대해서는 지급보증을 선언함으로써 막았다. 1991년 가을에는 급기야 스웨덴 최대 은행이자 국가가 대주주이던 노르드방켄(Nordbanken)이 위기에 직면하자, 국가가 나서 긴급 구제금융을 투입했고 부실채권을 '배드뱅크'(bad bank)로 이전했다. 다음으로는 민간은행인 고타방켄(Gotabanken)이 위기에 빠지자 부실채권을 '배드뱅크'로 이전했다. 1992년 9월 은행위기가 절정에 이르자 스웨덴 은행의 모든 예금과 차입에 대해 국가가 지급보증을 했다. 그 규모는 스웨덴 GDP의 120퍼센트에 이르는 1조 8,000억 크로나였다. 은행위기와 함께 스웨덴 크로나는 강력한 평가절하 압력을 받았다. 환율 폭등을 막기 위해 스웨덴 중앙은행은 기준금리를 500퍼센트까지 인상했지만 위기가 발발한 지 1년 만에 크로나는 25퍼센트나 폭락했다. 정부가 투입한 공적 자금은 GDP 4퍼센트에 달하는 650억 크로나였다. 예금주들이 비슷한 규모의 손실을 입은 데 비해 주주들의 손실은 약 500억 크로나에 지나지 않았다. 은행위기가 일어난 3년 사이에 GDP는 7퍼센트 하락했고, 실업률은 7퍼센트 포인트 증가했다. 재정적자는 GDP의 12퍼센트까지 증가했고, 국가채무비율도 50퍼센트 증가했다. 위기를 극복하면서 스웨덴 은행산업의 구조는 크게 변했다. 통폐합 과정을 거치면서 소형 은행들은 사라졌고 4대 은행으로 재편되었다. 1990년대 중반부터 은행들의 수익률은 세계 최고 수준에 이르렀다. 1990년대 위기를 교훈삼아 스웨덴 은행들은 보수적인 영업 관행을 확립했다. 그래서 2008년 글

(단위: %)

	1985	1990	1995	2000	2005	2007	2008	2009	2010	2011	2012
그리스	47.0	71.0	97.0	103.4	100.3	105.4	110.7	127.1	142.8	157.7	166.1
독일	39.5	41.3	55.6	59.7	68.0	64.9	66.3	73.5	83.2	82.4	81.1
스페인	41.4	42.6	63.3	59.3	43.0	36.1	39.8	53.3	60.1	68.1	71.1
이탈리아	80.5	94.7	121.5	109.2	105.9	103.6	106.3	116.1	119.0	120.3	119.8
프랑스	30.6	35.2	55.5	57.3	66.4	63.9	67.7	78.3	81.7	84.7	86.8
아일랜드	100.6	93.1	82.1	37.8	27.4	25.0	44.4	65.6	96.2	112.0	117.9
포르투갈	56.5	53.3	59.2	48.5	62.8	68.3	71.6	83.0	93.0	101.7	107.4
유로존	50.3	56.5	72.1	69.1	70.0	66.2	69.9	79.3	85.4	87.7	88.5
스웨덴	61.0	41.2	72.8	53.9	50.4	40.2	38.8	42.8	39.8	36.5	33.4
영국	51.8	33.3	51.2	41.0	42.5	44.5	54.4	69.6	80.0	84.2	87.9
EU	–	–	69.7	61.8	62.8	59.0	62.3	74.4	80.2	82.3	83.3
일본	67.7	68.0	92.4	142.1	191.6	187.7	195.0	217.6	223.1	236.1	242.1
미국	56.1	64.3	71.6	55.1	61.9	62.4	71.5	84.7	92.0	98.3	102.4

출처: 독일 재무부, 월례보고서, 2011년 7월호.

〈표 4〉 주요국의 국가채무비율

로벌 금융위기 당시에도 미국이나 아일랜드에 대규모 투자를 한 스웨덴 은행은 없었다. 은행위기를 교훈삼아 지금은 부동산대출에 대해 10퍼센트 이상의 자기자본과 원리금 동시상환을 요구하고 있다. 스웨덴이 위기를 극복한 경험은 2008년 글로벌 금융위기 당시 많은 나라에 모범사례가 되었다. 여기에서 확인할 수 있는 한 가지 분명한 사실은 스웨덴의 은행위기가 (과잉)복지와는 아무 상관이 없다는 것이다. 복지국가 스웨덴은 〈표 4〉에서 보는 바와 같이 오늘날 세계적으로도 가장 건전한 재정을 유지하고 있는 나라이다. 글로벌 금융위기를 거치면서 2009년에 국가채무비율이 일시적으로 4퍼센트 포인트 증가하기도 했지만 이후 다시 감소하는 추세에 있다. 2012년 총국가채무 규모도 GDP 대비 33.4퍼센트에 지나지 않는다.

마지막으로 독일은 어떠한가? 1970~80년대에 독일이 재정위기나 경제위기를 겪었다는 주장도 한 마디로 사실이 아니다. 1950~60년대에 확장일로에 있던 독일의 '사회국가'가 1970년대부터는 정체 내지 부분적인 축소가 있었던 것은 사실이지만 복지제도가 재정위기나 경제위기로 연결되는 상황은 발생하지 않았다. 1990년대 이후 신자유주의 경제학자들은 상대적으로 고도성장을 하던 미국과 비교하면서 "독일 경제는 망한다"라는 조급한 주장을 내세웠다. 하지만 신자유주의 경제학자들이 규제완화, 민영화, 감세, 자유화를 주장하기 위해 그토록 자랑스럽게 내세웠던 미국의 경제성장 모델이 '빚잔치'였음이 드러나면서 머쓱해졌고 이후 한동안 침묵을 지켰다. 그러다가 그리스에서 아주 시의적절하게 사고가 터지자 신자유주의 경제학자들은 모범사례는 사라졌는데도 동일한 주장을 다시 반복하기 시작했다. 규제완화, 민영화, 감세, 자유화라는 이데올로기를 실천에 옮긴 결과가 실패로 판명났는데도 이론은 여전히 옳다는 억지를 부리고 있다. 신자유주의 경제학자들은 지금으로서는 자신들의 주장을 뒷받침해 줄 모범사례를 찾지 못하고 있다. 그래서 그들은 혹시라도 복지국가가 신자유주의 모델에 대한 대안으로 공인될까봐 전전긍긍하는 모습을 보이고 있는 것이다. 이들이 한국의 복지국가 논쟁에서 거의 사생결단하듯이 복지국가를 폄하하는 데에는 이러한 불안감도 작용하고 있다. 요즈음 독일이 유럽 재정위기 국면에서 해결사 노릇을 하는 모습을 보면서 칭찬을 하고 싶지만 '망한다'라고 비난했던 기억이 아직도 생생하기 때문에 멋쩍을 뿐만 아니라 미국처럼 화끈하게 신자유주의 모델에 부합되는 것이 아닌 '보수적 복지국가'이기 때문에 그다지 내키지도 않을 것이다. 그렇지만 일부 신자유주의 경제학자들 사이에서는 "독일 정도는 괜찮지 않을까"라는 조심스러운 반성이 일고 있다. 이 시점에서 솔직히 말하자면 독일이 요즈음 잘나가는 이유는 2003년 신자유주의적 '개혁' 덕분이다. 그러므로 신자유주의자들은 독일을 새로운 성공사례로 적극 선전할 필요가 있다. 어차피 부끄러운 과거는 잊어야 하니까. 그 과정을 다시 한 번 살펴보자.

21세기 들어 독일 경제의 최대 현안은 500만 명을 넘나드는 실업이었다. 특히 비숙련노동이 주를 이룬 장기실업이 가장 큰 정책 현안이었다. 게다가 통일이 독일 재정에 여전히 부담으로 작용하고 있었던 터라 힘겹지 않을 수 없었다. 국가채무비율은 1990년 GDP 41퍼센트에서 1998년에는 60퍼센트로 증가했다. 그래서 등장한 것이 2003년 사회민주당과 녹색당 연립정부가 추진한 '아겐다 2010'이었다. 상대적으로 진보적인 사회민주당과 녹색당이 연합해서 신자유주의 '개혁'을 추진했다는 점에서 노무현 정부가 시작한 한·미 FTA만큼이나 아이러니였다. 당시 사회민주당 출신이었던 게르하르트 슈뢰더(Gerhard Schröder) 총리는 '사회민주주의의 현대화'를 표방하면서 국가와 시민의 관계의 재설정, 정의의 새로운 해석 등 나름대로 이념적으로도 준비를 했지만 당내 '전통주의자들'과 노조의 반발도 적지 않았다. 그런데도 '개혁'이 관철된 것은 슈뢰더 총리의 정치력 덕분이었다. 당내 분위기를 띄우기 위해 사회민주당 '현대화파'는 클린턴 대통령의 미국 민주당(New Democrat) 및 블레어 총리의 영국 노동당(New Labour)과 이념적 연대를 도모하기도 했다. 프랑스 사회당은 '사민주의의 현대화' 구상 자체에 회의적이었기 때문에 동참하지 않았다. '아겐다 2010'은 노동시장 유연화, 감세, 민영화 등을 핵심으로 하는 신자유주의 프로그램이었다. 실업급여 수령 기간의 단축과 비정규직이 고용되는 '저임금 부문' 창출, 연금 삭감, 해고 요건 완화 등은 노동시장 유연화의 대표적 사례이다. 재정적자를 줄이기 위해 부가가치세는 인상하면서 법인세와 소득세는 인하했다. 이 '개혁'으로 인해 사회민주당은 2005년 말 치러진 조기 총선에서 노조의 공개적 지지를 받지 못하는 수모를 처음으로 겪으면서 패배했다. 그 대신 정권교체에 성공한 기독교민주당의 메르켈 총리로부터는 취임연설에서 '개혁'을 해주어 고맙다는 공치사를 들었다. 2013년 총선을 앞두고 사회민주당은 '아겐다 2010'과 결별했을 뿐만 아니라 매우 비판적인 입장을 보이고 있다. 유로존 위기가 한창이던 2012년에 열린 전당대회에서 헬무트 슈미트(Helmut Schmidt) 전 총리가 나서 "더 많은 유럽을 감행하자"라는 연설로 당원들의 열렬한 박수를 받는 사이에 슈뢰더 전 총리는 아무런 관심도 끌지 못했다.

결론적으로, 복지국가를 반대하기 위해 이 신자유주의 경제학자가 동원하는 논리와 사례는 하나도 빠짐없이 아무런 실체가 없는 '소설 같은 허구'임이 드러났다.

제 2 꼼수

사실 조작 — 6.2가 7.3보다 크다

한국의 신자유주의 경제학자들에게 그리스는 이미 (낙인)찍혔다. 과잉복지 하다가 재정적자를 감당하지 못하고 망한 거라고. 이에 대해서는 어떤 변명도 용납되지 않을 뿐더러 모든 통계적 증거는 이 방향으로만 해석된다. 글로벌 금융위기에 대처하기 위해 정부가 대규모 자금을 투입해 재정수지가 악화된 것이 유럽 재정위기의 출발점이라고 적시하는 논객조차 그리스 재정위기와 관련해서는 '포퓰리즘 복지정책'에 그 책임을 묻고 있다(참고문헌 〔19〕). 신자유주의 경제학이 펼치는 '복지망국론'에 어긋나면 객관적 사실도 때로는 은폐되고 때로는 조작된다. 목적이 수단을 정당화한다.

또 다른 신자유주의 논객은 첫째, "그리스, 포르투갈, 이탈리아의 재정수지 적자는 최근 국제금융위기에 따른 구제금융에 기인한 단기적인 것이 아니라 구조적인 성격의 문제"이며, 둘째, "그리스와 포르투갈의 재정건전성 악화는 복지 지출의 급증에 따른 것"(참고문헌 〔2〕)이라고 주장하고 있다. 그리고 이 주장을 여러 통계자료로 입증하려고 애쓰고 있다. 다만 독자는 마치 글만 보고 통계자료는 보지 말라는 듯이 은폐와 왜곡을 자행하고 있다.

우선 이 논객이 유럽연합통계국의 자료를 기초로 작성한 〈그림 9〉와 〈표 5〉를 재인용해 보자. 그리스와 포르투갈의 재정수지와 관련해서 그가 도출하는 해석은 "지출축소보다는 세입확대를 통해 재정건전성 기준(GDP 대비 3퍼센트)을 충족"시켰는데, 그러다가 "**이후**(강조는 필자) 두 나라에서의 재정지출은 계속 확대된 반면, 세입은 하락해 정부부채 규모가 크게 증가했고, 재정건전성이 악화되는 모습"을 보였다는 것이다. 과연 그러한가? 우선 GIIPS 5개국은 물론 유로지역 전체에서 재정수지와 관련해 공통적으로 나타나는 현상은 2008년부터 갑자기 악화되었다는 사실이다. 〈그림 9〉를 그다지 찬찬히 들여다보지 않아도 지출과 수입의 괴리가 갑자기 커지는 것을 금방 확인할 수 있다. 이 신자유주의 논객은 숨기고자 했지만 재정지출이 계속 확대된 '이후'란 정확히 말하자면 2008년 이후이다. 2008년에 무슨 일이 있었는가? 바로 글로벌 금융위기이다. 이 금융

(단위: % of GDP)

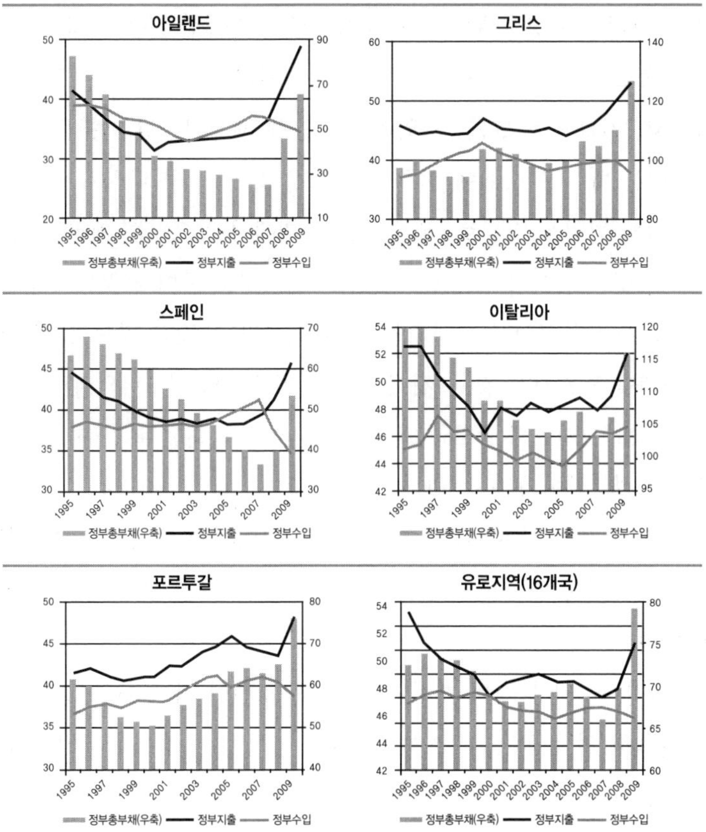

출처 : 참고문헌 〔2〕.

〈그림 9〉 유로지역 GDP 대비 정부수입, 정부지출 및 정부총부채

위기에 대처하는 구제금융으로 인해 재정건전성이 급격히 악화된 것으로 확인되고 있는 것이다. 이 엄연한 사실을 숨기고 오히려 부정하려 하다 보니 자신의 진단에서도 말이 꼬이지 않을 수 없다. 즉 이 논객이 말하는 '구조적인' 측면을 보자. 지출과 수입을 나누어 보면 포르투갈의 경우에는 2006년부터 2008년까지는 지출이 축소되었다. 그리스의 경우에는 2001년 유로존에 가입한 이후 수입과 지출 모두 축소되다가 2005년부터는 둘 다 증가하는 모습을 보이고 있다. 따라서 "지출축소보다는 세입확대를 통해 재정건전성 기준을 충족" 시켰다는 해석은 사실에 전혀 부합되지 않는다. 두 나라가 겪은 재정위기의 원인을 억지로 (복지)지출 확대에서 찾으려는 왜곡된 목표의식이 빚은 참사다. 보이는 것은 못 본 척하고 보이지 않는 것을 보인다고 주장하면서 복지국가를 폄하하고 있다. 같은 자료로 정반대의 결과를 도출하는 것, 이것이 한국 신자유주의 경제학의 완력이다.

이제 "그리스와 포르투갈의 재정건전성 악화는 복지 지출의 급증에 따른 것"이라는 두 번째 주장을 보자. 그리스 재정위기가 발발하자 이 주장은 신자유주의 경제학자들 사이에서 중세의 '천동설'처럼 부정해서는 안 되는 교리로 자리 잡았다. 이를 부정하면 이단자가 된다.

재정적자의 누적이 재정위기의 충분조건이 아니라는 사실은 이미 자세히 언급했다. 설혹 재정적자의 누적이 재정위기의 원인이라 할지라도 이 재정적자의 누적이 복지지출의 급증에 따른 것이라는 주장이 증명되어야 비로소 '복지망국론'이 성립할 수 있다. 이를 입증하기 위해 신자유주의 경제학자가 구사하는 꼼수를 보자. 첫째, 그는 복지지출의 급증에 대해 부연 설명을 하면서 그리스와 포르투갈의 일반 공공 서비스(general public services)가 정부지출에서 차지하는 비중이 다른 나라에 비해 높다고 주장한다. 하지만 일반 공공 서비스의 비중이 높다는 것은 공무원 수가 많다는 의미는 될 수 있을지언정 복지지출이 과다하다는 의미는 아니다. 또한 그리스의 경우 그 비중이 28.7퍼센트(1995~2000)에서 18.9퍼센트(2005~08)로

(단위: %)

구 분	그리스			아일랜드			이탈리아		
	1995~2000	2001~2004	2005~2008	1995~1998	1999~2003	2004~2008	1995~1998	1999~2003	2004~2008
합계	45.0	45.2	45.1	37.9	33.0	36.0	51.1	47.6	48.3
일반 공공 서비스	28.7	20.9	18.9	16.1	11.0	8.3	25.4	20.2	18.4
방위	5.5	7.0	5.1	2.2	1.8	1.2	2.1	2.5	2.8
공공질서와 안전	1.5	2.6	2.7	4.9	4.7	4.4	4.0	4.1	3.9
경제업무	11.6	11.4	10.9	10.9	12.4	11.6	8.2	8.0	8.3
환경보호	1.1	1.2	1.3	1.6	2.5	2.8	1.5	1.8	1.7
주택과 지역 사회 건설	0.9	0.9	0.7	3.4	4.5	5.0	1.9	1.4	1.5
의료	8.6	10.2	11.3	14.4	17.4	19.3	10.7	12.9	14.3
오락, 문화 및 종교	0.6	0.7	0.8	1.6	1.9	1.8	1.7	1.8	1.7
교육	6.1	6.6	6.8	13.2	13.5	13.4	9.4	9.9	9.6
사회 보호	35.5	38.5	41.7	32.0	30.2	31.7	35.0	37.2	37.8

구 분	포르투갈			스페인			유로지역 (16개국)		
	1995~1998	1999~2003	2004~2008	1995~1998	1999~2003	2004~2008	1995~1998	1999~2003	2004~2008
합계	42.1	42.6	45.0	42.6	39.0	39.2		47.4	46.8
일반 공공 서비스	17.3	14.0	14.9	16.8	14.1	11.9		15.5	14.3
방위	3.7	3.2	2.8	3.1	2.8	2.7		3.0	2.9
공공질서와 안전	4.0	4.2	4.1	4.5	4.7	4.7		3.4	3.4
경제업무	13.8	11.8	9.0	11.6	11.9	12.8		8.3	8.4
환경보호	1.4	1.6	1.2	1.9	2.2	2.3		1.5	1.5
주택과 지역 사회 건설	1.8	2.0	0.8	2.5	2.8	2.2		2.3	2.2
의료	13.5	14.9	15.0	12.4	13.3	14.6		13.4	14.4
오락, 문화 및 종교	2.1	2.5	2.4	3.3	3.6	3.9		2.2	2.3
교육	14.5	16.1	14.6	10.6	11.2	11.2		10.5	10.4
사회 보호	27.9	29.7	35.2	33.4	33.4	33.6		40.0	40.2

출처 : 참고문헌 〔2〕.

〈표 5〉 PIIGS 국가의 기능별 정부지출 평균 수준

감소하는 경향을 보였을 뿐만 아니라 유로존 평균 수준인 14.3퍼센트(2004~08)와 큰 차이를 보이지 않았다.

둘째, 이 논객은 1995년에서 2008년 사이에 사회보호지출(expenditure on social protection)의 비중이 그리스에서 가장 큰 증가폭을 보였고, 포르투갈에서 두 번째로 높은 증가폭을 보였다고 주장한다. 그리스가 포르투갈보다 먼저 국가부도에 직면한 상황을 설명하기 위한 주장인 것으로 보이지만 이것도 사실과 정반대이다. 그리스의 증가율은 6.2퍼센트 포인트인 데 비해 포르투갈의 증가율은 7.3퍼센트 포인트이다. 6.2가 7.3보다 더 크다고 주장하는 셈이다.

셋째, 경제성장률에 비해 복지지출이 빨리 증가한 것도 재정위기 원인으로 지적되고 있다. 일단 그리스만 본다면 경제성장률보다 복지지출의 증가율이 높다. 하지만 이 사실을 재정위기의 원인으로 주장하는 것은 '재정의 자동안정장치'를 이해하지 못하는 주장일 뿐이다. 경제성장이 둔화되면 실업은 증가하고 임금인상도 둔화되기 때문에 복지지출이 증가하는 것은 재정의 내재적 속성이다. 이유가 신자유주의 논객이 주장하듯이 성장이 둔화될 때 복지지출도 감소해야 한다면 경제성장을 더욱 둔화시키는 결과를 낳는다. 성장률이 떨어지면 복지지출을 줄여 성장률을 더 떨어뜨리는 악순환에 빠질 것을 신자유주의 경제학은 요구하고 있는 셈이다.

이 신자유주의 논객과 마찬가지로 유럽연합통계국의 통계를 이용해서 실상을 보다 자세히 보도록 하자. 이 통계에서 사회보호지출은 사회급여(social benefits)와 관리비용, 기타비용으로 구성되는데, 이 중 사회급여가 모든 회원국에서 93퍼센트 이상을 차지하고 있다. 유럽연합통계국은 사회급여를 "질병/보건, 장애, 고령, 유족, 가족/아동, 실업, 주거, 기타 사회적 배제에 따르는 위험 또는 욕구로 인한

(단위: %)

구분	유로존	그리스	아일랜드	이탈리아	포르투갈	스페인
2000	26.7	23.5	13.8	24.7	20.9	20.0
2001	26.8	24.3	14.7	24.9	21.9	19.7
2002	27.3	24.0	17.0	25.3	22.9	20.0
2003	27.7	23.5	17.7	25.8	23.3	20.3
2004	27.6	23.6	17.9	26.0	23.9	20.3
2005	27.6	24.9	17.9	26.4	24.6	20.6
2006	27.2	24.7	18.2	26.6	24.6	20.5
2007	26.8	24.8	18.8	26.7	23.9	20.7
2008	27.5	26.3	22.0	27.8	24.3	22.1
2009	30.2	28.0	27.9	29.8	26.9	25.0

출처: 유럽연합통계국(tps: 00098).

〈표 6〉 GDP 대비 사회보호지출

부담을 덜어주기 위해 사회보호제도에 의해 가계나 개인에게 지급되는 현물/현금 이전"으로 정의한다. 〈표 6〉을 보면 GIIPS 5개국은 물론 유로존 전체적으로 GDP 대비 사회보호지출의 비중이 2008년에는 전년 대비 1퍼센트 포인트 이상 증가했고, 2009년에는 그보다 더 큰 폭으로 증가했음을 알 수 있다. 이는 2007년까지는 대체로 1퍼센트 포인트 미만의 증가세를 보이던 것과는 대조적인 모습이었다. 이 신자유주의 논객이 문제 삼고 있는 그리스나 포르투갈에서도 이 비중이 2008년과 2009년에 각각 전년 대비 1.5퍼센트 포인트, 1.7퍼센트 포인트 또는 0.4퍼센트 포인트, 2.6퍼센트 포인트 증가했는데, 이는 유로존 평균인 0.7퍼센트 포인트, 2.7퍼센트 포인트와 큰 차이가 나지 않았다. 이는 결국 두 나라를 향해 복지지출 과다로 재정적자가 크게 증가했고, 재정위기에 이르렀다는 비난을 할 수 없다는 의미이다.

신자유주의 경제학이 이처럼 무리한 복지지출 팽창이 재정위기를 불렀다는 주장을 입증하기 위해서 꼼수와 사실관계 왜곡까지 서슴지 않는 진정한 이유는 결론에서 드러난다. "정부지출 축소를 통해 재정건전성을 강화할 필요"가 있고, "작은 정부, 큰 시장의 정책기조를 공고히 할 필요"가 있다는 것이다. 구체적인 정책방안으로서는 공무원 감축이나 공기업 구조조정을 제안하고 있다. 지난 30년 동안 검증된 바도 없이 소리만 요란했던 신자유주의 경제논리를 선전하기 위해 그리스를 비롯한 유럽의 재정위기를 호재로 삼았지만 섣부른 공격으로 오히려 자멸하고 있다.

제 3 꼼수

편의주의 — 비용은 부풀리고 편익은 축소하라

2010년을 뜨겁게 달구었던 무상급식(사실 무상급식은 어폐가 있다. 정부가 급식비를 부담하기 때문에 공공급식이 정확한 표현일 것이다. 무상급식이라는 용어 자체에 이 복지정책수단을 폄하하려는 의도가 숨어 있다). 신자유주의 경제학이 모든 사안을 효율성의 잣대로만 평가하는 경제주의적 관점에서 무상급식을 '비효율적이고 불공정'하다고 반대하는 것은 일관성이 있다. 그래서 서울 시민들이 주민투표를 무산시킴으로써 모든 학생을 위한 무상급식을 선택한 결과에 대해 '냉철한 논의'를 하지 않고 '최악'을 선택했다고 비아냥거리는 것도 일관성이 있다. 그리고 그 연장선상에서 무상급식의 가장 큰 이유였던 '낙인효과'를 거론하면서, 결국 이를 방지하기 위해 학생 1인당 20만

원의 추가 예산을 투입해야 하는 셈이니 '수치심의 가격'이 연간 20만 원이라고 냉소적으로 계산하고 있다. 이 논객이 제시하는 '효율적이고 공평한' 제안은 급식비를 학생들에게 지급해서 학생들이 점심 메뉴를 선택할 수 있도록 하는 것이다. 그러면서 이 20만 원에는 "점심을 선택할 수 없는 학생들이 느끼는 비용, 즉 먹고 싶지 않은 점심을 억지로 먹어야 하는 고통은 포함되어 있지 않다"(참고문헌〔24〕)라고 친절하게 '분석의 한계'까지 덧붙이고 있다. 이 논객은 부모가 가난해서 점심을 굶는 학생이 있어서는 안 된다는 원칙에 대해서는 동의하고 있으므로 "공짜 점심은 없다"라고 우기는 많은 신자유주의 경제학자들과는 차이가 있다. 그렇지만 과연 이 신자유주의 논객의 비용 및 편익분석이 '냉철한 논의'라 부를 수 있을 만큼 공정하고 객관적인가?

먼저 '분석의 한계'에 관한 부분을 살펴보자. 학생들이 점심 선택권을 박탈당해 느끼는 '고통'을 언급하고 있다. 이는 학생들이 '합리적인' 시장참여자라는 가정에서 출발하는 주장이다. 그러나 학생들은 완전한 의사결정능력을 갖춘 성인이 아니다. 그래서 법적으로도 그들의 의사결정은 제한된 효력을 가진다. 언제나 '합리적인' 결정을 내린다고 가정할 수 없다는 것이다. 학생들에게 점심 선택권을 부여했을 때에는 성인과는 다른 비용이 발생할 수 있다는 의미이다. 학생들이 먹고 싶은 음식만 먹으면 불량식품과 패스트푸드에 치우쳐 영양상태가 고르지 못하고 건강을 해칠 우려가 있는 것이다. 그렇기 때문에 학생들은 집에서도 먹고 싶은 음식만 먹도록 부모가 방치하지 않는다. 따라서 무상급식의 사회적 비용을 부풀리려는 '분석의 한계'는 언급하지 않는 편이 차라리 나을 뻔했다.

현물복지보다 현금복지가 학생들의 선택권을 보장해 주기 때문에 효율적이라는 주장도 마찬가지로 '소비자 선택권'이라는 이데올로기의 함정에 빠져 있는 일면적인 주장이다. 만약 급식비가 지급된다면 학생들은 학교 인근의 식당을 찾아가서 자신의 욕구에 따라 '선택권'을 행사할 수는 있을 것이다. 그렇지만 이 경우 점심의 질을 유지한다고 할 때 일반적으로 현물복지보다 현금복지에 더 많은 비용이 소요(所要)된다. 가령 3,000원으로 제공받는 학교급식을 인근 식당에서 사먹어야 한다면 더 높은 가격을 지불해야 할 것이다. 따라서 급식비를 지급하는 것보다 학교급식을 제공하는 것이 비용효율적이다. 학부모의 자원봉사를 활용하고 친환경 식자재를 사용한다면 금상첨화일 것이다. 그렇기 때문에 기업이나 공공기관에서도 직원들에게 점심식사를 제공하는 것이 아닐까?

이 논객의 핵심 주장인 수치심의 가격이 20만 원이라는 계산에서는 편익이 축소되어 있다. 20만 원이라는 예산(비용)을 들여 얻는 편익이 수치심의 방지만은 아니기 때문이다. 눈에 보이지 않아 계산하기 어려운 편익이 더 있을 수 있다. 모든 학생이 수치심을 느끼지 않아도 되고 똑같이 당당하게 학교에 다닐 수 있기 때문에 학습을 증진시키는 효과도 있을 것이다. 학생들에게 동질감과 평등의식을 심어주어 '왕따'를 예방하는 효과도 일부 있지 않을까? 교육 목표로 '창의력' 향상을 그토록 강조하는데, '낙인효과'로 주눅 든 학생에게서 창의력을 기대할 수 있을까? 무상급식에 대해 이데올로기적이 아니라 학문적으로 '냉철한 논의'를 하려면 비용과 편익에 대해서 충분히 공정하고 객관적으로 계산하고 비교해야 할 것이다. 이 논객은 편익은 가능한 한 내보이지 않고 비용은 가능한 한 부풀림으로써 이미 사전에 내려진 "전면 무상급식은 안 된다"라는 결론에 논리를 짜맞추고 있다.

설혹 다른 사회적 편익이 전혀 없다고 할지라도 자라나는 청소년이 학교에 다니면서 수치심을 느끼지 않고 당당할 수 있도록 국가가 1년에 20만 원은 지출할 수 있어야 하지 않을까? 이 지출이 그토록 부담스럽다면 신자유주의 경제학에서 절대금기로 여기는 한 가지만 잠깐 깨면 된다. 바로 증세이다. 자녀의 점심값을 충분히 감당할 수 있을 정도로 부자인 부모에게서 세금을 조금만 더 거두면 된다. "이건희 회장의 손자에게 공짜 점심을 줄 수 없다"면 이건희 회장에게서 세금을 좀 더 거두면 될 것이다. 정부가 이 세금으로 딴짓을 하지 못하도록 아예 목적세로 거두어도 좋을 것이다. 가칭 '학생후생세' 같은 것이다. 자녀도 없고 학생은 더더욱 없는 성인도 지금 교육세를 내고 있는데 '학생후생세' 정도는 그리 큰 부담이 되지 않을 것이다. 학생이 있는 부모의 입장에서도 적은 비용으로 학교에서 영양 좋고 맛있고 환경친화적인 점심이 자녀에게 제공된다면 마다할 이유가 없을 것이다. '지속 가능한 발전'을 생각한다면 이 목적세를 모든 고소득층에게 확대해도 좋을 것이다. 교육이란 경제적 관점에서 보면 노동력 재생산인데, '질 좋은' 노동력의 조건에는 단지 지식과 숙련뿐만 아니라 건강과 체력도 당연히 포함될 것이다. 이 질 좋은 노동력이 세대에 걸쳐 재생산되어 경제성장이 지속적으로 이루어져야 부모 세대의 노후생활도 보장될 수 있는 것이다. 부모 세대는 세금을 더 내서 학생들의 건강한 체력과 건전한 정신을 보장해 주고, 자녀 세대는 이 체력과 정신을 밑바탕으로 열심히 노동해서 부모 세대의 노후생활에 필요한 경제성장을 책임지는 역동적인 관계, 이것이 '지속 가능한 발전'을 위한 세대 간 연대이다.

제4꼼수

언감생심 — 복지비용 부풀리기

신자유주의 경제학이 복지확대에 반대하는 중요한 이유 가운데 하나가 과도한 예산부담이다. 그런데 복지예산을 추정할 때는 어떤 가정 아래에서 추정했는가가 결정적으로 중요하다. 그 가정이 잘못되었거나 비현실적이면 그 추정치는 신뢰할 수 없다. 그렇기 때문에 대부분 장기추계를 할 경우에는 복수의 시나리오를 설정해 최소치와 최대치를 함께 추정한다. 복지확대에 반대하는 한국경제연구원의 한 논객이 복지예산을 추계하기 위해 설정한 가정을 보면 복지확대를 반대하겠다는 의도가 지나치게 강하게 반영되고 있다(참고문헌 〔1〕). 그가 설정한 가정은 "총인구 대비 지원 대상 인구 비중은 최근 추세가 유지되고, 1인당 지급액은 1인당 GDP 증가율로 증가한다는 가정", "소득 대비 지급액 비중이 유지된다는 가정"이다.

급식비와 보육료가 1인당 실질 GDP 증가율로 증가한다고 가정한 것은 처음부터 예산을 과대 추정하기로 작심해서 채택한 꼼수다. 2050년까지 무상급식, 무상보육, 무상의료의 질적 수준이 해마다 개선된다는 가정이다. 그러한 지속적인 질적 개선을 고액납세자들이 받아들일 의향이 있다면 한편으로는 반갑기 그지없겠지만, 다른 한편으로는 40년 가까이 질적인 개선이 계속 필요한가에 대해서는 의문이 든다.

"소득 대비 지급액 비중이 유지된다는 가정"은 현재와 같은 소비패턴이 유지된다는 것을 암묵적으로 가정하는 것인데, 이는 경제발전과 소득증대 과정에서 일반적으로 나타나는 경향과 다르다. 생계비에서 식료품비가 차지하는 비중을 뜻하는 엥겔계수가 소득이 증가할수록 낮아진다는 것은 바로 소비구조의 변화를 가리키는 말이다(글로벌 금융위기 이후 한국에서 이 엥겔계수가 다시 증가한다는 사실은 한국인의 평균적인 삶이 팍팍해지고 있다는 의미이다). 그러므로 "소득 대비 지급액 비중이 유지된다는 가정"은 비현실적이고, 오히려 낮아진다는 가정이 현실적이다. 더욱이 이 소득이 물가상승을 감안한 실질 GDP를 기준으로 한다면 더욱 비현실적이다. 그러므로 일반적으로 비용을 추계할 때는 물가상승률만을 반영하는 것이 통례이다.

그런데 "소득 대비 지급액 비중이 유지된다는 가정" 자체보다 더 비현실적이면서 무상복지예산을 부풀리는 꼼수는 바로 급식, 보육, 의료 부문에서 이루어질 생산성 향상을 고려하지 않고 있다는 사실이다. 생산성이 향상되면 동일한 품질의 급식, 보육, 의료를 보다 적은 실질 GDP로 해결할 수 있으며, 동일한 실질 GDP로는 보다 양이 많고 질이 좋은 급식, 보육, 의료를 누릴 수 있게 된다. 가령 이들 부문에서 매년 3퍼센트의 생산성 향상이 이루어지고 매년 실질 GDP가 2퍼센트씩 성장한다면 소득 대비 지급액 비중을 오히려 2퍼센트 줄여도 3퍼센트의 양적 · 질적 개선을 이룰 수 있는 것이다. 결국 생산성 향상을 감안하지 않은 예산 추정은 부풀리기 그 자체이다.

이처럼 3대 무상복지 비용이 과대 추정되다 보니 그 비용만으로도 40년 후에는 GDP 대비 23.5퍼센트로 2007년 서유럽 선진국의 평균에 근접할 것으로 전망되어 다른 복지를 할 여력이 없게 된다. 결국 3대 무상복지는 예산 부담이 과중하니 해서는 안 된다는 결론을 이끌 수 있게 된다. 아예 마음도 먹지 말라고 조언하고 있다. 언감생심이다.

나아가 이 논객은 정치권에서 논의되고 있는 보편적 복지정책을 위한 재원조달 방안의 타당성을 점검하면서 과감하게 '편들기'

— 재정개혁, 복지개혁, 조세개혁
- 재정개혁: soc 투자 축소, 예산규율 확립 등으로 지출구조조정
- 복지개혁: 중복지출 절감, 건보 재정기반 확대, 의료비용 절감
- 조세개혁: 감세안 철회, 비과세 · 감면 축소, 음성탈루소득 과세 강화

— 부유세
- 30억 원 이상 순자산 보유자, 1조~3조 원 이상 순자산 보유 기업에 부유세 과세

— 사회복지세
- 400만 원 이상 소득세, 5억 원 이상 법인세 납부자에게 15~30% 추가 과세

출처: 참고문헌 〔1〕.

〈표 7〉 보편적 복지정책 재원조달 방안

를 하고 있다. 각각의 방안으로 조달할 수 있는 재원 규모를 추정해 그것이 3가지 무상복지에 충분한지를 점검하는 시도를 하고 있다 (〈표 7〉). 그 결과 '재정 · 복지 · 조세개혁'과 '사회복지세' 방안으로는 3개 무상복지 재원을 충당할 수 있는 데 비해 '부유세'로는 충당하기 어렵다는 결론을 내리고 있다. 또한 '재정 · 복지 · 조세개혁'과 '사회복지세'도 "고령화로 인한 전체 복지제도 유지비용 증대를 감내하지는 못할 전망"을 제시하고 있다. 결국 3가지 방안 모두 전체 복지비용 증대를 감당하지는 못하겠지만, 특히 '부유세' 방안이 가장 부족하다는 평가를 내리고 있는 셈이다. 여기에서 이 논객이 말하지 않고 있는 중요한 사실은 이들 방안이 발표되면서 3가지 구성요소 가운데 어느 하나만으로 모든 복지재원을 조달할 수 있다고 주장한 정당은 없다는 사실이다. '부유세'의 경우 복지를 확충하려면 기존 재원만으로는 부족하므로 떳떳하게 증세의 필요성을 인정하면서 증세 방안의 하나로 제안되고 있을 뿐이지 부유세만으로 복지재

정이 전부 충당될 수 있다는 주장은 아닌 것이다. 그런데도 마치 '부유세'로 모든 복지재원을 충당할 수 있다고 주장하는 것으로 전제하고 평가하는 것은 명백한 사실왜곡이다. 선진국 수준의 복지를 원하면서 선진국 수준의 세금을 내지 않아도 된다고 주장하는 허풍쟁이가 있을까? 이 논객이 말하고 싶은 핵심은 결국 부유세로는 복지재정을 충당할 수 없으니 부유세를 걷지 말라는 것이다. 이러한 결론에 이르기까지 동원된 꼼수는 '허수아비 때리기'이다.

신자유주의 경제학자들은 보편적 복지를 저지하기 위해서 '세금 폭탄'이나 복지비용의 폭증, '복지병'만을 주장한다. 복지국가가 가져다주는 경제적 · 사회적 편익은 언급하지 않는다. 서유럽의 복지국가가 수십 년 유지되는 데에는 비용뿐만 아니라 편익도 발생하기 때문이라는 아주 간단한 사실을 알고 싶어하지 않는다. 복지국가가 가져다주는 가장 큰 사회적 편익은 바로 신뢰라는 '사회적 자본'의 축적이다. 한 번도 본 적이 없는 타인에 대한 신뢰가 어느 정도인가는 그 사회의 사회적 자본이 축적된 정도를 말해 준다. 스칸디나비아 3국에서 이 신뢰가 가장 높다는 것은 그만큼 복지국가가 사회적 자본 축적에 도움이 된다는 사실을 잘 보여준다. 이 사회적 자본의 축적은 다시 시장경제 발전에 중요하다. 그런데도 신뢰와 사회적 자본 개념을 포용하지 않는 경제학이 바로 신자유주의 경제학이다.

제5꼼수

글로벌 스탠더드 — 빗나간 국제기준 들이대기

복지를 경제논리에 예속시키면 당연히 복지정책의 대상도 노동능력이 없는 국민으로 한정된다. 한 신자유주의 논객은 이를 위해 엉뚱한 국제기준을 들이대는 꼼수를 동원하고 있다. "노동시장에 참여할 수 있는 사람의 범위는 국제노동기구(ILO)의 기준으로 정의된다"(참고문헌 〔21〕). 여기에서 엉뚱하다고 말하는 이유는 국제기구의 기준보다 훨씬 유력한 기준인 대한민국의 헌법이 있기 때문이다. 헌법 제32조에서는 근로를 국민의 권리이자 의무로 규정함과 동시에 여성 및 연소자 노동의 특별한 보호와 아울러 국가유공자, 상이군경 및 전몰군경의 유가족에 대한 우선권을 규정하고 있다. 신자유주의 경제학자들이 '글로버 스탠더드'를 입버릇처럼 말하다 보니 한국 현실에서 국제기구가 정한 기준보다 더 큰 강제력을 가지는 헌법이 있다는 사실조차 깜빡 잊는다.

그래도 이 논객이 ILO의 기준에 따라 노동시장에 참여할 수 있는 범위를 정한 것까지는 무리가 없다. 하지만 한 걸음 더 나아가 복지정책의 대상을 경제활동인구에 속하지 않는 국민으로 국한하는 것은 문제가 된다.

> "국제기준에 맞는 경제학의 상식으로 보면 무상지원을 걱정해야 하는 그룹은 노동력에서 제외되는 병약자에 해당하는 가정의 자녀들, 결손가정의 아동, 그리고 60세 이상의 자립능력이 없는 고령자들이다" (참고문헌 〔21〕).

ILO가 정한 것은 경제활동인구의 범위이지 복지대상의 범위가 아니다. ILO의 노동력 정의를 복지대상을 정의하는 데 이용하면서 그것을 "국제기준에 맞는 경제학의 상식"이라고 평가하는 것은 이 논객의 자의적 판단이다. 이 자의적인 기준을 적용하면 노동능력과 의사가 있어도 노동할 기회를 잡지 못한 실업자나 노동을 해도 생활이 어려운 근로빈곤층(working poor) 등은 복지 대상에서 제외된다. 뿐만 아니라 이 기준은 ILO 기준보다 더 강제력이 있는 대한민국 헌법에 정면으로 위배된다. 헌법은 노동의 권리 및 의무에 관한 제32조와 노동3권에 관한 제33조에 이어 곧바로 제34조에서 복지를 "모든 국민"의 "인간다운 생활을 할 권리"(제1항)와 연결시켜 규정하고 있다. 제2항 "국가는 사회보장 · 사회복지의 증진에 노력할 의무를 진다"라는 규정과 결합하면 복지는 '모든 국민'의 권리이고 국가의 의무인 것이다. 헌법을 무시한 채 복지와 직접 관련이 없는 국제기준을 들먹이면서 복지확대에 반대하는 것이야말로 '무지'이자 억지이다.

이 논객의 '국제기준' 들이대기는 여기에서 그치지 않는다.

> "국제적 기준의 상식으로 하지 않고 세금을 더 거두어 무상지원을 하자는 논의를 주장한다면, 이는 이미 논의가 끝난 '세금으로 할 수 없는 것'을 하겠다고 우기는 것이다"(참고문헌 〔21〕).

무상지원은 '세금으로 할 수 없는 것'으로 논의가 끝났다는데 언제, 어떻게 끝났는지는 밝히고 있지 않다. 아니 밝힐 수 없을 것이다. 한국보다 더 많은 세금을 거두어 무상지원을 하고 있는 선진국들이 적지 않으니까. 그래서 그냥 무상지원은 세금으로 어찌 할 수 없다고 "우긴다." 복지국가의 현실에 대한 관심과 고찰이 부족함을 참으로 많이 보여주고 있다. 독일만 해도 대학 등록금이 없다.

이 논객은 복지국가에 관한 정치권의 '무지'를 질타하다가 스스로 논리적 모순에 빠져드는 것을 알아채지 못하고 있다.

> "경제학에서는 정부가 세금을 이용해 소득재분배하는 것은 불가능하다는 것이 …… 파레토법칙으로 잘 알려져 있다. 소득재분배의 가장 좋은 수단은 국민의 경제적 생산성을 올려주는 것이므로 부양해줄 보호자가 없는 아동들에 대한 무상지원은 국가의 중요한 소득재분배 정책이다. 실제로 소득과 부의 분배를 직접적으로 바꿀 수 있는 유일한 정책은 인플레이션이다. 인플레이션은 중산층으로부터 부를 뺏는다. 인플레이션은 노동력의 생산성을 파괴함으로써 그들로부터 부를 뺏는다"(참고문헌 〔21〕).

이 짧은 문장 안에도 여러 가지 모순과 왜곡이 포함되어 있다. 현실적으로 소득재분배는 불가능한 것이 아니라 누진세와 이전소득을 통해 이루어지고 있다. 소득재분배가 이루어지지 않는 나라는 없다고 해도 지나친 말이 아니다. OECD에 따르면 한국은 세금과 이전소득을 통해 (시장)소득의 불평등이 가장 적게 개선되는 회원국이다. 다음으로, "국가의 중요한 소득재분배 정책"이 "보호자 없는 아동들에 대한 무상지원"이라고 한다면 이 무상지원은 세금 말고 어떤 재원으로 이루어지는 것인가? 가장 좋은 소득재분배 수단이 국민의 경제적 생산성을 올려주는 것이라면 왜 이 국민에는 보호자 없는 아동들만 포함되는가? 실업자에게 실업수당을 주면서 재교육을 받도록 하는 것은 생산성을 올려주는 정책이 아닌가? 끝으로 인플레이션이 정책인가? 아니면 그것을 방지하는 것이 정책인가? 그리고 누가 인플레이션을 진정 두려워하는가? 금융자산이 많을수록 인플레이션으로 피해를 많이 본다는 것이야말로 '경제학의 상식'이다. 그렇다면 누구인가? 바로 금융자산계층이지 중산층이 아니다. 중산층을 옹호하는 척하면서 실제로는 신자유주의의 핵심세력인 금융자산

계층의 이해를 대변하고 있다. 중산층의 소득 수준을 결정하는 '노동력의 생산성'을 빼앗는 것은 인플레이션이 아니라 실업자의 교육 훈련 등을 세금이 들어간다고 거부하는 신자유주의 경제학의 반(反)복지 철학이다. '노동력의 생산성'이 향상되면 인플레이션은 억제된다. 복지국가를 거부하고 금융자본을 옹호하기 위해서 허구적인 논리를 매우 거칠게 제시하고 있는 신자유주의 경제학의 유체이탈화법이 보이는 현장이다.

제 6 꼼수

돌려막기 — 교육예산을 늘리면 건강예산이 줄어든다

복지도 예산제약 안에서 확대되어야 하기 때문에 선택의 문제에 직면하는 것은 당연하다. 그런데 그 선택이 마치 복지 내에서만 이루어져야 하는 것처럼, 그래서 한 가지 복지 분야가 확대되려면 다른 복지 분야가 반드시 희생되어야 하는 것처럼 억지를 부리는 논객도 있다.

> "주어진 예산 안에서 학교 무상급식을 늘리는 것은 학교 시설투자를 줄이는 것을 의미하며, 무상급식의 증대는 교육예산을 늘리므로 국민의 건강 증진에 투입될 재원을 줄이는 것이다"(참고문헌 〔4〕).

'주어진 예산'이라는 단서가 붙기는 했지만 이즈음 한국 사회의 논의는 복지예산을 늘린다는 전제에서 진행되는 것이기 때문에 이 단서는 유효하지 않다. 그렇기 때문에 무상급식을 늘리면서 시설투자를 늘리는 일도 가능하고, 교육예산도 늘리면서 건강재원을 확충하는 일도 얼마든지 동시에 가능하다. 설혹 '주어진 예산'일지라도 가령 토건 예산을 줄이고 복지재원을 늘리는 것은 얼마든지 가능하다. 오늘날 선진국의 추세는 교육을 투자로 보고 교육예산을 확대하기 위해 온갖 노력을 기울이고 있다. 경제적으로는 생산성을 높이고, 사회적으로는 '계층 간 이동성'을 높여 사회에 활력을 불어넣으며 체제 안정성을 높일 수 있는 핵심적인 지렛대이기 때문이다. 이 교육을 시장에만 맡길 경우 사회가 필요한 만큼 충분히 이루어지지 않는 '시장 실패'가 나타난다는 것이 경제학원론의 이야기이다. 그러므로 공교육이 필수적이다. 그것도 당면한 지식경제의 발전을 위해서는 가능한 한 많아야 한다. 이처럼 중요한 국가 활동을 향해 "무상급식을 늘리면 시설투자를 줄여야 한다"(참고문헌 〔4〕)라는 '짠돌이' 논리를 내세우는 것은 국가발전에 걸림돌이 될 뿐이다. 더욱이 "교육예산을 늘리면 건강예산이 줄어든다"라는 대국민 협박도 복지에 적대적인 신자유주의 경제학자가 아니면 할 수 없는 폭언이다. 정부지출을 어떻게든 줄여서 세금을 줄여야 한다는 신자유주의의 편협한 고정관념에서는 '돌려막기'가 아닌 다른 창의적인 상상은 불가능하다. 국민의 건강과 교육을 위해서 세금을 좀 더 걷는 것이 그렇게도 못할 짓인가?

제 7 꼼수

화풀이 — 애꿎은 정치권 탓하기

신자유주의 경제학자들은 자신들이 궁극적으로 옹호하는 재벌의 이익을 가능한 한 숨기려 애쓴다. 그래서 언제나 '국민'이나 '기업'의 이름으로 비난과 이의를 제기한다. 그때 드러나는 논리적 모순이나 어색함은 아랑곳하지 않는다. 한 신자유주의 논객이 여야 정치권의 복지공약 경쟁을 바라보면서 다음과 같이 개탄하고 있다.

> "국민적 갈등을 슬기롭게 풀어나가야 할 정치권에서는 유권자들의 눈치만 보며 인기영합적인 발언만 쏟아내고 있다"(참고문헌 〔38〕).

정치권이 유권자의 눈치를 보는 것은 당연하다. 유권자가 원하는 바를 정책으로 발표하는 것도 당연하다. 그걸 개탄할 이유는 없다. 신자유주의 논객이 마음에 들지 않는다고 '인기 영합적'이라고 폄하하고 있을 뿐이다. 더욱이 이 논객은 국민 대다수가 원하면서 시대정신으로 자리 잡은 복지확충을 '국민적 갈등'으로 폄하하면서 복지 확충을 막지 못하는 책임을 정치권에 묻고 있다. 국민을 상대로 왜 복지를 원하느냐고 직접 비난할 수는 없으니 만만한 정치권을 욕하고 있다. "한강에서 뺨 맞고 종로에서 눈 흘긴다." 국민이 유권자이고, 유권자가 국민이다. 국민의 압도적 다수가 동의하고 있는 사안에서 지금 '갈등'을 일으키고 있는 것은 재벌들과 신자유주의 경제학자들이다. 국민이 원하는 것도 자신이 싫어하면 '인기 영합적인 포퓰리즘'으로 폄하하면서 마치 '국민적 갈등'이 있는 양 포장하는 것은 전형적인 혹세무민이다.

제 8 꼼수

개념혼란

복지가 성장에 방해가 된다고 복지에 반대하는 논객도 있다(참고문헌 〔45〕). 그것은 본말전도이다. 복지가 사회통합을 통해 경제성장에도 이바지한다는 설정은 옳다. 그렇지만 복지를 확대하다 보면 세금을 많이 내는 소수의 저항 때문에 사회통합이 아니라 사회분열을 초래한다는 이 논객의 주장은 쌩뚱맞다. 복지를 확대하기 위해 세금을 올리기 전에도 이미 한국의 부자들은 대체로 일체의 세금에 저항하고 있기 때문이다. 지금은 저항하지 않고 있는데 복지를 위해 증세를 할 때 새삼 저항한다면 복지가 사회분열을 초래한다고 주장할 수 있겠지만 한국 실정에서 부자들은 복지와 무관하게 세금 일체에 저항하고 있는 것이다. 이는 부자들의 '자발적 배제'라 불리는 현상이다. 부자들은 가난한 이웃을 귀찮게 느끼고 스스로 사회를 떠나 혼자 살고 싶어하는 망상을 가진다. 국민으로서의 당연한 의무마저 거부한다. 이는 탈세, 재산의 해외도피, 병역기피 등으로 나타난다. 반면에 가난한 사람들은 한 마디로 돈이 없어 사회적 · 정치적 의사결정과 변화 과정에 동참할 수 없는 '타율적 배제'를 당한다. 2012년 대선에서 이슈가 되기도 했던 투표시간 연장문제가 전형적인 사례이다. 출퇴근해야 하는 직장인들에게 저녁 6시 투표시간 종료는 바로 이러한 '타율적 배제'를 초래하는 제도인 것이다. 부자들이 증세에 저항하면 사회통합에 지장이 생겨 '경제 퇴보'가 초래된다고 하지만 그것은 지금도 벌어지고 있는 항상적인 현상이다. 오히려 증세를 통한 복지확대가 결국 중산층과 서민의 '타율적 배제'는 물론 부자들의 '자발적 배제'를(비록 초기에는 타율적이겠지만) 차단함으로써 오히려 사회통합을 촉진하는 장치가 될 수 있다. 복지국가는 타율적 배제는 물론 자발적 배제도 사라진 '포용사회'가 된다. 한국의 부자들이 모두 워런 버핏과 같은 삶을 산다면 이 포용사회에 성큼 다가서게 될 것이다.

이 신자유주의 논객이 복지와 성장의 관계에 관한 실증분석을 인용하면서 내린 결론은 왜 이 분석을 인용하는지 의아하게 만드는 부분이다. "생산적인 복지지출은 경제성장을 높이지만, 복지지출은 성장에 기여하지 않음을 보여주고 있다"(참고문헌 〔45〕)라고 주장하면서 '생산적 복지지출'과 '복지지출'의 차이가 어디 있는지는 밝히지 않고 있다. 이 논객의 개념혼란은 '생산적 복지지출'은 찬성하면서 복지투자 개념은 부정하는 데서 절정에 이른다. 그가 복지투자 개념을 부정하는 이유는, 투자는 "미래수익을 위해 현재소비를 억제하는 행위"로 정의되고, 복지는 "현재소비를 정부에서 보조하는 지출"로 정의되기 때문이다. 그래서 "'복지투자'는 어울리지 않는 합성어"라는 주장이다. 그런데 현재소비를 억제하기만 하면 미래수익이 발생하는가? 그것도 결국 투자를 위해 '지출'되어야 하지 않는가? 복지는 소비에 지출되고 투자는 생산에 지출된다는 점, 즉 각각의 일차적 목표가 욕구충족과 수익창출이라는 점에서 차이가 있을 뿐이다. 그런데 여기에서 이 복지반대론자가 보다 결정적으로 간과하고 있는 점은 소비가 비록 경제활동의 최종 목적임과 동시에 새로운 생산을 위한 전제조건이자 출발점이라는 사실이다. 소비는 경제적으로 본다면 생산능력의 회복이자 개선이기 때문이다. 투자에서 기대하는 미래수익이 당장의 금전적인 이익에 국한되지 않는다면 복지를 통해 생산능력이 회복되거나 개선되어 노동을 할 수 있게 되는 현상도 마땅히 미래수익으로 간주되어야 한다. 복지가 없었더라면 노동을 할 수 있는 능력과 기회를 갖지 못했을 인적 자원을 복지 덕분에 고용해서 기업이 창출한 이익은 복지 덕분에 창출된 미래수익이 아닌가? 그리고 이러한 복지가 그가 인정하는 '생산적 복지지출'이 아닌가? 이 논객은 혼란스러운 개념 사용으로 복지국가 논의에 혼란만 부추기고 있다.

제9곰수

제 논에 물 대기 — 스웨덴 왜곡

복지국가 스웨덴은 신자유주의 경제학자들에게는 '눈엣가시'이다. 세계 최고 수준의 복지를 실천하는데도 망하지 않고 있기 때문이다. 그래서 대부분 스웨덴을 머릿속에서 지워버리지만 간혹 왜곡해서 비방하거나 악의적인 비판을 하는 경우도 있다. 스웨덴이 "세계에서 가장 불공평한 세금구조", 즉 "형평성보다는 성장형 세금구조"를 가지고 "자유로운 경제활동을 보장"했기 때문에 "열심히 일할 수 있는 사회적 분위기"가 조성되어 "성장을 촉진할 수 있었고, 그 성장열매를 통해 복지국가를 이룰 수 있었다"(참고문헌 〔45〕)라는 주장은 그래서 신선하다. 이 주장에서 '성장형 세금구조'가 의미하는 바는 상속세와 부유세가 폐지되고 자본소득에 대해서는 30퍼센트의 세율이 적용되는 반면, 근로소득에는 32~56퍼센트의 누진세율이 적용되고 대표적인 불공평한 세금인 부가가치세가 25퍼센트나 된다는 것이다.

자본소득세만 낮으면 근로소득세가 56퍼센트까지 되어도 "열심히 일할 수 있는 사회적 분위기"가 조성되고 "성장이 촉진"된다는 주장은 근로소득보다 자본소득을 더 중시하는 편파적인 시각이다. 그동안 높은 근로소득세는 근로의욕을 감퇴시켜 성장을 저해한다는 것이 신자유주의 경제학의 일반적인 주장이었는데, 이 논객은 56퍼센트의 최고세율도 "성장을 촉진"한다고 하니 당혹스럽다. 아마도 근로소득세율만 놓고 평가한다면 근로의욕을 떨어뜨리는 세금폭탄이라는 혹평을 했을 것이다. 최고소득세율이 38퍼센트인 한국에 비해서는 대단히 평등한 소득분배이다.

스웨덴 세제가 불공평해진 것은 사실이다. 재산세와 상속세 등을 철폐하고 자본소득세를 단일화하며 최고소득세율을 낮춘 일은 분명 부자감세에 해당한다. 그런데 이와 관련해서는 두 가지 사실을 짚고 넘어가야 한다. 스웨덴의 이러한 조세정책의 전환은 사회적 논의 과정을 거쳐 이루어졌다는 것이다. 한때 87퍼센트에 달했던 최고소득세율을 56퍼센트로 인하하면서 부가가치세를 25퍼센트로 인상할 때 조세정의를 둘러싸고 격렬한 논쟁이 벌어졌다. 그러나 스웨덴도 비켜갈 수 없었던 '조세 덤핑 경쟁' 아래에서 자본유출을 방지하고 유입을 촉진하기 위해서는 새로운 조세전략이 필요했다. 그래서 자본소득세는 낮추고 부가가치세를 높였던 것이다. 고육지책이었던 셈이다.

참고로 유럽에서 재산세는 스웨덴만 폐지한 것이 아니다. 오히려 유지하고 있는 나라가 프랑스와 노르웨이, 스위스뿐이다. 독일은 애매한 상황이다. 1997년 헌법재판소가 세금이 소득의 절반을 초과해서는 안 된다는 '반분원칙'(Halbteilungsgrundsatz)에 대한 판결을 내렸기 때문에 재산세를 계속 부과하려면 세제를 개혁해야 하는데 그것이 만만치 않아서 지금까지 재산세를 부과하지 않고 있다. 그래서 부과되지는 않고 있지만 그렇다고 폐지되었다고 단정적으로 말할 수도 없다. 2011년에는 사회민주당이 재산세를 부활하자는 주장을 해서 논란이 재연되고 있다. 이러한 논란의 와중에서 독일의 보수적 일간신문 『프랑크푸르터 알게마이네 차이퉁』(*Frankfurter Allgemeine Zeitung*, 2011년 9월 20일자)에 실린 해설기사가 흥미롭다. 재산세를 폐지하면 "세무당국은 몇 가지 문제에서 벗어날 수 있을 것이다. 그러나 그것이 독일이 본받을 만한 모델은 분명 아니다. 세금 좀비를 박멸하는 것이 더 나을 것이다."

스웨덴 세제와 관련해 짚고 넘어가야 할 또 한 가지 사실이 있다. 스웨덴에서 이처럼 불공평해진 조세제도에 대다수 중산층과 서민이 별로 반발하지 않는 이유가 있다. 그것은 다름 아니라 과세의 투명성이 완벽하게 보장되기 때문이다. 스웨덴 정부는 매년 과세보고서를 공개한다. 누가 어떤 소득이나 재산으로 세금을 얼마나 냈는지 누구나 열람할 수 있다. 스웨덴에서는 이미 1776년부터 국민이 모르는 국가행위가 있어서는 안 된다는 기본원칙에서 모든 국민은 국가문서를 열람할 권리를 가진다. 조세자료도 당연히 여기에 포함된다. 그래서 유명 정치인이나 연예인, 기업가가 벌어들인 수입이 일간신문에 정기적으로 보도된다. 대부분의 스웨덴 사람들은 자신이 낸 세금만큼 국가로부터 혜택을 충분히 받는다고 생각한다. 건강보험과 탁아소 등이 모두 세금으로 운영되기 때문이다. 그래서 스웨덴에서는 오히려 감세를 공약으로 내걸었다가는 당장 '포퓰리즘'이라는 비난을 받고 선거에서도 떨어지는 분위기이다. 복지국가를 무너뜨리려 한다는 의심을 당장 받기 때문이다. 물론 탈세가 없는 것은 아니다. 그러나 탈세를 하다가 발각이 되면 처벌이 가혹하다. 2006년 마리아 보렐리우스(Maria Borelius)는 자신의 주택(73만 5,000유로)이 조세회피처에 있는 회사 명의로 되어 있다는 사실이 발각되면서 통상장관에 취임한 지 9일 만에 물러났다. 이처럼 투명한 사회라면 세금을 많이 내더라도 열심히 일하지 않을까? 오히려 세금을 많이 내는 것이 정직하고 능력 있고 열심히 일한다는 자랑스러운 증거가 되는 사회가 되지 않을까? 이처럼 스웨덴 정부의 전략적 선택이나 조세제도의 투명성을 고려하지 않으면서 스웨덴의 불공평한(한국에 비해서는 불공평하지도 않은) 조세제도가 성장을 촉진한다는 일면적인 주장은 문자 그대로 "제 논에 물 대기"에 지나지 않는다.

여기에서 한 가지 발칙한 상상을 한번 해보자. 백번 양보해서 복지국가가 재정위기를 초래한다고 치자. 반대로 한국 신자유주의 경제학이 요구하는 대로 규제를 완화하면, 아니 지금보다 규제를 훨씬 더 강화하지 않으면 금융위기는 틀림없이 재발한다. 그렇다면 서유럽의 복지국가처럼 20년간 복지국가로 행복하게 살다가 2~3년 재정위기를 겪은 다음 다시 서서히 복지국가를 재건하는 것과 지금의 한국처럼 복지 없는 나라에서 20년간 각박하게 살다가 금융위기를 맞아 금융회사들을 구제하느라 2~3년 더욱 허리띠를 졸라매며 사는 것 가운데 어느 편이 더 나을까?

제3부

본말전도의 경제학

1. 경제는 수단이다

작금의 안타까운 세태를 풍자하는 말 가운데 '삼포족'이라는 것이 있다. 청년들이 연애, 결혼, 출산을 포기했다고 해서 붙여진 이름인데 월급이 너무 적은 것이 그 이유다. 이들은 그저 먹고 살기 빠듯해 사랑이라는 정신적 욕구를 포기하고 있기 때문에 불행한 청년들이다. 그런데 한국인은 결혼을 해도 아기는 낳지 않는다. OECD 통계에 따르면 한국은 결혼은 많이 하지만 아기는 가장 안 낳는 나라이다. 2009년 기준으로 한국의 인구 1,000명당 혼인 건수인 조혼인율은 7.13건으로 34개 회원국 가운데 터키(9.04건), 미국(7.31건) 다음으로 3위였다. 하지만 여성 1명이 평생 낳을 것으로 예상되는 자녀 수인 합계출산율은 2010년 1.23명에 그쳐 OECD 34개 회원국 가운데 꼴찌였다. OECD 평균은 1.74명이었다. 이 출산율이 지난 30년 사이에 하락하는 속도도 가장 빨랐다. 육아, 보육, 교육 등 경제적 부담이 가장 큰 원인이라는 사실은 이미 오래 전부터 알려져 있다. 돈이 없어 가족의 행복을 포기하고 부부의 행복에 만족하거나 아예 이마저 포기한 이들이 그만큼 많아지고 있다. 그래서 한국 인구가 2050년부터는 감소할 것이라는 경고도 나오고 있다. 삶을 풍요롭게 해야 할 경제가 삶을 옥죄고 있다.

인간은 밥을 먹지 않으면 살 수 없지만 밥만 먹으면서 살 수도 없다. 의식주로 대표되는 육체적 욕구 이외에도 사랑, 우정, 동료애, 동포애, 애국심, 인류애 같은 정신적 욕구도 충족시켜야 동물과 구별되는 '인간다운 삶'을 사는 것이다. 이 '인간다운 삶'을 살기 위해서는 다양한 물질적 수단을 필요로 한다. 서로 떨어져 사는 연인들이 사랑을 전하기 위해서는 편지, 전화기, 인터넷 등이 필요하다. 이들이 서로 만나기 위해서는 가령 찻집이나 영화관 등의 장소가 필요하다. 의식주를 충족시키기 위해 쌀이나 집, 옷 등이 필요한 것처럼 정신적 욕구를 충족시키기 위해서도 당연히 물질적 수단이 필요한 것이다. "의식이 족해야 예를 안다"거나 "항산(恒産)이 있어야 항심(恒心)이 있다"는 옛말은 이러한 물질적 수단의 중요성을 일깨우는 말이라 하겠다.

이처럼 육체적 · 정신적 욕구를 충족시키는 데 필요한 물질적 수단을 조달하는 활동이 경제활동이고, 이 수단이 증가하는 것이 경제성장이다. 의식주를 생산하고 소비하며 전화기나 찻집, 영화관을 만들고 사용하는 것이 경제활동이다. 그러므로 경제활동은 인간이 목숨을 유지하게 할 뿐만 아니라 넓은 의미에서 다른 인간들과 서로 교류하면서 살기 위해서 반드시 필요한 활동이다.

경제활동의 출발점은 '욕구는 무한한데 수단은 유한하다'는 모순이다. 이 무한과 유한 사이의 모순을 해결하려면 '희소한' 수단을 투입할 욕구를 '선택'하는 길밖에 없다. 이 선택이 경제주체에 가능한 한 큰 만족과 성과를 가져다주려면 일정한 원칙이 지켜져야 한다. 그 원칙은 다름 아니라 '주어진 수단으로 가능한 한 많은 욕구'를 충족시키는 '효율성 원칙'이다. 이는 주어진 투입(input) 또는 비용(cost)으로 가능한 한 많은 산출(output) 또는 편익(benefit)을 얻어내는 것이다. 생산에서는 이윤극대화 원칙, 소비에서는 효용극대화 원칙으로 표현된다.

인간의 삶은 경제활동으로만 이루어지지 않는다. 경제활동을 통해 물질적 수단을 확보한 사람은 정치활동, 문화활동, 사회활동 등을 수행한다. 이들 활동의 목적과 원칙은 무엇인가? 평화, 자유, 인권, 평등, 정의 등 '인류의 보편적 가치'를 구현하는 것이다. 이들 가치는 다른 것으로 대체될 수도 없고 다른 목적이나 목표에 대해서 수단의 지위도 가지지 않는 자기목적이자 최종목표이다. 이들 가치가 다양하고 광범위하게 실현될수록 '인간다운 삶'에 가까워진다. 인간이 이들 가치를 구현할 수 있게 해주는 필요조건이 바로 경제활동을 통해 조달된 물질적 수단이다. 집으로 말하자면 경제활동은 주춧돌 같은 자리를 차지한다. 하지만 주춧돌이 집 전체가 아니듯 경제활동이 인간 활동의 전부가 아니다. 뿐만 아니라 경제활동이 필수적이라고 해서 가장 중요하다는 의미도 아니다. 평화, 자유, 인권, 평등, 정의는 경제활동 속에서도 구현되어야 하는 가치들이다.

효율성 원칙은 같은 양의 물질적 수단을 조달하기 위해서 필요한 시간과 자원을 절약하는 것, 그래서 인간 활동에서 경제활동이 차지하는 비중을 가능한 한 줄이는 것이다. 한 나라나 민족의 경제사는 물질적인 수단이 풍부해질 뿐만 아니라 경제활동시간, 특히 노동시간이 단축되는 역사이다. 경제활동을 기준으로 할 때 선진국이란 경제활동에 투입되는 시간 또는 노동시간이 상대적으로 짧고 여가시간이 긴 나라로 정의될 수 있을 것이다. 사람은 바로 이 여가시간에 비로소 인간다운 삶을 살 수 있다. 인간다운 삶의 핵심은 육체적 · 정신적 욕구를 충족시키면서 평화와 자유, 인권, 평등, 정의 등과 같은 가치를 실현하는 데 있다. 이들 가치를 구현하는 데 필요한 수단을 마련해 주는 것이 경제활동이다. 따라서 경제활동은 인간다운 삶을 위한 수단일 뿐 자기목적이 아니다.

경제활동을 연구하는 학문이 경제학이다. 경제학은 물질적 수단의 생산, 분배, 교환, 소비에 관한 이론이다. 경제활동은 물질적 수단을 제공하는 것뿐만 아니라 스스로 비중을 줄여감으로써 여가활동에 해당하는 정치활동, 사회활동, 문화활동을 영위하게 하는 것이 도리이다. 경제활동은 역사적으로 자기 축소의 경향을 가지며 경제학은 이 경향을 촉진하는 데 기여해야 한다. 그것이 인간을 위한 경제학의 길이다. 그래서 경제학의 의의는 인문학은 물론 정치학과 사회학, 사회복지학 등이 발전할 수 있도록 봉사하는 데 있다. 이는 효율을 극대화해서 사람이 자유와 정의, 인권, 평등, 평화, 연대 등과 같은 가치를 보다 많이 실현할 수 있도록 보좌해야 한다는 뜻이다. 물질적 수단이 부족해서 경제성장이 앞으로도 오랫동안 필요하다고 할지라도 인류의 보편적 가치에 대한 관심을 결코 포기해서는 안 된다. '삼포족'이 생겨나지 않게 하고 가족이 행복을 누릴 수 있게 해 주는 것이 경제학의 도리이다.

그런데 물질적 수단이 없어서는 안 되고, 따라서 경제활동이 필수불가결하다 보니 수단에 관한 학문인 경제학이 오늘날 가치에 관한 학문을 향해 큰소리치고 있다. 그래서 경제적 기준에 따라 다른 모든 인간 활동도 규정하려 든다. 사회과학의 각 분과를 제치고 스스로 나서서 정치활동, 사회활동, 문화활동 등 모든 인간 활동을 경제(학)적 기준인 효율성을 기준으로 판단하고 평가한다. 효율을 기준으로 자유, 정의, 인권, 평등, 평화, 연대를 재단한다. 그럼으로써 경제학은 오늘날 모든 인간 활동을 경제활동으로 축소시키고 인간을 문자 그대로 '경제적 동물'로 전락시켜 물질의 노예로 만들고 있다. 곧 수단이 목적을 향해 명령을 내리고 있다. 한마디로 "꼬리가 몸통을 흔들고 있다." 그래서 경제학이 오늘날 인간을 불행하게 만들면서 벼랑 끝으로 내몰고 있다. 이 경제학이 신자유주의 경제학이다.

2. 경제학의 변질

세상 사람들이 경제학 또는 경제학자들에 제기하는 가장 기본적인 요구는 실상을 있는 그대로 전달해 주는 일일 것이다. 따라서 사실을 의도적으로 왜곡하거나 허위사실을 전달하는 일이 있어서는 안 될 것이다. 그러나 현실에서는 경제학의 이름으로 거짓이 전파되고 사실이 왜곡되는 사례가 적지 않다. 특히 1980년대 이래 세계 경제학계에서 주류를 차지하고 있는 신자유주의 경제학은 미국 금융자본 중심의 막강한 물질적 토대를 바탕으로 매우 단순한 논리를 반복적으로 전파함으로써 사람들에게 마치 진실인 것처럼 각인되게 하는 효과를 거두고 있다. 그 논리가 얼마나 현실과 부합되는지에 대해서는 별로 관심이 없는 것처럼 보일 뿐만 아니라 현실에 의해 이미 오류로 판명된 논리도 모르는 척하면서 반복적으로 전파한다.

반대논리도 인정하지 않는다. "지배계급의 이데올로기가 지배 이데올로기"(카를 마르크스)라는 명제를 입증이라도 하듯이 세계 경제학계는 신자유주의 경제학으로 전염되어 있다. 신자유주의 경제학은 자신 이외에 다른 경제학은 없는 것처럼 사고하고 비주류경제학을 경제학으로 분류하는 것조차 거부한다. 하지만 경제학의 역사를 보면 신자유주의 경제학도 일정한 시대의 산물이라는 사실, 따라서 시대적 상황이 변하면 사라질 운명에 놓여 있다는 사실을 아는 것은 어렵지 않다.

경제학은 대표적인 근대 학문이다. '경제학의 아버지'로 불리는 애덤 스미스(Adam Smith)의 『국부론』(*The Wealth of Nations*, 1776)이 영국에서 집필되었다는 사실은 경제학이 자본주의 시장경제의 발전과 궤를 같이했다는 사실을 함의한다. 이 고전경제학의 이념적 토대가 자유주의이다. 국가의 간섭이나 침해를 받지 않는, 곧 국가개입으로부터 자유로운 시장경제를 지향했다. 이 고전적 자유주의는 신분제 사회를 타파하는 역사적 위업을 대변하는 진보의 이념이었다. 자유방임을 설파하는 이 고전경제학은 1870년대 공황을 거치면서 크게 흔들렸고 마르크스주의와 한계학파의 도전을 받았다. 1930년대 대공황과 함께 고전경제학은 역사적 수명을 다했다. 대공황에 대한 고전경제학의 해법인 재정지출 억제는 대공황을 타개하기는커녕 오히려 악화시켰다.

그 대안으로 영미권에서는 케인스주의가 등장했고, 독일에서는 질서자유주의가 나타났다. 후자는 자유주의를 지키기 위해서도 국가가 법과 규칙을 제정하고 질서를 설정하는 역할이 필요하다는 주장이다. 질서자유주의에 기초하는 질서경제학이 등장한 배경은 케인스주의와 비슷하지만 고전경제학에 대한 대안으로 제시된 내용에서는 차이를 보였다. 질서경제학은 처음부터 자유방임주의뿐만 아니라 중앙관리경제에 대해서도 명확하게 반대하는 입장을 보였다. 이때 중앙관리경제에는 소련식 계획경제뿐만 아니라 나치의 국가주도경제도 포함했다. 그래서 질서자유주의는 제2차 세계대전 이후, 분단국가 서독에서 사회주의를 거부하는 경제이념으로서 수용될 수 있었다. 질서자유주의는 경제조정이 시장에 의해서 이루어져야 한다는 원칙은 인정하면서도 시장은 불안정하므로 국가에 의해 보충되어야 한다는 입장이다('보충성 원칙'). 이때 국가가 개입하는 범위는 "필요한 만큼" 인정된다는 점에서 고전적 자유주의와 구별된다. 다른 한편으로는, 국가 개입이 시장경쟁을 촉진하는 방향으로 이루어져야 한다는 '시장정합성 원칙'을 아울러 포함하고 있다는 점에서 질서자유주의는 국가 개입에 의한 시장경쟁의 대체를 주장하는 케인스주의와도 차이가 있다. 이처럼 국가 개입을 결정하는 원칙도 제시되었지만 "필요한 만큼"이 구체적으로 어느 정도인지에 대해서는 논란의 여지가 충분했다. 그렇기 때문에 정권에 따라서 국가가 시장에 개입하는 폭이 달라지곤 했다. 보수적인 정권 아래에서는 시장의 역할에 강세가 주어졌고, 개혁적인 정당이 집권하면 국가의 역할을 강조하는 케인스주의적 개혁조치들이 이루어졌다. 1967년에 제정된 독일의 '경제안정성장촉진법'이 후자의 예라면, 1980년대 국영철도의 주식회사 전환이나 우정사업의 개혁은 전자의 예라 할 수 있다. 이러한 차이에도 불구하고 정파를 초월한 질서자유주의에 대한 합의는 헌법에 독일의 국체(國體)를 "민주적 · 사회적 연방국가"로 규정하고 경제질서는(헌법상의 규정은 아니지만) 사회적 시장경제로 공감하기에 이르렀다.

영미권에서 신자유주의가 풍미하기 시작한 1980~90년대에 질서자유주의는 신자유주의와 차별화하는 노력을 기울였다. 영미권에서 노동시장의 유연화가 위력을 떨치던 1995년에 '35시간노동제'가 시행된 것은 독일에 아직 신자유주의의 위력이 미치지 않았음을 입증한 사례였다. 그러나 신자유주의의 압도적인 영향력은 질서자유주의마저 점차 포섭하기에 이르렀다. 1980~90년대 독일을 중심으로 하는 유럽 경제가 실업과 경제성장 면에서 미국 경제에 비해 상대적으로 약한 모습을 보였고, 유럽 복지국가의 재정상태가 악화되면서 국가의 경제적 역할에 대한 회의적인 평가가 확산되었다. 21세기 들어서면서부터는 질서자유주의가 급기야 영미 신자유주의 경제학에 투항하는 양상마저 나타났다. 하지만 2008년 글로벌 금융위기를 계기로 이러한 분위기는 다시 반전되는 조짐을 보이기 시작했고, 질서자유주의의 정체성을 회복하려는 움직임도 나타났다. 2009년 6월 독일 경제학자 50여 명이 독일 경제학계의 신자유주의 지향성을 반성하면서, 신자유주의의 영향으로 폐지되었던 경제정책 과목을 다시 대학 경제학과에 개설할 것을 제안하기에 이르렀다.

1980년대 레이거노믹스(Reaganomics)와 대처리즘(Thatcherism)으로 대표되는 신자유주의는 전 세계에 막강한 영향을 끼쳤다. 경제학에서는 케인스주의와 대척점에 있는 시장근본주의, 공급주의 경제학이 주류경제학의 자리에 올랐다. 규제완화, 민영화, 자유화, 개방화 등은 바로 이 공급주의 경제학의 표현이었다. 이 신자유주의 경제학은 2008년 글로벌 금융위기를 계기로 그 적나라한 '민얼굴'을 세상에 보여주고 은퇴할 뻔했다. 당연히 은퇴해야 했는데도 기사회생했다는 의미이다. 글로벌 금융위기가 발생했을 때 자신의 신자유주의 신념을 꿋꿋하게 주장한 이는 별로 많지 않았다. 파산위기를 맞은 미국의 대형은행들에 대한 구제금융에 반대하면서 파산하도록 내버려두어야 한다고 주장했던 몇몇 미국 공화당 의원들은 세상 물정을 모르는 순진한 원칙주의자들이라 부를 수 있을 것이다. 그리고 글로벌 금융위기를 시장경제에서 언제나 발생할 수 있는 '교통사고' 정도로 그 의미를 축소했던 전광우 전 금융위원장이나 독일의 한 70대 신자유주의 경제학자는 더 이상 학습하기를 포기한 고집불통 정도로 치부할 수 있을 것이다. 압도적 우위를 점하던 대다수의 신자유주의 경제학자들은 침묵했다. 논리적으로 방향을 전환한다거나 자신을 정당화할 명분을 찾기도 전에 미국 경제가 한 마디로 갑자기 망해 버렸던 것이다. 그들은 망연자실한 채 침묵하고 있었다. 그러다가 이들에게 기사회생의 기회가 찾아왔다. 그리스 재정위기가 그것이다. '국가'가 다시 사고를 친 것이다. 신자유주의 경제학자들은 내심 쾌재를 불렀다. "그러면 그렇지, 역시 시장밖에 없어. 글로벌 금융위기는 지난 일이니 잊어라." 신자유주의의 반격이 다시 시작되었다. "규제를 풀어라, 세금을 내려라, 민영화해라……. 그래서 다시 한 번 갈 데까지 가보자."

3. 한국의 경제학

한국인들은 1997년의 IMF(국제통화기금) 외환위기 이후 경제(학) 학습을 많이 하고 있다. 신자유주의 경제학의 논리에 따라 '개혁'이라는 이름으로 추진된 많은 변화를 온몸으로 느끼면서 경제학과 경제학 연구자들이 얼마나 냉혹한지를 뼈저리게 실감하고 있다. 그러나 경제학이 한국에서 처음부터 지금처럼 냉혹했던 것은 아니다.

한국에서 박정희 체제의 국가주도 경제성장은 외형적인 성공에 힘입어 성장지상주의에 대한 비판을 잠재울 수 있었다. 온갖 낭비와 시행착오, 불평등, 불균형에도 불구하고 수출, 성장, 일자리 창출로 대표되는 거시 지표의 개선은 성장에 목말라 있는 오늘날 대한민국에서 박정희 체제에 대한 향수마저 불러일으키고 있다. 박정희 체제의 다른 한 축이었던 정치적 독재와 민주주의의 압살은 '경제적 독재'가 가져온 성장신화에 가려 일종의 '필요악'으로 강변되는 분위기마저 감돌고 있는 현실이다.

개발독재체제 아래에서는 경제학 또는 경제학자보다는 경제관료의 역할이 더 결정적이었다. 1968년 한국을 방문해서 당시 경제기획원 국장으로부터 한국경제발전의 비전에 대한 설명을 너무도 인상 깊게 들은 나머지 경제학을 전공하기로 결심한 독일 청년도 있었다. 이 청년은 경제학 박사가 되었고 훗날 많은 한국인 친구를 사귀면서 6년 동안 독일 프리드리히 에버트 재단(Friedrich Ebert Stiftung) 한국사무소 소장을 지냈다. 개발독재시대에 한국에는 경제성장(발전)론 이외의 경제학은 없었다고 해도 지나친 말이 아니다. 민족경제론이나 분배경제론 등 지조 있는 대안적 토착경제학이 있었지만 1970년대까지는 성장주의를 내세운 정치적 · 경제적 독재에 의해 철저히 희생되었다. 당시 한국의 주류경제학은 미국 MIT 교수였던 폴 새뮤얼슨(Paul Samuelson)의 경제학이었다. 그렇지만 이들은 그 수가 많지 않았을 뿐만 아니라 미국 정부가 특히 초기에는 한국의 성장지상주의에 제동을 걸기도 했기 때문에 큰 영향을 발휘할 수 없었고 오히려 성장지상주의에 편승할 수밖에 없었다. 또한 새뮤얼슨 경제학 자체가 케인스주의를 수용하고 있었기 때문에 경제학 이론과 정제정책의 현실은 큰 괴리를 보이지 않았다.

1980년대는 여러 가지 의미에서 한국 사회의 전환기였다. 정치적으로 반독재와 민주화의 열기가 폭발적으로 분출했을 뿐만 아니라 경제적으로도 국가를 향한 재벌들의 자기 목소리가 나오기 시작한 시기였다. 미국을 중심으로 신자유주의가 발흥하기 시작했지만 한국에서는 아직 성장지상주의가 팽배해 있었고, 국가의 경제적 영향력이 단적으로 개별 재벌의 생사여탈권(가령 전두환 정권의 국제그룹 해체)을 쥐고 있던 시대였기 때문에 신자유주의는 먼 나라 이야기와 같았다. 당시 한국에는 신자유주의 신봉자도 거의 없었다. 그렇지만 1980년대에 국가의 지휘감독, 이른바 '관치경제'에서 벗어나려는 재벌들의 욕구는 갈수록 강해졌고, 신자유주의 경제학자들의 수도 차츰 증가했다. 여기에 1989년 소련과 동구권 사회주의 체제의 붕괴는 기존의 비판적 토착경제학은 물론 일체의 비주류경제학이 성장할 수 있는 토양을 박탈했다. 주류경제학자들이 마르크스 정치경제학에 대해 가졌던 경외감은 일순간에 경멸로 바뀌었다. 한때 이완되었던 이념 지형은 다시 획일주의로 치닫기 시작했다. 재벌들은 사회 전반에 걸친 민주화에 무임승차하면서 경제 영역에서 국가를 배제하려는 규제완화와 민영화 요구를 점차 거세게 제기했다. 1990년대 들어 미국의 압력으로 대외개방, 특히 자본시장 개방은 가속화되었다. 신자유주의가 재벌들의 이해관계와 맞아떨어지면서 한국에서도 주류의 자리를 차지하게 되었다. 1990년대부터 한국에서 신자유주의는 재벌들 사이에서는 물론이고 학계, 정계, 언론계에서도 지배적 담론이 되었고, 1997년 외환위기를 계기로 한국 사회는 신자유주의 원리에 따라 개조되었다. 미국을 지배하는 경제학이 세계를 지배했기 때문에 한국에서도 아무런 저항을 받지 않고 주류경제학으로 받아들여졌다. 이에 한국의 경제학도 신자유주의 경제학으로 획일화되었다.

2008년 글로벌 금융위기를 계기로 한때 신자유주의는 종언을 고했고 케인스주의가 부활할 것이라는 예상이 지배적이었다. 그러나 대내외적 요인으로 인해 이 예상은 금방 빗나갔다. 한국경제가 금융부문의 상대적 낙후와 제조업의 수출 경쟁력 덕분에 글로벌 금융위기의 충격을 크게 받지 않은 탓인지 이 금융위기의 근본 원인이 신자유주의에 기초한 금융주도 자본주의 성장모델에 있다는 사실은 금방 잊혀졌다. 대외적으로는 국가의 천문학적 지원에 힘입어 부활한 금융자본이 다시 위세를 떨치기 시작한데다 유럽의 재정위기를 계기로 국가에 대한 불신이 되살아나면서 신자유주의에 대한 비판적 성찰은 약해졌다. 신자유주의 경제학은 서둘러 글로벌 금융위기의 기억을 지우고 있다. 한국에서도 신자유주의는 죽지 않았다.

한국에서 신자유주의 경제학의 오만은 복지국가를 반대하기 위해서 펼치는 "공짜 점심은 없다"라는 주장에서 단적으로 나타난다. 이 주장은 경제학의 관점에서 본다면 동어반복이다. 경제학의 기본 전제는 투입 없는 산출은 없고, 비용 없는 편익은 없다는 것이다. 공짜로 얻을 수 있는 재화가 있다면 그것은 자유재로 정의되며, 경제학의 연구대상이 아니다. "공짜 점심은 없다"라는 주장은 "자유재는 경제재가 아니다"라는 주장과 같다. 그러나 경제학 바깥에서는 얼마든지 "공짜 점심"이 있다. "공짜 점심은 없다"라는 경제학자들의 주장이 굳이 타당하려면 "경제학의 관점에서는"이라는 단서를 붙여야 할 것이다. 공짜 점심이 있는 이유는 효율성 원리로는 설명될 수 없다. 경제학자가 "공짜 점심"에 반발하는 것은 모든 인간 행위를 경제학 원리인 효율성으로만 설명하면서 다른 사회과학 원리는 인정하지 않거나, 경제학이 모든 사회과학을 지배하려는 제국주의적 발상('경제학 제국주의')일 뿐이다. 공짜 점심을 주고받는 경제 외적 행위를 경제학의 기본원칙을 가지고 비난하는 일은 독선적인 월권행위에 지나지 않는다. 이것이 바로 한국의 신자유주의 경제학이 경제민주화와 복지국가를 폄하하면서 보이고 있는 행태이다.

4. 노벨경제학상의 굴욕

경제학은 '사회과학의 꽃'으로 불린다. 사회과학에서 경제학이 그만큼 좋은 대접을 받는 이유는 나름 체계적이고 논리적이기 때문일 것이다. 그런데 실상을 찬찬히 들여다보면 이러한 평가에 마냥 안주하기는 어렵다.

근대 자본주의 발전과 더불어 태동한 근대경제학은 '균형' 중심의 사고를 견지하고 있다. 수요와 공급이 일치하는 점에서 균형거래량과 균형가격이 결정된다는 식이다. 뿐만 아니라 시장은 균형을 이탈할지라도 스스로 균형을 회복하는 힘을 가졌다는 신화를 창조했다. 이러한 전통은 결국 경제학을 현실로부터 멀어지게 했다. 현실경제에서 균형은 확인할 수도, 존재할 수도 없다. 이론과 현실 사이의 이 괴리를 근대경제학은 수학으로 포장된 논리적 엄정성으로 메워 학문으로서의 지위를 유지하고자 했다. 특히 지난 30년 동안 신자유주의 경제학은 극단적인 수리화로 논리의 엄정성을 갖출수록 현실을 정확하게 설명할 수 있게 된다는 착각에 빠져들었다. 경제학이 수학의 도움을 받아 정밀함을 과시하려는 노력은 급기야 수학 없는 경제학은 경제학이 아닌 것으로 폄하되는 상황, 곧 수단과 목적이 뒤바뀌는 상황을 초래했다. 이에 관한 유명한 일화가 있다.

2008년 글로벌 금융위기를 예측한 학자로 유명해진 미국 뉴욕 대학교의 누리얼 루비니(Nouriel Roubini) 교수가 2006년 9월 7일 IMF의 초청을 받아 강연을 한 적이 있다(『뉴욕 타임스』, 2008년 8월 15일자, 「닥터 둠」Dr. Doom 참조). 세계금융을 책임지고 있는 IMF로서는 당시 글로벌 금융위기의 가능성을 계속 경고하고 있었기 때문에 '닥터 둠'이라는 별명을 얻고 있던 루비니 교수를 불러서 내심으로는 공개적으로 망신을 주고 싶었던 생각이 간절했을 것이다. 2006년 강연에서 그는 수많은 헤지펀드와 투자은행, 그리고 패니메이(Fannie Mae)와 프레디맥(Freddie Mac)과 같은 미국의 공적 금융기관들이 크게 휘청거리거나 몰락할 것으로 예견했다. 그 자리에 참석했던 많은 IMF 전문가들은 글로벌 금융위기를 예고하는 그의 강연 내용을 비웃었다. 그도 그럴 것이 당시 미국 경제에서는 인플레이션이나 실업률 모두 낮았고 완만하나마 성장도 이루어지고 있었기 때문이다. 이날 지정 토론자로 나온 IMF 이코노미스트는 루비니 교수가 주장하는 내용이 허무맹랑하다고 비난하면서 그가 금융시장에 대한 예측에서 단 한 개의 수학 공식도 사용하지 않았다고 조롱했다. 사회자는 "금융위기가 일어나면 독주 한잔 해야겠군요"라고 말해 청중을 웃게 만들었다. 그러나 루비니의 명예가 회복되는 데에는 오랜 시간이 걸리지 않았다. 다음해 서브프라임 모기지가 실제로 부도나기 시작하면서 헤지펀드가 파산하고 주식시장이 무너지기 시작했다. 연준이 금리를 낮추고 수백억 달러의 주택담보부증권을 사들였다. 금융위기가 급속히 확산되었다. 2007년 9월 말 IMF는 루비니 교수를 다시 초청했다. 이번에는 강연장이 IMF 전문가들로 넘쳐나 선 채로 강연을 듣는 사람도 많았다. 그리고 그 분위기도 매우 엄숙해서 1년 전과는 딴판이었다. 루비니는 위기가 금융 시스템의 구석구석을 파고 들 것이라고 예견했다. 이번에는 아무도 웃지 않았다. 두 차례 루비니를 초청한 IMF 이코노미스트 프라카슈 룬가니(Prakash Loungani)는 "2006년에는 미친 소리처럼 들리더니 2007년에는 예언자가 되어 돌아왔다"라고 평했다. 루비니를 불과 1년 사이에 선지자로 대우해야 하는 IMF에는 굴욕의 극치였다. 그리고 이는 곧 IMF가 전 세계에 전파하던 신자유주의 경제학의 굴욕이었다. 하지만 신자유주의 경제학자들은 대부분 이 굴욕을 인정하지 않고 침묵했다.

이 굴욕에는 예고편이 있었다. 그리고 그것은 동시에 1997년도 노벨경제학상의 굴욕이기도 했다. 그해 노벨경제학상이 로버트 C. 머턴(Robert C. Merton)과 마이런 새뮤얼 숄스(Myron Samuel Scholes)에게 수여된 것은 금융 주도의 경제성장을 추구하던 신자유주의 경제학이 절정에 이르렀음을 보여주는 사건이었다. 그 배경은 다음과 같다.

글로벌 금융위기의 출발점이 되었던 미국의 서브프라임 모기지를 이론적으로 뒷받침한 것은 바로 금융공학(financial engineering)이었다. 금융공학은 경제이론에 수학적 도구를 결합해 주식, 채권, 원자재 등의 현물시장, 선물시장, 파생시장을 분석하면서 투자 결정을 뒷받침하는 분야이다. 이 분야는 수리화와 계량화를 통해 경제이론을 과학적 엄밀성과 정확성으로 포장하려던 신자유주의 경제학의 시도가 마침내 미래시장의 예측이라는 절정에 이르렀음을 보여주는 분야인 셈이다. 금융공학이 발달하면서 특정한 기초자산을 기반으로 하는 수많은 선물과 파생상품이 개발되었고, 그 덕분에 금융시장은 가히 폭발적으로 성장했다. 냉전이 종식되면서 1990년대 이후 미국 정부의 우주개발투자가 감소하자 물리학자들이 일자리를 찾아 금융계로 몰려들면서 금융공학이 급속히 발전했다는 분석도 있다.

이 금융공학이 발전하는 데 결정적으로 이바지한 것이 바로 블랙-숄스 모델(Black-Scholes model)이다. 이 모델은 파생상품이 거래되는 금융시장에 관한 수리 모델로서 옵션가격 결정을 설명하기 위해서 개발되었다. 그리고 피셔 블랙(Fischer Black)과 마이런 숄스가 1973년에 개발한 옵션가격결정 모델에서 시작되었기 때문에 블랙-숄스 모델로 불린다. 이 모델이 등장한 이후 수많은 파생상품이 개발되었고, 투자은행들은 천문학적인 수익을 올렸다. 가히 이 모델 하나로 미국이 세계 금융시장을 제패했다고 해도 지나친 말이 아니다. 돈벌이에 이용되는 금융공학 모델에 노벨경제학상을 주는 게 꺼림칙하다는 우려가 있었지만 현실 경제에 끼치는 영향력이 워낙 강해서 무시할 수 없었다고 한다.

이 모델을 이용해서 금융시장에서 막대한 이익을 챙겼고, 결국 노벨상위원회까지 감탄하게 했던 사모펀드가 바로 미국의 롱텀캐피털매니지먼트(LTCM)였다. LTCM은 노벨경제학상 공동 수상자인 숄스와 당시 월스트리트의 스타였던 존 W. 메리웨더(John W. Meriwether)가 1994년에 공동으로 설립한 사모펀드였다. "천재와 슈퍼컴퓨터의 결합", "전 세계 최고의 금융 천재들이 모인 곳"으로 칭송받던 LTCM에는 문자 그대로 전 세계의 억만장자와 세계 최고의 금융기관들이 돈을 맡기기 위해 줄을 섰고, 이에 LTCM은 고객을 선별하는 여유까지 보였다. 아울러 전 세계에 걸쳐 6만 개의 포지션을 갖고 이것들을 서로 합성해서 이론적으로 발생할 수 있는 모든 손실에 대비했다. 그들은 스스로 망할 확률이 10의 24제곱분의 1이라고 주장했다. 그런데 바로 이 이론적 확률이 들어맞았다. 1998년 러시아 경제가 파산하면서 러시아 국채를 대량 매입했던 LTCM도 자본금의 50배에 가까운 1,000억 달러의 손실을 입었다. 투자은행들의 환매 요구가 빗발쳤고 미국 금융시장이 마비상태에 빠졌다. 결국 4년간 세계 금융시장을 쥐락펴락하던 LTCM은 손실을 최소화하는 선에서 2000년 청산되었다. LTCM의 파산에도 불구하고 블랙-숄스 모델은 폐기되지 않았다. 그 결과가 2008년 미국발 글로벌 금융위기이다. LTCM의 파산은 사실 이 위기의 예고편이자 경고였던 셈이다. 또한 LTCM의 파산은 이 펀드의 이론적 뿌리가 되었던 블랙-숄스 모델을 경제학의 획기적인 발전으로 칭송한 노벨경제학상에도 치욕스러운 사건이었다. LTCM의 파산으로 예고편을 보여주었고 2008년 글로벌 금융위기로 본편까지 상영되었지만, 금융자본과 신자유주의 경제학은 '속편'을 보고 싶어하는 것 같다. 금융위기의 몸통인 국제금융자본은 세계경제를 볼모로 각국 정부의 막대한 지원에 힘입어 파탄 난 몸을 추스르더니 언제 그랬냐는 듯이 서둘러 금융위기 이전으로 돌아가고 있다. 세계는 다시 거대한 도박장이 되고 있다.

글로벌 금융위기가 신자유주의의 종언이었다는 데에는 일부 신자유주의 맹신자를 제외하고는 이의가 없었다. 국내에서도 『조선일보』는 "금융위기에 흔들리는 미 · 영 자본주의 모델", 『중앙일보』는 "미국, 30년 신자유주의의 종언"으로 규정했다. 삼성경제연구소도 신자유주의 성장모델을 대신할 '뉴 노멀'의 도래를 선언하면서 케인스주의의 부활을 예고했다. 그것이 2009년 초까지의 상황이었다. 그런데 지금은 신자유주의를 비판하고 이를 대체할 새로운 성장 패러다임을 모색하는 목소리는 오히려 잦아들었다. 금융위기의 진원지였던 미국에서는 막대한 구제금융으로 살아난 금융회사들이 다시 활개를 치고 주가지수가 금융위기 이전의 수준을 회복하면서 2008년은 기억에서 점차 사라지는 것 같다. 유럽은 그리스에서 시작된 재정위기와 유로(Euro) 위기로 인해 금융위기의 기억이 묻혀

버리는 것 같다. 한국에서는 글로벌 금융위기 이후 시대정신으로 급부상한 복지국가에 대한 신자유주의의 비난이 드세다. "공짜 점심은 없다"로 대표되는 이 비난은 매우 원색적이고 노골적이다. 이들이 복지에 대한 적개심을 합리화하기 위해서 동원하는 논리는 신자유주의 경제학이 보여줄 수 있는 꼼수들의 집합이다.

5. 재벌들의 이데올로기 무장

한국 재벌들은 한결같이 경제연구소를 운영하고 있다. 전경련 산하에 한국경제연구원이 있을 뿐만 아니라 재벌들 대부분이 경제연구소를 가지고 있다. 삼성경제연구소와 현대경제연구원, 대우경제연구소, LG경제연구원, SK경제경영연구소, 현대자동차경제연구소 등이 그것이다. 반면에 전국민주노동조합총연맹이나 한국노동조합총연맹은 변변한 연구소 하나 갖추지 못하고 재벌들의 이데올로기 공세에 무방비로 노출되어 있다. 가까운 장래에 이 불균형이 해소되거나 완화될 조짐은 보이지 않는다. 이는 특히 유럽에서는 예를 찾아볼 수 없을 정도로 기이한 현상이다.

한국 재벌들은 왜 경영연구소가 아니라 경제연구소를 보유하고 있을까? 한국 사회에서 갈수록 첨예해지는 이데올로기 갈등에서 주도권을 잡기 위해서이다. 재벌 경제연구소들은 자신들의 이데올로기적 토대가 되는 신자유주의 경제학을 한국 사회 곳곳에 전파하기 위해서 활동하고 있다. 그리고 이미 성공하고 있다. KBS와 MBC 같은 공영방송이 국민경제나 세계경제의 현안에 관한 전문가의 해설을 필요로 할 때 대부분 이들 재벌 경제연구소에 재직하는 연구원들이 출연한다는 사실이 그것이다. 이는 당연히 정부출연 연구기관의 전문가가 해야 되는 일이 아닌가? 재벌들의 이익과 한국경제의 이익이 합치되는 경우라면 상관이 없겠지만 그렇지 않은 경우에는 왜곡된 정보가 국민에게 전파될 소지가 다분히 있는 것이다. 재벌들이 많은 비용을 들여 경제연구소를 운영할 때 자기 이익을 추구하지 않고 공익에 부합되는 연구를 추진할 것으로 기대하기는 어렵다. 재벌기업이 국민경제와 세계경제를 연구하고 그 결과를 공론화하려는 것은 자신의 이익에 부합되기 때문이다. 이들 연구소에 재직하는 연구원의 연구결과가 재벌들의 이익에 부합되지 않을 때에는 공표되지 않는다. 정부정책이 재벌의 이익에 부합되지 않거나 반하는 경우에는 반대의견을 제시하고 이를 공론화하려 한다. 뿐만 아니라 정부정책을 선도하기도 한다. 노무현 정부와 삼성의 밀착관계가 대표적인 사례이다. 노무현 정부가 공식 출범하기 직전인 2003년 2월, 대통령직인수위원회에 삼성경제연구소의 '국정과제와 국가운영에 관한 아젠다'라는 400쪽 남짓한 보고서가 제출되어 국정방향에 적지 않은 영향을 끼친 사례는 비교적 널리 알려져 있다. 그래서 "참여정부는 삼성참여정부였다"거나 "삼성은 참여정부의 두뇌이자 스승이었다"거나 "참여정부는 삼성의 하위 파트너이다"라는 비판이 제기되었다.

민간 경제연구소들의 역할은 한 마디로 이데올로기 투쟁이다. 이데올로기가 사라지고 실용의 시대가 왔다는 주장이야말로 반대 이데올로기를 인정하지 않는 지배 이데올로기가 가장 깊이 각인된 주장이다. 안철수에 대한 폭발적인 호응을 일각에서는 20~30대가 새누리당과 민주당의 이념논쟁에 식상했기 때문인 것으로 해석하기도 했다. 과연 그럴까? 결코 그렇지 않다. 정치에 대한 혐오가 결코 이데올로기에 대한 혐오는 아니다. 사리사욕을 챙기고 진정으로 국가와 국민을 위한 정치와 동떨어진 부패한 정치인에 대한 혐오가 보수적이거나 진보적인 이데올로기에 대한 거부인 것은 아니다. 그런 해석이야말로 대항 이데올로기를 두려워하는 가장 보수적인 이데올로기이다. 서울시 무상급식 투표일에 가장 적극적으로 투표장에 나간 강남 3구 주민들이 계급투표를 했다면, 투표장에 나가지 않아 투표율을 낮추었던 강북 주민도 마찬가지였다. 한국 사회에 계급이 엄연히 존재하고 계급행동이 일상적으로 관찰되고 있는 상황에서 이데올로기 갈등은 사라질 수 없다. '이데올로기의 종언'을 선언하는 것이야말로 가장 이데올로기적 주장이다. 하버드 대학교 학생들이 그레고리 N. 맨큐(Gregory N. Mankiw) 교수의 강의를 "2008년 금융위기를 초래한 주류경제학의 표본"이라며 거부한 사례는 이데올로기 갈등이다. 사회주의권의 붕괴를 보면서 1992년 '역사의 종언'을 선언함으로써 보수주의를 대변했던 프랜시스 후쿠야마(Francis Fukuyama)는 2008년 미국발 금융위기가 발생하자 서둘러 '미국의 몰락'을 선언했다. 이는 곧 세계관이 없는 이데올로그의 시류에 따른 즉흥적인 변신이다. 그는 또 변할 것이다.

신자유주의 경제학은 개념적으로 세분화되어 있지 못하고 논리적으로 치밀하지 못하다. 그 점이 신자유주의 경제학이 갖고 있는 가장 큰 장점이자 동시에 약점이다. 주장을 단순하게 표현할 수 있기 때문에 각인되기 쉽다. 반복해서 전달되면 큰 효과를 발휘할 수 있다. 그래서 혼자 달리기를 할 때에는 언제나 1등을 하기 때문에 잘 달리는 것처럼 보인다. 그런데 똑같은 특징이 동시에 신자유주의 경제학의 가장 큰 약점이다. 다양한 꼼수가 없으면 체계가 유지될 수 없기 때문이다. 그래서 둘이 달리면 언제나 2등을 하고 셋이 달리면

3등을 한다. 그래서 그는 혼자 달리고 싶어한다. 그는 자신 이외의 다른 경제학 조류는 경제학으로 인정하지 않는다. 2008년 금융위기를 계기로 케인스주의가 재기할 움직임이 보이자 금융위기의 발발에 따른 책임과 자기 반성은 고사하고 금융위기를 뒷수습하느라 제대로 활약하지도 못한 케인스주의 장례식만 서둘러 치르고 있다. 자신이 묻혀야 할 무덤에 존 메이너드 케인스(John Maynard Keynes)를 묻으면서 신자유주의 경제학은 스스로 승리하고 있다고 착각한다. 그러나 동종교배는 퇴화와 멸종을 초래한다는 생물학 법칙은 사회와 사회과학에도 그대로 적용된다.

6. 꼼수 시리즈

제1꼼수

궤변 — 정규직 때문에 비정규직은 불안하다

노동시장의 규제완화와 유연화는 신자유주의 경제학의 단골 메뉴에 속한다. 이에 따르면 기업이 시장 여건의 변화에 신속하고 유연하게 대처하려면 고용의 탄력적인 조절, 즉 해고의 자유가 필수적이다. 그러나 현실에서 해고의 자유가 인건비를 절감해서 이윤을 늘리는 우회로에 지나지 않는다는 것은 지난 30년을 통해 신자유주의의 경험이 생생하게 전해 주고 있는 바이다. 이윤＝총수입－총비용의 공식에서 총수입 증대보다 총비용 감소, 그것도 혁신에 의거한 생산비용의 절감이 아니라 인력감축을 통한 인건비 절감으로 이윤을 증대시키는 전략의 다른 표현일 뿐이다. 그리고 이 비용절감은 경기가 후퇴할 때는 물론 경기가 상승국면일 때에도 이윤증대(= 주주가치 극대화)를 명분으로 계속되었다. '비상용'이 아니라 '상시용'이었다. 그래서 신자유주의 경제학은 지금도 고용보호 완화를 줄기차게 요구하고 있다. 그런데 그 논리가 참으로 기괴하다.

한 신자유주의 경제학자는 정규직과 비정규직 사이에 존재하는 "비대칭적 고용보호가 비정규직 근로자들의 인적자본 축적 동기를 위축시켜 노동생산성 하락의 요인으로 작용하고" 있으며, "노동시장의 이분화는 장기적으로 근로자들의 인적자본 축적 동기를 저해하여 생산성 향상에 장애요인으로 작용할 가능성이 크다"는 주장을 펴고 있다. 비정규직의 고용불안이 생산성 향상에 걸림돌이 되고 있다는 진단이니 누구나 쉽게 수긍할 수 있을 것이다. 그런데 기가 막힌 반전이 뒤따른다. 이 신자유주의 논객은 "비정규직의 2년 이내 정규직 전환 조건은 비정규직 근로자의 고용불안을 오히려 가중시키며, 장기적인 관점에서 인적자본을 축적할 수 있는 동기를 위축시키는 요인으로 작용할 가능성이 크다"라는 경악스러운 결론을 내리면서 노동시장의 유연성 강화, 즉 모든 정규직의 비정규직화를 주문하고 있다. 반어법으로 이해하고 싶은 이런 주장을 경제학의 이름으로 내세운다는 데 아연할 뿐이다. 쉽게 말하자면, 정규직이 옆에 있기 때문에 비정규직이 불안해서 자기개발을 하지 않으니 정규직을 다 없애자는 주장이다. 더욱이 2년 이내에 정규직으로 전환한다는 조건은 고용불안을 더욱 부추기니 이 조건을 없애야 한다는 말이다. 그래서 정규직으로 전환될 희망을 아예 없애면 비정규직의 고용불안이 사라질 것이라는 주장인 셈이다. 이 주장에서 유일하게 타당한 말은 고용불안은 인적자원을 축적할 동기를 저해한다는 점이다. 문제는 비정규직이 고용불안을 느끼는 이유가 무엇인가이다. 옆에 정규직이 있어서인가, 아니면 비정규직 자체가 고용불안인가? 정규직으로 전환되는 것이 비정규직에게는 불안이 아니라 희망이 아닌가? 2년 이내에 정규직으로 전환한다는 조건이 고용불안을 가중시킨다는 말은 마치 2년이 되면 어차피 다른 비정규직으로 교체될 터인데 번거롭게 정규직으로 전환될 것이라는 희망을 갖지 말고 그냥 평생 비정규직으로 살아갈 각오를 하는 것이 차라리 속이라도 편할 것이라는 메시지이다. 비정규직 근로자가 정규직의 희망을 포기하고 평생 비정규직으로 살 각오를 한다면 인적자본을 축적할 동기를 갖게 될까? 아니면 비정규직이라도 평생 하려면 열심히 인적자본을 축적하라고 이 논객은 명령하는 것인가? 비정규직이면 평생고용을 보장해 준다는 말인가? 내가 언제 해고될지도 모르는데 그 일자리에 필요한 지식이나 숙련을 열심히 습득하게 될까? 모든 노동자를 비정규직으로 만들어놓고 생산성 향상에 필수적인 인적자본의 축적을 기대하는 것은 문자 그대로 연목구어(緣木求魚)이다. 경제학이 어떻게 이렇게까지 '흉기'로 타락할 수도 있는지 기가 막힐 따름이다.

미국에서 총기학살 사건이 발생할 때마다 총기업자들이 펴는 논리는 "총을 쏘는 것은 총이 아니라 사람이다. 그러니 그에 대응하려면 모든 사람들이 총을 가져야 한다"라는 것이다. 27명의 사상자를 낸 2012년 코네티컷 총기난사 사건 직후, 총기 소지에 대한 여론이 악화되고 오바마 대통령까지 나서서 총기소지 제한을 강화하겠다고 하자 총기업자들은 새로운 대책을 제안했다. 학교마다 총기를 적어도 1정씩 비치하게 하고 교사들은 총기를 소지할 것을 제안하면서 일부 교사들에게 실제로 총기 사용 교육을 시켰다. 모두가 총을 가지면 총기테러가 발생하지 않는가? 이 논리대로라면 핵전쟁이 일어나지 않으려면 모든 나라가 핵무기를 가져야 한다. 비정규직이 정규직이 될까 불안해하니 모두를 비정규직으로 만들자는 주장과 총기 테러가 일어나지 않게 하려면 모두가 총기를 소지하게 해야 한다는 주장 사이의 공통점은 무엇일까? 둘 다 궤변이라는 점이다.

제2꼼수

우격다짐 — 투자는 늘리지 않더라도 해고의 자유는 확대해라

노동시장의 유연화, 해고의 자유 확대가 투자확대의 전제조건이라는 주장은 모든 신자유주의자들에게는 일종의 충성맹세와 같다. 이를 인정하지 않는 논객은 신자유주의자가 아니다. 고용보호가 강하면 기업의 입장에서 투자를 결정할 때 높은 해고비용 부담으로 인해 주저하게 된다는 것이다. 얼핏 보기에 그럴듯한 주장이다. 그런데 문제는 이 주장이 실증적으로 설득력 있게 입증되지 않고 있을 뿐만 아니라 논리적으로도 결함이 있다는 사실이다.

한국경제연구원에서 발간된 장문의 연구보고서(참고문헌 〔27〕)를 보면 해고의 자유가 투자에 끼치는 영향이 일관되지 않게 나타나는 실증결과를 놓고 곤혹스러워하는 신자유주의 경제학이 펴는 우격다짐이 그대로 드러난다. 이 연구보고서가 해고의 자유를 강화할 것을 요구하기 위해 작성된 보고서이므로 자신에게 유리한 연구성과는 충실하게 검토했을 것이다. 그런데 이 연구보고서는 "고용보호가 기업투자에 어떤 영향을 주는가에 대해서는 많은 연구가 이루어지지 않았다"(26쪽)거나 "최근에 발표된 몇 편의 논문이 고작"(31쪽)이라는 놀라운 결과를 밝히고 있다. 노동시장의 유연화, 해고의 자유가 신자유주의 경제학에서 차지하는 위상이 어떠한데, 그에 관한 실증연구가 "몇 편의 논문이 고작"이란 말인가? 무언가 석연치 않은 구석이 있을 것 같다.

그런데 더욱 놀라운 것은 기존의 실증연구에서 내려진 결론이 일관되지 않다는 점이다. 즉 이 연구보고서는 OECD의 기초자료를 이용한 실증분석을 종합해 볼 때, "고용보호 및 노동규제가 투자에 영향을 끼치는가에 대해서 고용보호로 투자율이 낮아진다는 주장과 그 반대의 주장이 있으나, 고용보호가 투자에 어떤 영향을 주는가에 대한 실증분석은 매우 제한되어 있는 상태"(34쪽)라는 결론을 내리고 있다. 이처럼 기존의 연구 결과가 일관된 결론을 제시하고 있지 못하는데도 이 신자유주의 경제학자는 일관된 결과가 나타났다고 왜곡하고 있다. 즉 연구보고서의 결론에서는 "OECD 고용법제지수를 기업의 투자함수에 추가하여 추정한 결과, 고용법제지수의 증가는 기업투자를 감소시키는 것으로 나타났다"(62쪽)라고 적고 있는 것이다.

더욱이 S. 렌던(S. Rendon)이 스페인의 기업 자료를 이용해 시행한 실증분석에 따르면 "금융제약의 완화가 노동시장의 경직성을 완화하는 것보다 일자리를 창출하는 데 효과가 있으며, 노동시장 경직성이 제거되는 경우에는 발생하지 않았을 기업투자의 실질적인 증가를 가져왔다는 것을 보여주었다"(30쪽)라고 한다. 그렇다면 노동시장의 경직성을 제거하지 않아도 금융제약만 해소되면 투자가 증가하고 일자리가 창출된다는 결론이 아닌가? 그렇다면 고용보호 완화를 요구하려는 이 신자유주의 논객이 이 실증분석을 왜 인용하고 있는 걸까? 학자적 양심에서 그렇게 했을까? 그렇지 않다는 사실은 바로 알 수 있다. 즉 이 논객은 이 같은 실증분석을 인용하면서도 바로 다음 문단에서는 "고용보호가 기업투자를 줄이는 효과가 나타난다"(31쪽)라는 우격다짐을 보이고 있는 것이다.

이제 국내의 연구 동향을 살펴보자. 앞의 연구보고서에 따르면 한국에서 "노동시장 규제변수를 기업투자함수의 독립변수로 이용하여 분석한 국내 연구는 전무"(37쪽)하다는 상황 진단에서 출발한다. 이 또한 기이하다. 국내에 노동시장의 유연화가 시도된 지 벌써 15년이 되어가는데 실증연구결과가 없다는 것이 말이 되는가. 해고의 자유를 확대하기 위한 근거자료를 마련하는 데 이렇게 게으를 수 있을까? 그래서 이 신자유주의 논객은 '현금흐름 민감성'을 자금제약으로 동일시하면서까지 국내 최초의 시도를 감행했다. 이러한 동일시는 논객 스스로도 인정하고 있다시피 국제적으로 논란이 있는 연관관계이다. 이 논객의 실증분석에 관한 결과는 "고용보호 강화는 중소기업에 비해 대기업의 자금제약을 강화하는 것으로 해석"(56쪽)된다는 것이다. 나아가 이로부터 "고용보호의 강화가 기업투자를 감소시킨다"(58쪽)라는 결론을 도출하고 있다. 고용보호 강화 → 자금제약 → 투자감소라는 논리적 연결고리를 제시하고 있는 셈이다. 고용보호 강화가 가져다주는 장점(인적자본 형성 등)은 논외로 하고, 그것이 기업의 현금흐름을 악화시켜 자금제약을 강화한다는 이 논객의 주장이 옳다고 하자. 그런데 자금제약이 투자감소로 직접 이어진다는 주장이 타당하려면 기업의 내부자금 동원 능력이 유일한 투자결정요인이어야 한다. 그렇지만 현실에서는 결코 그렇지 않다. 내부자금조달은 하나의 요인일 뿐만 아니라 매우 부차적인 요인에 지나지 않는다. 필요하다면 금융시장을 통한 자금조달이 얼마든지 가능하기 때문이다.

경제학원론에 따르면 기업활동의 목표는 이윤의 극대화이고, 이윤은 총수입에서 총비용을 뺀 것으로 결정된다. 고용보호가 해고비용과 조정비용 등을 초래하기 때문에 투자를 위축시킨다면, 바로 '총비용' 항목을 크게 하여 이윤을 감소시키기 때문이라고 해석할 수 있다. 그러므로 해고의 자유를 강화해 해고비용 등을 줄여주면, 다른 조건이 동일할 경우 총비용은 줄어들 수 있다. 그리고 총수입이 불변일 때 총비용이 줄어들면 이윤은 증가한다. 그러나 현실에서 총비용은 해고비용 등에 의해서만 결정되지 않을 뿐더러 이윤이 총비용에 의해서만 결정되는 것은 더더욱 아니다. 해고비용이 증가하더라도 총비용은 감소할 수 있으며, 설사 총비용이 증가하더라도 총수입이 더 빨리 증가하면 이윤은 증가할 수 있는 것이다. 더 많은 이윤을 얻을 수 있는 방법이 많은데도 단지 해고비용을 줄여 이윤을 늘리려는 기업가가 있다면 이 얼마나 소극적이고 비겁한 행태인가? 재벌들이 내세우고 싶어하는 창업주들의 기업가정신이 이런 것이었는가? 판매량을 늘려 총수입을 확대하고 혁신을 통해 총비용을 줄여 더 많은 이윤을 달성하는 것이 진정한 의미의 기업가정신이 아니던가?

이제 해고의 자유를 강화하면 투자가 늘어난다는 신자유주의 주장이 한국 현실에서 타당한지 살펴보자. 결론부터 말하자면 결코 타당하지 않다는 것이 한국의 경험이다. 한국에서 "외환위기 이후 고용보호는 일부 완화"되었음은 이 보고서에서도 인정하고 있다. 그런데도 이 보고서에 따르면 "1998년 외환위기 이후 우리나라 투자증가율은 급격히 저하하고 있다." 뿐만 아니라 "외환위기 이전에는 GDP 성장률에 비해 투자증가율이 높은 현상이 지속되었으나, 외환위기 이후에는 GDP 성장률에 비해 투자증가율이 낮은 현상이 나타나고 있다"(24쪽). 그렇다면 해고의 자유를 확대한 결과가 투자감소로 나타났다는 결론이 아닌가? 이 연구보고서는 제목에서 알 수 있듯이 "고용보호의 완화와 기업 투자"의 상관관계를 분석하고 있으

(단위: %)

구 분	1981~ 1984	1985~ 1990	1991~ 1994	1995~ 2000	2001~ 2005	2006~ 2008	1981~ 1994	1995~ 2008	1981~ 2008
GDP 성장률	2.35	3.80	2.10	2.99	1.99	1.98	2.78	2.40	2.59
투자증가율	1.11	5.70	1.30	4.31	1.50	2.43	2.82	2.94	2.88

주: OECD 투자증가율의 경우 1981~2007년까지의 결과.
자료: World Bank WDI database(2009), 참고문헌 〔27〕에서 재인용.

〈표 8〉 OECD 국가의 GDP 성장률 및 투자증가율

(단위: %)

구 분	1981~ 1984	1985~ 1990	1991~ 1994	1995~ 2000	2001~ 2005	2006~ 2008	1981~ 1994	1995~ 2008	1981~ 2008
GDP 성장률	8.09	9.18	7.48	4.69	4.50	4.17	8.38	4.50	6.51
투자증가율	9.08	14.99	8.80	0.92	3.16	1.99	11.53	2.03	6.91

자료: World Bank WDI database(2009), 참고문헌 〔27〕에서 재인용.

〈표 9〉 한국의 GDP 성장률 및 투자증가율

므로 다른 결론은 불가능하다. 이 연구보고서에서 재인용한 위의 표들에서 보는 바와 같이 이러한 현상은 OECD의 경우와는 대조적이다. 1980년대 이후를 5년 단위로 관찰할 때 투자증가율이 OECD 평균으로는 GDP 성장률보다 높기도 하고 낮기도 하다(〈표 8〉). 반면에 한국에서는 1994년까지는 투자증가율이 GDP 성장률보다 높았지만 1995년부터는 투자증가율이 크게 뒤떨어지는 모습을 보였다(〈표 9〉). 한국의 경우에는 오히려 고용보호 완화가 투자증가율을 떨어뜨린다는 법칙이 적용된다고 주장해도 할 말이 없을 정도이다.

실제적 경험이 이러한데도 신자유주의 경제학의 요구는 똑같다. "기업투자를 증가시키기 위해서는 고용보호의 완화가 필요하다.

…… 1998년 외환위기 이후 정규직과 임시직의 고용보호 완화가 이루어진 바 있으나 기업의 노동비용 감소를 위해서는 해고비용이나 노동유지비용의 완화가 필요하다"(63쪽). '고장난 전축판'처럼 들리는 이 논객의 우격다짐은 두 가지로 요약될 수 있다. 첫째, 선진국의 경험에서 볼 때 고용보호 완화가 투자증가로 이어졌는지에 대한 실증분석의 결과는 명확하지 않지만, 그럼에도 불구하고 이 애매한 결과는 고용보호 증가가 기업 투자를 감소시키는 것으로 해석되어야 한다. 둘째, 한국의 경험에서 보면 외환위기 이후 고용보호 완화에도 불구하고 투자는 증가하지 않았지만, 그래도 투자 증가를 위해서는 고용보호가 완화되어야 한다. 이에 대해 우격다짐이라는 말 말고 더 적절한 표현이 있을까?

제 3 꼼수

안면몰수 — 투자는 안 늘려도 감세는 계속해라

신자유주의 경제학이 전하는 핵심적인 메시지 가운데 하나가 감세이다. 감세하면 투자가 활성화되고 경제성장이 촉진된다는 것이다. 그런데 이는 세 가지 점에서 새빨간 거짓말이다. 첫째, 실증적으로 사실이 아니다. 둘째, 실제 부자가 나서서 거짓말이라고 비판한다. 셋째, 신자유주의 전도사로 불리는 IMF도 경기활성화 대책으로 감세에 반대하고 있다.

첫째, 감세가 투자를 촉진한다는 주장은 한국의 경험에서 매일매일 반박되고 있다. 이명박 정부 때 적극적인 감세정책으로 재벌기업의 세부담은 크게 줄었다(『한겨레신문』, 2011년 9월 26일자). 국세청 집계에 따르면 2010년 법인세를 신고한 법인들의 실효세율은

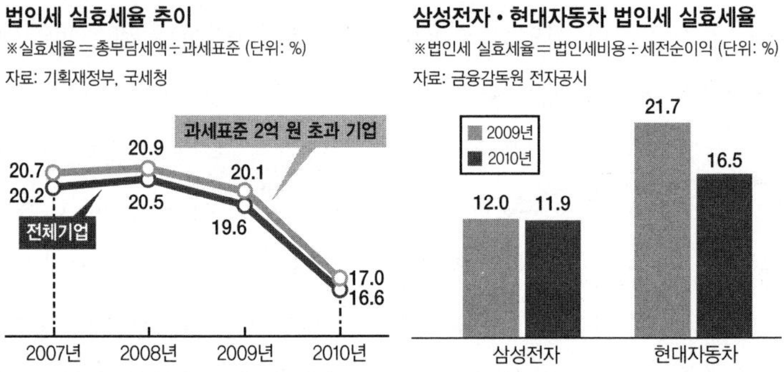

출처: 『한겨레신문』 2011년 9월 26일자.

〈그림 10〉 법인세 실효세율

16.6퍼센트로서 2009년 19.6퍼센트보다는 3퍼센트 포인트, 2008년 20.5퍼센트보다는 3.9퍼센트 포인트가 낮아진 것으로 나타났다. 실효세율은 총부담세액을 과세표준으로 나눈 것으로, 각종 공제와 비과세 감면을 거친 뒤 실제로 부담한 세율이다. 특히 연구개발투자 세액공제 등 각종 비과세 감면 혜택이 집중된 수출 대기업의 경우 실효세율이 낮다. 금융감독원의 전자공시를 보면, 국내 법인세 납부 1위인 삼성전자의 실효세율은 2009년 12.0퍼센트에서 2010년 11.9퍼센트로, 2위인 현대자동차는 21.7퍼센트에서 16.5퍼센트로 각각 줄었다. 현대자동차는 감소폭이 컸던 데 비해 삼성은 세율 자체가 평균보다 훨씬 낮았다. 이처럼 법인세 실효세율이 크게 낮아진 것은 이명박 정부 당시 시행된 법인세 감세 효과가 반영되었기 때문이다. 정부는 2008년 귀속분부터 법인세 최고세율(과표 2억 원 초과)을 25퍼센트에서 22퍼센트로, 2009년부터 낮은 세율(과표 2억 원 이하)을 11퍼센트에서 10퍼센트로 각각 낮췄다. 법인세 실효세율은

지난 2006년 19.9퍼센트, 2007년 20.2퍼센트, 2008년 20.5퍼센트 등으로 미세하게나마 증가하고 있었으나 감세가 시작된 2009년에 19.6퍼센트로 하락세로 전환된 뒤 2010년에는 16.6퍼센트로 크게 떨어졌다. 정부는 2012년부터 최고세율을 2퍼센트 포인트 더 내리는 감세안을 추진했으나 '부자 감세' 논란 끝에 2011년 9월 이 방침을 철회했다.

실효세율 인하로 인해 대기업들의 절대적인 세부담 역시 크게 줄었다. 2억 원 초과 기업의 총부담세액은 2008년 36조 501억 원에서 2년 만에 7조 4,138억 원이나 줄었다. 이들 기업 1곳당 평균 부담세액도 2007년 7억 7,000만 원, 2008년 8억 7,000만 원에서 2009년 7억 4,000만 원, 2010년 5억 6,000만 원으로 감소했다.

그러면 그 사이에 투자는 증가했는가? 한국은행의 기업경기실사 결과에 따르면 2012년 11월 제조업 설비투자 실적 지수는 전달보다 2포인트 떨어진 89를 기록했다(『한겨레신문』, 2012년 12월 9일자). 글로벌 금융위기의 후폭풍이 거셌던 2009년 4월에 88을 기록한 이후 3년 반 만에 기록된 최저치다. 이 지수가 100을 밑돌면 계획 대비 투자를 줄였다는 기업이 늘렸다는 기업보다 더 많다는 뜻이다. 이 지수가 2012년 중에 100을 넘어선 적은 한 번도 없었다. 투자 침체는 한국은행이 작성한 GDP 통계에서도 확인된다. 설비투자에다 건설투자와 무형자산투자까지 합친 '총고정자본형성'(자본투자)의 전년 동기 대비 증가율은 2012년 1분기에는 4.0퍼센트였다가 2분기 -1.6퍼센트, 3분기에는 -2.3퍼센트로 계속 떨어지는 추세였다. 결국 2012년에도 투자실적이 미진하면서 이명박 정부 5년간의 연평균 자본투자 증가율은 0.3퍼센트에 머물렀다. 이는 노무현 정부 때의 3.2퍼센트의 10분의 1에도 못 미치는 수준이다. 한국개발연구원(KDI)은 2013년 경제성장률 전망치를 3퍼센트로 발표하면서 저성장의 핵심 요인으로 투자 부진을 꼽았다. 그렇게 되면 한국경제는 2011년 3.6퍼센트, 2012년 2.4퍼센트에 이어 3년 연속 잠재성장률에도 못 미치는 '저성장의 늪'에 빠질 위험이 크다. 국회예산정책처는 2012년 10월 초에 펴낸 '2013년 및 중기 경제 전망 보고서'에서 2012년부터 2016년까지 5년간의 잠재성장률을 연평균 3.7퍼센트로 추정했다. 이는 금융위기 이전의 4년간(2004~07년) 연평균 4.4퍼센트보다 0.7퍼센트 포인트 낮은 수치이다. 이명박 정부의 감세에도 불구하고 지속적인 투자 부진으로 성장잠재력마저 훼손되고 있는 실정이다.

이처럼 저조한 투자 실적은 재벌들의 당초 약속과는 다른 모습이다. 2012년 2월 전경련은 30대 그룹의 '공격적인' 국내 투자 계획을 151조 4,000억 원으로 사상 최대이자 전년보다 12.3퍼센트 많은 규모로 발표했다. 8월에는 전경련 주도로 경제 5단체와 10개 산업별 대표단체까지 참여하는 '경제살리기특별위원회'를 발족하며 "계획된 투자의 차질 없는 추진"을 거듭 밝혔다. 그러나 정부의 각종 지원과 규제완화에도 불구하고 실제 투자는 거의 '자본 파업'이라 불릴 만큼 저조한 실적을 보이고 있다. 이처럼 감세를 해주어도 투자는 하지 않으면서 여전히 신자유주의 경제학자들은 '감세하면 투자하지'라고 정부와 국민을 놀려댄다.

감세는 정부정책이기 때문에 '시장의 신뢰'를 위해서라도 약속은 반드시 지켜져야 한다. 반면에 재벌의 투자 '약속'은 이행하지 않는다고 해도 제재할 방법이 없다. 정부는 공수표를 남발하는 재벌들에게 읍소하는 수밖에 없다. 이런 불평등한 관계에서 정부가 벗어나려면 감세와 투자를 연계하는 방안을 강구할 필요가 있다. 투자를 전제로 감세해 주는 것이 그 방안이 될 수 있을 것이다. 즉 고용투자세액공제제도를 보다 실효성 있게 개선하는 것이다. 가령 과거 3년의 투자실적에 비례해서 세금의 일정 부분을 환급해 주고 그래도 투자를 늘리지 않으면 거두어들인 세금으로 정부가 직접 공공투자를 시행하면 어떨까?

둘째, 세계 최고의 부자라 불릴 만한 워런 버핏이 나서서 감세를 통렬하게 비판하고 있다. 2010년 한해만 거의 700만 달러의 연방소득세를 낸 억만장자가 미국 정부의 재정적자 해소책으로 자신을 포함한 슈퍼 부자에 대한 증세를 주장하고 나섰다(『한겨레신문』, 2011년 8월 16일자). 그는 『뉴욕 타임스』에 기고한 '슈퍼 부자 감싸기를 멈춰라'라는 제목의 글에서 미국 의회에 연수입 100만 달러가 넘는 부자들에게 증세를 해서 재정위기를 타개할 것을 제안했다. 그는 "미국의 가난한 사람과 중산층이 아프가니스탄에서 우리를 위해 싸우고 가계를 꾸려가기 위해 애쓸 동안 나와 친구들은 억만장자에게 우호적인 의회로부터 우호적인 보살핌을 받아왔다"라고 꼬집으며 "이제 우리 정부는 진지하게 고통분담을 고려할 때"라고 충고했다. 그는 "지난해 내가 낸 연방소득세는 많은 액수처럼 보이지만 이는 내 과세소득의 17.4퍼센트에 불과하며 우리 사무실의 다른 20명보다도 낮은 세율"인데 "이들의 조세부담은 33퍼센트에서 41퍼센트 사이로 평균 36퍼센트"라며 주식투자 등 머니게임의 세율이 근로소득보다 지나치게 낮은 미국 세제를 질타했다. 그는 또 다른 부자감세의 사례로 "1992년 미국의 최고 소득 400명의 총소득은 169억 달러로 소득세율은 29.2퍼센트였으나, 2008년에는 상위 400명의 총소득이 909억 달러로 치솟았는데도 세율은 오히려 21.5퍼센트로 감소했다"라고 지적했다. 버핏은 또한 부유층에 대한 증세가 투자의욕을 꺾을 것이라는 주장에 대해서도 통계를 들어 반박했다. 그는 "60년간 투자자들과 일했으나 자본소득세율이 39.9퍼센트에 달했던 1976~77년에조차 잠재적 소득에 대한 세율 때문에 합리적인 투자를 중지하는 투자자들을 본 적이 없다"라며 "사람들은 돈을 벌기 위해 투자를 하며 잠재적 세금은 그들의 투자를 막지 않는다"라고 강조했다. 그는 세율이 높을수록 일자리 창출에 타격이 될 것이라는 주장에 대해서도 "세금이 높았던 1980년부터 2000년 사이에 거의 4,000만 개의 일자리가 순수하게 새로 생겼다"라고 지적하며 오히려 세율이 낮을수록 일자리가 줄어든다고 반박했다. 그는 부자에게 우호적인 미국 의회에 대해서도 "향후 10년간 재정적자를 1조 5,000억 달러로 감축하는" 구체적인 부자증세 방안을 제시했다. 배당 및 자본소득을 포함한 연간 100만 달러 이상의 소득자에게 즉각 세율을 인상하고, 특히 연간 1,000만 달러 이상의 소득자(2009년 8,274명)에게는 추가 인상률을 적용할 것을 제안했다.

셋째, 감세는 신자유주의의 전도사로 불리는 IMF마저 반대하고 나서는 상황이다. '위기를 위한 재정정책'이라는 보고서에서 IMF는 2008년 글로벌 금융위기에 대한 대응책으로서 투자지출 증대, 선별적 이전지출, 소비세율의 일시적 인하, 실업보험료의 일시적 인하 등을 권고하고 있다. 반대로 권고되지 않는 정책으로서 첫 번째 꼽는 것이 바로 법인세, 배당금세, 자본이득세의 인하이고, 감가상각의 촉진과 같은 특별 조치의 도입에도 반대하며 금융시장 진흥책에도 반대한다(IMF, 2008). 아울러 IMF는 금융위기 직후의 상황에서 효과적이지 못한 거시경제정책으로 두 가지를 지적하고 있다. 하나는 개별 국가의 수출촉진정책이고, 다른 하나는 전통적인 통화전달 메커니즘이다. 전자는 세계경제 전체에는 제로섬게임이므로 적용될 수 없기 때문이고, 후자는 이미 많은 나라들이 통화팽창을 시도했고 금리를 인하할 여지가 적기 때문이다. 그 대안으로 제시되는 것이 지출 확대정책이다. IMF는 일부 나라들은 기존의 국가채무와 대외부채 때문에 지출을 확대할 여력이 없기 때문에 아직 여력이 있는 나라들의 노력이 더욱 절실하다고 주장한다.

제 4 꼼수

사탕발림 — 지금 감세하면 나중에 복지해 주지

지금 감세하면 나중에 복지도 확충할 수 있고 소득불균형도 해소할 수 있다고 주장하는 신자유주의 경제학자도 있다. 이 논객은 "감세를 통해 …… 일자리를 창출해 세입 기반 확대를 통해 확보된 세수입을 복지를 위해 지출"하자는 제안을 하고 있다. 이는 실효성과 일관성, 진정성 등이 모두 결여된 꼼수일 뿐이다. 감세를 통해 일자리가 늘어난 전례도 없고 세수가 늘어날 전망은 더더욱 없다. 이명박 정부 아래에서도 감세는 세수를 감소시켰고 투자는 증가하지 않았다. 세입 기반이 확대되거나 지출을 줄여 흑자재정이 실현되면 신자유주의는 복지지출을 늘리는 것이 아니라 더 많은 감세를 요구했다. 미국의 클린턴 행정부 시절에 공화당이 정확히 그러했다. 1998년 클린턴 정부는 30년 만에 처음으로 재정흑자를 실현했다. 이를 어떻게 사용할지를 둘러싸고 민주당과 공화당 사이에 논란이 일었다. 양당의 정체성과 직결되는 원칙적인 사안이었기 때문에 상당히 치열한 논쟁이 벌어졌다. 클린턴 행정부는 재정흑자를 일부는 국가채무를 상환하고 일부는 교육과 인프라스트럭처 등 공공투자에 사용하고자 했다. 반면에 공화당은 추가 감세의 기회로 삼을 것을 요구했다. 따라서 미국의 경험에서 한국이 교훈을 얻는다면 신자유주의는 세수가 증대되면 감세를 생각할 뿐 지출증대를 생각하는 세력이 아니라는 사실이다. 이처럼 일시적인 재정흑자를 추가 감세의 기회로 삼았던 전력이 있는 공화당의 2012년 대통령 후보경선을 보면서 "감세에서 출발한 복지지출"을 말한다면 공화당 예비후보들이 나서서 "표 떨어진다"라고 정정보도를 요청할 판이다. 신자유주의가 실천하려는 본심을 말하자면, 세입 기반의 확대를 통해 혹시라도 세수입이 확대되면 이는 다시 추가 감세에 활용한다는 것이다. 또 그렇게 솔직하게 말하는 것이 자신들의 논리에도 충실한 것이 된다. 감세가 경제성장을 가져다주는데, 혹시라도 재정흑자가 생긴다면 당연히 추가로 감세해야 경제성장이 더욱 촉진될 것 아닌가? 재정적자가 계속되어도 지출을 더욱 줄이라면서 감세를 추진하던 신자유주의가 흑자가 발생했는데 감세를 중단한다면 그것은 자기모순일 것이다. 결국 "감세를 통해 …… 일자리를 창출해 세입 기반의 확대를 통해 확보된 세수입을 복지를 위해 지출"(참고문헌 〔36〕)한다는 신자유주의 논객의 언급은 한 마디로 당장의 감세를 얻어내려는 '사탕발림'에 지나지 않는다.

미국 재정적자의 역사를 보면 1980년대 신자유주의와 더불어 급증했다는 사실이 여실히 드러난다(〈그림 11〉). 제2차 세계대전 동안 전비 지출로 미국의 국가채무비율은 1949년 GDP 대비 122퍼센트까지 급증했다. 그러나 전쟁이 끝나면서 이 비율은 급감해 1979년에는 32퍼센트까지 떨어졌다. 그러나 1980년대 들어 국가채무는 다시 급증하는 양상을 보여 1995년에는 68퍼센트에 이르렀다. 복지과잉이 미국 재정적자의 원인인가? 결코 아니다. 복지에 관한 한 미국은 오히려 최소복지의 모범 사례로 간주된다. 최소복지의 이면에

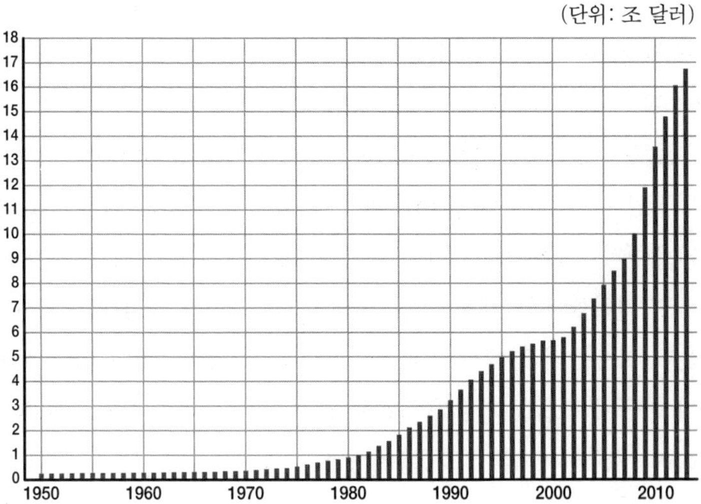

〈그림 11〉 미국의 국가채무

는 언제나 신자유주의의 최소주의 국가관이 자리 잡고 있다. 그러므로 복지에 반대하는 신자유주의 경제학자들은 재정적자 문제가 나오면 미국을 숨기고 싶어한다. 1980년대 레이건 행정부 시절의 방대한 적자, 이른바 '레이건 적자'는 한 마디로 지출 삭감보다 감세가 더 많았기 때문에 발생했다. 감세는 일단 이루어지고 나면 미국처럼 국가나 관료주의에 대한 혐오감이 강한 나라에서는 다시 증세로 돌아가기가 매우 어렵다. 감세 후에 재정적자가 발생하거나 커지면 증세가 아니라 지출 감축으로 해결해야 한다는 논리가 레이건 행정부를 지배했었다. 혹시라도 민주당이 집권하더라도 지출 삭감을 계속 추진할 수밖에 없도록 '대못질'을 한 것이다. 이른바 '거인 굶겨 죽이기'(Starve the Leviathan) 정책이었다(알레시나 Alesina, 2000). 이때 지출삭감을 장기적으로 실행할 수 있는 거의 유일한 방법이 바로 사회보장지출을 삭감하는 것이다. 2012년 미국 공화당 대통령 후보 밋 롬니(Mitt Romney)의 핵심공약이 바로 오바마의 건강보험 개혁을 전면 폐기하는 것이었다.

글로벌 금융위기 이후 미국은 '규제완화로 경제성장에 성공한 모범적인 나라'에서 '규제완화 때문에 망한 나라'로 분류되고 있다. 신자유주의 경제학자들에게도 미국은 이제 '모범생'에서 '낙제생'으로 급전직하했다. 그래서 유럽 재정위기를 빌미로 부활을 시도하고 있는 신자유주의 경제학도 미국 이야기는 안 한다. 행여 다른 사람들이 미국에 관심을 가질까 두려워 자꾸 다른 나라 이야기로 관심을 돌리려 애쓴다. 인생사가 새옹지마라고 했으니 언젠가는 다시 모범생이 될 수도 있지 않을까? 지극히 회의적이다. 금융회사에 대한 강력한 규제 의지는 금융위기 직후에 비해 크게 퇴색했고, 미국이 투기적 금융자본의 본산으로 되살아나 미국 경제는 또 다른 금융위기를 향해 질주하고 있다.

이 신자유주의 논객에 따르면 감세는 "경제가 성장하면서 소득불균형을 해소할 수"(참고문헌 〔36〕) 있게 되는 상황의 출발점이다. 그렇지만 신자유주의 30년 사이에 이런 상황이 실제로 도래한 나라는 지구상에 하나도 없다. 감세에서 출발한 성장정책은 모든 나라에서 예외 없이 소득불균형을 더욱 악화시킨 것으로 나타났다. 미국이 그렇고, 독일이 그렇고, 한국이 그렇다. 신자유주의 경제학이 던지는 메시지는 허점투성이이지만 단순하다. 가장 큰 약점은 현실 타당성이 없다는 사실이다. 그래도 인적 · 물적 자원을 동원해서 반복적으로 전달되다 보면 세뇌효과가 있다.

제5꼼수

손바닥으로 하늘 가리기 — 복지 때문에 재정위기 왔다

한국의 신자유주의 경제학은 유럽의 재정위기를 복지국가 탓으로 돌리면서 국내에서 확산되고 있는 복지국가 열망에 찬물을 끼얹으려 하고 있다. 반면에 2008년 금융위기에 대응하기 위한 정부지출 증가가 작금의 재정위기의 원인이라는 사실을 인정하는 신자유주의 논객도 있기는 하다(참고문헌 〔48〕). 하지만 이 논객도 신자유주의의 '작은 국가론'을 버리지는 않는다. 즉 정부와 여당이 균형재정을 달성하기 위한 전략으로서 세입확대와 지출축소를 두고 논쟁을 하는 상황에서 정부의 지출축소를 중심으로 재정균형을 달성할 것을 지지하고 나섰다. 그 이유는 간단하다. 지출축소는 "자동적으로 증가하는 경향이 강한 사회복지예산 등을 태클하기 때문이다." 결국 복지를 희생해서 지출을 축소함으로써 재정균형을 달성하자는 주장이다. 이에 대해서는 두 가지 측면에서 비판할 수 있다. (1) 세입증대가 아니라 지출축소를 통해 재정균형이 달성되어야 지속 가능하다는 주장에 대한 비판과 (2) 복지지출이 먼저 감축되어야 효과적이고 효율적이라는 주장에 대한 비판이다.

먼저 비판 (2)를 보자. 복지지출이 먼저 감축되어야 효과적이고 효율적인 이유로 이 논객은 세 가지를 제시하고 있다. 첫째, 복지지출은 소비성이기 때문에 그 감축은 투자성 지출감축보다 재정건전성 제고에 더 효과적이다. 둘째, 복지공급이 정부에서 시장으로 전환되면 자원배분의 효율성을 높일 수 있다. 셋째, 정부가 복지공급을 줄이면 그동안 위축되었던 기부자들의 자선활동이 활성화되기 때문에 더욱 효율적으로 복지가 제공될 수 있다.

이 주장이 복지의 공급 주체를 정부뿐만 아니라 가족과 시민사회는 물론 시장까지 포함시키는 '복지다원주의' 시각이라면 일고의 가치가 있겠지만 속내를 찬찬히 들여다보면 그렇지 않다. 복지국가에 반대하면서 복지지출 축소를 정당화하려는 속셈이다. 그런데 이 신자유주의 논객이 정부의 복지지출을 먼저 감축해야 한다면서 내세우는 이유는 적어도 한국 실정에서는 타당할 수 없다.

첫째, 정부 대신 시장이 복지를 공급하면 효율적이라는 주장은 초점을 빗나가도 한참 빗나갔다. 시장에서 공급되는 복지란 취업을 전제로 하는 것이기 때문에 통상적으로 말하는 복지와는 아무 상관없다. 그리고 그동안 시장에서 공급되지 않았기 때문에 이제는 국가가 나서야 한다는 복지확충 요구에 맞서 계속 시장이 공급할 때까지 기다리라는 것도 참으로 한가하면서도 무책임한 말이다. 취업을 위해 이리 뛰고 저리 뛰는 학생들에게 소비는 취업할 때까지 기다리라는 말은 너무 잔혹하다. 아파트 한 채 끌어안고 정년퇴직한 50대 후반이 생계를 위해 시장에서 기대할 수 있는 것이 아파트를 파는 것 말고 무엇이 있겠는가?

둘째, 정부가 복지를 줄이면 기부가 활성화될 것이라는 주장을 믿는 한국인은 아마도 이 논객 말고는 없을 것이다. 기부문화가 인색하기로 정평이 나 있는 한국에서 이 주장은 그냥 '말을 위한 말'에 지나지 않는다. 복지국가 반대론치고는 궁색하기 그지없다. 세금을 더 내기보다 기부하겠다는 말인가? 차라리 세금을 많이 내면서 기부하는 셈 치라는 주장이 더 설득력이 있지 않을까? 미국에는 그래도 '자본주의의 건전성'을 위해 전 재산을 기부하는 부자들이 적지 않지만 한국에서는 흔쾌하게 사회적 공헌에 나서는 부자가 '모래사장에서 바늘 찾기' 아닌가? 결국 복지지출을 줄이라는 요구는 시장에서 경제활동을 통해 자기 힘으로 생계를 꾸려가는 인구를 제외하고 나머지는 버려두고 가자는 말이다.

셋째, 복지지출이 결코 소비성 지출이라고 폄하되어서는 안 된다. 투자지출뿐만 아니라 소비지출도 경제성장과 세입확대에 이바지하기 때문이다. 복지지출은 경제학원론에서 말하는 '재정의 자동안정장치'의 중요한 한 축을 담당한다. 가령 경기가 안 좋아져 실업이 증가하면 복지지출인 실업급여 지출이 증가해 이것이 소비로 연결되면서 경기하강을 일부 완화할 수 있다. 그래서 복지제도가 잘 갖추어진 나라일수록 경기변동에 강한 모습을 보인다. 아무리 감세를 해주어도 투자는 하지 않고 현금만 잔뜩 쌓아놓고 있는 기업의 행태보다는 오히려 '소비성 지출'인 복지지출이 경제성장에 훨씬 도움이 된다. 아울러 복지지출을 소비성 지출로 폄하하는 것은 신자유주의 경제학의 정태적 사고의 한계를 그대로 보여주는 주장이다. 소비는 소비로 그치는 것이 아니라 다음 생산을 위한 출발점이다. 소비를 하지 않으면 생산도 불가능하다. 그리고 소비는 경제활동의 최종 목적이다. 소비를 폄하하는 신자유주의 경제학은 본말이 전도된 경제학이다. 나아가 복지가 경제성장에 필수적인 인적자본의 유지와 개선에 이바지한다는 사실은 일부 신자유주의 경제학자들도 인정한다. 살아 숨쉬는 인간이 실종된 신자유주의 경제학이 상상하듯이 노동은 단지 생산요소에 그치는 것이 아니다. 노동은 살아 있는 인간만이 수행할 수 있는 활동이다. 그러므로 살아 있는 사람이 없으면 성장도 없다. 성장을 비로소 가능하게 하는 사람을 보존해주는 것이 바로 복지이다. '생산적 복지'와 '사회투자국가' 개념에 대한 일말의 이해가 있었다면 이런 복지 폄하는 있을 수 없었을 것이다.

이제 비판 (1)로 가보자. 재정건전성을 지속적으로 회복하기 위해서는 지출감축이 더 효과적이라는 주장인데, 이마저도 꼼수들로 가득 찬 허구에 지나지 않는다. 신자유주의 경제학에서 매우 중요한 주장이니 자세히 살펴보자. 이 논객에 따르면 지출축소가 효과적인 이유는 세입확대가 사회적 비용(후생손실)을 초래하기 때문이다.

> "세입 확대를 위해 흔히 사용되는 소득세나 법인세 등의 세율을 인상할 경우 근로자의 노동의욕과 기업의 투자의욕이 저해되어 사회적으로 필요한 노동공급과 자본공급은 감소되고 이로 인해 사회적 비용이 발생할 수 있다"(참고문헌 〔49〕).
>
> "…… 고용구조에서 자영업자의 비중이 높아 지하경제가 발달되어 있는 우리나라의 경우 세율 인상은 근로자의 노동공급을 감소시킬 뿐만 아니라 자영업자의 탈세를 증가시켜 사회적 비용을 한층 더 높일 수 있다. …… 소비세율(부가가치세율)을 인상할 경우 추가된 세수 1원당 1.7140원(추가된 세수 1원 + 추가된 세수 1원당 한계초과부담), 소득세율을 인상할 경우 2.0187원의 사회적 비용이 요구된다"(참고문헌 〔49〕).

여기에서 금방 눈에 띄는 꼼수 한 가지는 소득세와 소비세만을 분석 대상으로 선정하고 법인세 인상에 대해서는 기업투자를 위축시킨다는 언급만 하며 탈세문제와 연관시켜 논의하지는 않고 있다는 점이다. 마치 재벌들은 탈세와 무관한 집단인 것처럼 말이다. 논리의 일관성과 완결성을 유지하려면 법인세 인상이 초래하는 투자위축과 탈세로 인해 얼마나 큰 사회적 비용이 발생하는지도 분석에 포함했어야 할 것이다. 그래야 기업의 입장에서 정부에 법인세를 계속 인하하라는 설득력 있는 압력이 될 수 있지 않았을까? 괜스레 자영업자 핑계를 대면서 "자영업자의 비중이 높은 나라일수록 직접세(소득세)보다 간접세(소비세)를 이용하는 것이 재정건전성에 바람직하다"(참고문헌 〔49〕)라고 주장하는 것은 자영업자 뒤에 숨어서 자기 욕심을 숨기는 비겁한 처사이다. 그리고 조세 저항을 감안해서 직접세보다 간접세를 이용해 재정건전성을 높이는 일이 엄밀히 말해 용이할지언정 '바람직한' 것은 결코 아니다. 조세 정의에 위배되기 때문이다. 그리고 소득세율을 낮추거나 높이지 않으면 누구보다도 고소득층이 수혜자가 된다는 점은 세 살 먹은 어린아이도 안다. 중산층의 세부담 경감을 내세우면서 부자들의 실속을 채워주려는 꼼수는 이제 그만두자.

이제 이 신자유주의 논객의 주장을 본격적으로 검토하기에 앞서 먼저 한 가지 부연 설명을 하자면, 이 논객이 사회적 비용을 추정하기 위해 사용하는 범주는 한계공공기금비용(MCP; marginal cost of public funds)으로서 이는 추가된 세수에 한계초과부담(MEB; marginal excess burdens)을 더한 값이다. 이 값이 언제나 1보다 큰 이유는 세율 인상이 노동자와 자영업자의 노동시간을 줄이기 때문이라고 주장한다. 그리고 소비세를 인상할 때보다 소득세를 인상할 경우에 더 큰 사회적 비용(후생손실)이 발생하는 이유는 자영업자의 탈세가 늘어나기 때문이라고 주장한다(참고문헌 〔49〕). 여기에는 신자유주의 경제학이 입버릇처럼 요구하는 감세와 재정지출감소가 과연 타당한지 판정하는 데 필요한 매우 중요한 전제들이 포함되어 있다. 이 전제들이 성립하지 않으면 이 논객의 감세와 지출감축 주장은 허무맹랑한 것이 된다.

첫 번째 전제는 세율이 높아지면 노동자와 자영업자의 노동시간이 줄어든다는 것이다.

두 번째 전제는 소득세율이 높아지면 자영업자 탈세가 증가해 세수가 줄어든다는 것이다.

세 번째 전제는 법인세를 인상하면 투자가 줄어든다는 것이다.

첫 번째 전제부터 살펴보자. 세율을 인상하면 노동공급이 줄어든다고 했는데, 과연 그러한가? 엄밀하게 말하자면, 세율이 노동공급에 끼치는 영향은 직접적이 아니다. 반드시 세후 소득을 매개로 할 때만 영향을 끼친다. 이 논객이 주장하고자 하는 바는 세율 인상으로 세후 소득이 감소하면 노동시간을 줄이고 싶어하고, 반대로 세율 인하로 세후 소득이 증가하면 노동시간을 늘리고 싶어한다는 논리일 것이다. 이것이 과연 현실에 부합되는 전제인가? 세후 소득이 줄어들면 일을 더 적게 하고 세후 소득이 늘어나면 일을 더 많이 하는가? 현실은 오히려 정반대이다. 먼저 역사적으로 비교해 보자. 제2차 세계대전 직후에는 선진국의 법정 노동시간이 48시간이었지만 지금은 40시간 또는 그 미만으로 줄어들었다. 임금이 낮아졌기 때문인가? 아니다. 한국도 1960~70년대에 비해서는 현재 노동시간이 상당히 줄었다. 임금이 낮아져서 그런 것일까? 다음으로 횡적으로, 나라별로 비교해 보자. 1960~70년대, 아니 지금도 한국이 세계 최장 노동시간을 자랑하는 이유가 임금이 높기 때문인가? 독일의 경우 통일되기 이전에 사용자와 노조는 주 35시간노동제 도입에 합의했다. 통일 직후 통일비용 조달로 인해 완만했던 임금인상이 21세기에 들어서는 실질임금의 정체와 하락으로 이어졌다. 이 과정에서 노동시간은 오히려 통일되기 이전보다 더 길어져 41시간을 넘고 있다. 현대자동차 노동자들이 잔업에 악착같이 매달리는 이유도 하루 8시간만 일해서는 충분한 소득을 가져갈 수 없다고, 즉 임금이 낮다고 여기기 때문이다. 어느 나라든 저임금 부문일수록 노동시간이 길다. 대부분의 노동자들은 일정한 임금(소득) 수준에 이를 때까지는 노동시간을 늘리고자 한다. 노동시간이 줄어들려면 가처분소득(임금)이 일정 수준을 넘어서 노동자들이 노동보다 여가를 선택할 수 있어야 한다. 결국 세율을 높이면 노동시간이 줄어들 것이라는 주장은 현실적으로 아무런 근거가 없다. 작금에 한국에서 논란이 되고 있는 소득세 최고세율 인상도 노동공급에 끼치는 영향은 없을 것이다. 현재 최고소득세율 38퍼센트를 적용받는 3억 원 이상의 고소득 노동자나 자영업자가 얼마나 되겠는가? 사실 신자유주의 경제학자가 내심 걱정하는 것은 세율 인상으로 인해 자산소득계층에게 소득감소가 발생하는 사태일 것이다. 그런데 이들도 노동공급과는 전혀 상관이 없다.

설혹 세율이 상승해서 노동자가 노동시간을 줄이려는 의향을 가진다고 할지라도 실제로 노동자에게 그처럼 노동시간을 줄일 기회가 주어지느냐 하는 것은 또 다른 문제이다. 최악의 경우 세율이 높아져 세후 소득이 줄어든다고 해도 노동자가 근무시간을 임의로 줄이고 일찍 퇴근하는 일은 한국에서 상상할 수도 없다. 하루 또는 주당 노동시간이 정해지면 세율이 오르거나 내리거나 상관없이 그 시간을 지켜야 하는 것이 현실이다. 이 신자유주의 논객이 주장하듯이 세율이 올랐다고 노동자가 화나서 일찍 퇴근해도 괜찮은 세상이 한국에도 빨리 왔으면 오히려 좋겠다. 아니 그렇지는 않더라도 하루 8시간 일하고 나면 눈치 보지 않고 퇴근할 수 있고, 집으로 일거리를 가져가지 않아도 되고, 5일 근무하고 나면 주말에 가족과 바닷가에 갈 수 있는 경제가 되었으면 좋겠다.

두 번째 전제는 논란도 많은 '래퍼 곡선'(Laffer Curve)이다. 세율이 0퍼센트면 세수도 0이다가 세율이 점차 상승하면서 세수도 증대되지만, 어느 점(세율)을 넘어서면 사람들이 일을 적게 하거나 탈세를 해서 세수가 줄어들다가 마침내 세율이 100퍼센트가 되면 세수는 0이 된다는 가설이다. 이 가설의 핵심과제는 세수를 극대화하는 세율을 발견하는 것이지만, 이에 대해서는 아무런 이론적 설명도 없을뿐더러 실증연구결과도 편차가 크다. 가령 폴 페커리노(Paul Pecorino)는 세수를 극대화하는 세율이 65퍼센트라는 모델을 개발한 데 반해 Y. 싱(Y. Hsing)은 1996년 미국의 연방세를 예로 들어 32.67~35.21퍼센트가 극대화세율이라는 결과를 제시했다. C. E. 스튜어트(C. E. Stewart)는 1970년대 스웨덴의 경우 70퍼센트가 극대화세율이었다고 주장했다(위키피디아, '래퍼 곡선'). 이처럼 극대화세율이 불확실하다 보니 각 나라의 세율이 포물선 모양을 가진 래퍼 곡선의 왼쪽에 있는지 오른쪽에 있는지, 따라서 세율을 올리는 것이 세수를 늘리는지, 줄이는지를 판단하는 것은 불가능하다. 그럼에도 신자유주의 경제학에서는 감세의 필요성을 내세우는 데 중요한 근거로 지금도 마냥 '탈세론'을 내세우고 있다. 마치 부자들이 탈세하는 것이 높은 세율 탓인 것처럼. 논리적으로 본다면, 세율 인상이 탈세로 인해 세입 감소를 초래한다면, 반대로 세율 인하는 탈세를 줄여 세입 증대를 가져다주어야 할 것이다. 실제로 그러한가? 2005년 부시 행정부 시절 미국 상원예산국(CBO)이 공개한 「소득세율 10퍼센트 인하의 경제적 · 재정적 영향 분석」(Analyzing the Economic and Budgetary Effects of a 10 Percent Cut in Income Tax Rates)이 있다. 여기에서 상원예산국은 소득세율 인하가 장래의 경제성장 전반, 나아가 장래 세입에 끼치는 영향을 분석했다. 가장 낙관적인 성장 전망 아래에서도 세율 인하는 28퍼센트의 세입 감소를 초래하며,

이 감소한 세입을 원상회복할 때까지는 10년이 걸리는 것으로 예측되었다. 세입 감소에 따라 재정적자가 증가해서 10년 동안 이자지출만으로도 2,000억 달러를 추가 부담해야 할 것으로 예측되었다. 그렇다면 미국 재정건전화를 위해서는 소득세율을 낮추어서는 안 된다는 결론이다. 한국의 세율 인하 경험은 어떠한가? 이명박 정부가 추진한 감세정책이 가져다준 결과는 2년 만에 7조 원이 넘는 대기업 법인세 감소로 나타났다. 임기 5년 동안 거의 100조 원에 달하는 세수 감소가 예상되고 있다. 그리고 감세정책을 정체성의 일부로 간주하는 이명박 정부 스스로도 감세를 계획한 해에는 언제나 세입 감소를 예상하고 재정계획을 수립했다. 세율을 낮추면 세입이 늘어날 것이라고 믿지 않았던 것이다.

그리고 세율을 높이면 탈세가 증가해서 오히려 세수가 줄어든다는 주장은 결국 탈세를 뿌리 뽑으려면 세금을 걷지 말아야 한다는 황당한 논리가 된다. 탈세를 조사해서 가산금과 함께 엄중하게 징수해야 그래도 '일하는 정부'의 모습이 아닐까? 명색이 경제학자가 탈세를 엄중하게 추궁하지 않는 정부를 나무라는 것이 아니라 '세율이 높아 탈세가 발생하고 있으니 세율을 낮추라'라고 주장하는 것은 본분을 망각한 언행이 아닐 수 없다. 세율이 높다고 탈세하는 납세자는 세율이 낮아도 탈세한다. 탈세율은 세율의 함수가 아니다. 탈세 문제에는 '범죄의 경제학'의 관점에서 접근해야 한다. 탈세라는 범죄를 시도할 때 '합리적 개인'은 탈세로부터 얻는 예상수익과 탈세에 수반되는 예상비용을 비교해서 의사결정을 내린다. 가령 100만 원을 탈세하고자 할 때 그 범죄가 발각될 확률이 10퍼센트이고 발각되었을 때 내야 하는 추징금이 200만 원이라 가정하자. 그러면 100만 원의 예상이익을 위해 부담해야 하는 예상비용은 200만 원×10퍼센트＝20만 원이 된다. 이 경우 이 개인은 당연히 탈세할 것이다. 반면에 정부가 탈세범 수사를 강화해서 적발 확률을 50퍼센트로 높이고 과징금도 징벌적 손해배상을 도입해 탈세액의 3배로 높인다고 가정하자. 이 경우 예상비용은 100만 원×50퍼센트×3＝150만 원이 되어 예상이익 100만 원보다 많게 된다. 이 경우 '합리적 개인'은 탈세하지 않을 것이다. 2011년 일부 인기 연예인들의 탈세와 추징금에 관한 보도가 이어진 적이 있었다. 그 소식을 접한 국민들의 반응은 추징금이 고작 그 정도냐는 것이었다. 이들이 세율이 높아 탈세했다는 말은 들을 수 없었다. 제대로 적발하지도 못하고 추징금도 적으면 탈세는 계속된다. 탈세는 세율을 낮추어 해결할 것이 아니라 탈세범 색출 강화와 추징금 인상으로 해결해야 할 것이다. 진정으로 탈세를 걱정한다면.

세 번째 전제가 사실은 신자유주의 경제학의 속내가 가장 잘 드러나는 부분이다. 세금이 너무 많아 투자를 못하겠으니 세금을 낮추라는 것과 감세하면 투자를 더 하겠다는 것이다. 이에 대해서는 먼저 버핏이 "세금이 무서워 투자를 못하는 자본가는 여지껏 보지 못했다"고 통렬하게 반박한 바 있다. 그리고 세금을 줄이면 투자가 증가할 것이라는 주장도 그럴듯하게 들릴 뿐이지 사실은 아니다. 이에 대해서는 이미 앞에서 자세히 비판했다.

지출 억제를 통한 재정건전화에 관해 신자유주의 논객이 설정하고 있는 세 가지 전제에 대한 평가 결과를 종합해 본다면, 첫 번째 전제는 현실과는 동떨어지고, 두 번째 전제는 이론적으로는 불확실하고 실증적으로는 현실과 반대되며, 세 번째 전제는 현실에서 전혀 근거가 없는 것으로 드러났다. 이 세 가지 전제에 입각해서 지출 감축을 통해 재정건전성을 달성하는 것이 효과적이라는 주장은 세금

내기 싫다는 속내를 달리 표현하는 허구에 지나지 않는다.

이제 마지막으로 한계공공기금비용(MCP) 개념을 이용한 꼼수를 보자. 이 개념은 세율인상으로 추가세입을 마련할 때 소요되는 사회적 비용을 측정한다. 경제학에서는 비용을 거론하려면 편익과 비교하는 것이 기본인데, 이 신자유주의 논객은 이 기본을 무시하고 있다. 편익은 고려하지 않고 비용만 내세우는 것은 처음부터 하지 말라는 뜻이다. 그래도 일단 이 신자유주의 논객이 산출한 MCP 1.7140원(소비세)과 2.0187원(소득세)이 정확하다고 하자. 이만큼의 사회적 비용을 들여 거두어들인 1원으로 정부는 무엇을 할까? 곳간에 쌓아두지는 않을 것이고 어떤 형태로든 지출할 것이다. 그러면 여기에서 지출승수가 작동한다. 1원의 지출 증가가 처음에는 1원만큼의 경제성장을 가져다주지만 시간이 지나면서 경제성장 효과는 누적된다. 이 지출승수의 크기에 대해서는 경제학자들 사이에서도 논란이 많다. 낙관적인 전망치에 속하는 로머-번스타인(Roemer-Bernstein) 모형에서는 지출이 이루어진 처음 4년 동안 각각 1.44, 1.57, 1.57, 1.55의 승수효과가 기대되는 데 비해, 비관적인 슈메츠-바우터스(Smets-Wouters) 모델에서는 각각 0.89, 0.61, 0.44, 0.40의 승수효과가 측정되었다(코건 Cogan 외, 2010). 설혹 5년째부터는 승수효과가 발생하지 않는다고 할지라도 낙관적으로는 6.13(=1.44+1.57+1.57+1.55), 비관적으로 보아도 2.34(=0.89+0.61+0.44+0.40)의 승수효과가 기대되는 셈이다. 이제 비용과 편익을 비교해 보자. 1원을 거두어들일 때 발생하는 사회적 비용은 1.7140원(소비세)이나 2.0187원(소득세)인데, 이를 지출하면 최소한 2.34원의 지출승수효과가 기대된다. 그렇다면 정부는 어떻게 해야 할까?

지금까지의 검토를 종합해 보건대, 재정건전성을 가장 효과적이고 효율적으로 회복하려면 복지지출 감축을 통해 세출을 줄여야 한다는 신자유주의 경제학의 요구는 '손바닥으로 하늘을 가리려는 꼼수 백화점'이다.

제6꼼수
과대망상 — 재벌이 국민경제다

한국의 신자유주의 경제학자들은 재벌들의 이익을 한국경제의 이익과 등치시키는 꼼수를 부린다. 사실 재벌이 한국경제에서 차지하는 비중에 비추어볼 때 이 주장이 아주 허무맹랑하다고 공박할 수도 없지만 정부 정책의 관점에서는 당연히 비판적으로 접근해야 할 억지이다. 가장 비근한 예가 '계열사 일감 몰아주기'를 둘러싸고 정부, 시민사회와 재벌, 신자유주의 경제학 사이에서 벌어지고 있는 논란이다. 일감 몰아주기를 재벌들의 편법증여 및 상속의 수단으로 규제하려는 움직임에 맞서 한 신자유주의 논객이 다음과 같은 논리로 방어를 시도하고 있다.

> "계열사 간 거래는 거래비용을 절감하고 자원의 효율적 재분배를 달성시켜주며, 위험분산을 가능하게 하고, 수익의 투명성을 높여준다" (참고문헌 [9]).

그럴듯한 말이다. 정확히 말하자면 누구의 관점에서 바라보느냐에 따라 이 네 가지 장점은 모두 살아남을 수도 있고 일부는 사라질 수도 있다. 그 이유는 자원의 효율적 배분과 위험 분산이라는 장점군(A)과 거래비용 절감과 수익의 투명성이라는 장점군(B)이 동시에 성립하려면 별개의 조건이 필요하기 때문이다. 일단 모기업의 관점에서 보자. 그러면 계열사 설립은 A를 가져다준다. 일단 계열사가 설립되고 나면 물론 비계열사와의 거래에 비해서는 계열사와의 거래가 B를 가져다준다. 그렇지만 이 B는 계열사를 모기업으로 통합하면 더 커질 수 있으므로 계열사의 존재를 불필요하게 만든다. 아무리 계열사라 할지라도 독립적인 법인으로 설립되고 나면 모기업이 스스로 해결하는 것보다 거래비용이나 회계 투명성에서 차질이 발생할 수 있기 때문이다. 그러므로 모기업의 관점에서 본다면 A는 장점이지만 B는 오히려 단점이 되기 때문에 A의 장점이 단점으로 변한 B에 의해 상쇄될 수 있다.

장점 B를 유지하려면 한 가지 조건이 충족되어야 한다. 계열사를 설립해야 할 필요성을 강화하는 것이다. 그것은 모기업과 계열사의 이해관계를 다르게 만드는 것으로서 가령 총수 일가가 소유하는 계열사를 설립하면 된다. 그러면 총수 일가는 A뿐만 아니라 B까지도 실현하면서 이윤극대화를 꾀할 수 있게 된다. 소유가 널리 분산되어 있는 모기업에 투자하는 것보다 총수 일가가 100퍼센트 소유한 계열사를 설립해서 일감을 몰아주는 것이 더 많은 이윤을 가져다주기 때문이다. 이로 인해 모기업에서 발생할 잠재이익이 계열사로 이전되는 일이 벌어질 수 있다. 모기업에 투자한 주주의 이익을 해치면서 총수 일가의 이익을 키우는 것이다. 현대자동차와 거래하는 현대모비스와 현대글로비스를 생각해 보면 금방 알 수 있다. 결론적으로, 신자유주의 경제학자가 계열사 간의 거래에 관한 정당성을 뒷받침하기 위해 제시하는 네 가지 동기(장점)를 한국경제의 현실에 비추어 세밀하게 관찰해 보면 총수 일가의 경제적 이익을 극대화하려는 변명에 지나지 않는다는 사실을 알 수 있다.

끝으로 일감 몰아주기를 규제하려는 방침에 대해 "계열사 간 거래비율에 따라 증여를 판단하거나 비례하여 과세하는 것이 기업집단을 형성하는 근본 이유에 대해 이해하지 못한다"(참고문헌 〔9〕)고 투정을 부리는 것도 재벌 이익을 옹호하려는 변명에 지나지 않는다. 과세의 주체인 국가는 재벌들과는 다른 관점에서 계열사 간 거래에 접근해야 하기 때문이다. 재벌들은 특히 총수 일가의 관점에서 판단하지만 국가는 언제나 "기업집단을 형성하는 근본 이유"를 잘 알고 있기 때문에 국민경제의 관점에 입각해서 정책을 집행하는 것이다. 그렇다면 국민경제의 관점에서 볼 때에도 계열사 간 거래가 효율성을 높이게 될까? 전혀 그렇지 않다. 오히려 정반대이다. 계열사 간 거래는 다른 기업의 시장 진입을 차단해 경쟁을 제한하고 독과점시장을 형성하는 것과 같다. 그래서 시장 진입이 차단되면 재벌에 경제력이 집중된다. 아울러 계열사에는 안정적인 거래선이 확보되기 때문에 경쟁 압력이 떨어져 다양한 혁신이 저해될 수 있다. 그리고 재벌 차원에서는 세금을 절약하기 위해 이윤을 적절히 계열사 간에 분산시키므로 국가의 조세수입이 줄어들 수 있다. 또한 모기업과 거래하는 (비상장) 계열사의 주식을 총수 일가가 보유하고 있는 경우에는 사실상 편법증여가 이루어진다. 그렇기 때문에 국가는 당연히 재벌들이 행하는 계열사 간 거래를 규제해야 한다. 경제력 집중을 억제하고 혁신을 촉진하며 세수를 늘이고 법질서를 확립하기 위해서.

그밖에도 계열사 간 내부거래를 옹호하는 논리는 또 있다. 아무런 연고가 없는 회사와 거래를 할 경우에는 "사업에 대한 이해의 정도가 적고 상업비밀의 유출위험 등이 있어 상당한 거래비용이 소요"되기 때문에 계열사 간 내부거래가 이루어진다는 주장이 그것이다

(참고문헌 〔17〕). 그런 경우라면 계열사를 만들 필요도 없지 않은가? 거래비용이 아예 발생하지 않도록 그냥 모기업 내에서 처리하면 될 것이 아닌가? 만들지 않아도 되는 계열사를 만들어 놓고 비계열사와 비교하는 것이야말로 꼼수이다.

'계열사 일감 몰아주기'처럼 미시적 효율성이 거시적 효율성을 해치는 사례는 얼마든지 있다. 가령 독일과 프랑스 등 유럽 국가들이 계획하고 있는 데저테크(DESERTEC) 프로젝트가 그것이다. 이것은 사막을 뜻하는 desert와 기술을 뜻하는 technology의 합성어이다. 서부 사하라 사막의 일부에서 태양열과 태양광, 풍력 등으로 발전을 해서 유럽은 물론 전 세계에 전력을 공급하려는 야심 찬 프로젝트이다. 이 프로젝트가 성공하면 지구온난화의 주범인 이산화탄소의 발생을 급감시켜 2050년까지 지구온난화를 멈추게 할 수 있는 것으로 평가된다. 1970년대 초 '성장의 한계'를 처음으로 지적한 '로마 클럽'(The Club of Rome)이 2003년에 주도적으로 시작한 이 프로젝트에는 유럽과 아시아, 아프리카의 많은 전문가들이 적극적으로 동조하고 있다. 그런데 지금까지 아무런 진척이 없다. 그 이유는 투자자가 없기 때문이다. 수백조 달러로 추정되는 금융자본이 지구온난화를 한꺼번에 해결할 수도 있을 것 같은 이 프로젝트에 아직까지 한 푼도 투자하지 않는 이유는 무엇일까? 이윤 극대화라는 효율성 기준에 아직(!) 부합하지 않기 때문이다. 현재 이 프로젝트는 그간의 논란을 거치면서 추진 주체가 양분된 상태이다. 하나는 데저테크재단으로, 직원 30명이 기부금을 받아 운영하는 공익재단이다. 이들은 아이디어는 많지만 돈이 없기 때문에 전 세계를 돌아다니면서 자신들의 이상을 실현하기 위한 선전활동을 하고 있다. 두 번째 단체는 데저테크산업구상(DII; Desertec Industry Initiative)이다. 이 단체는 RWE(Robert William Environmental)과 에온(Eon) 등 독일 에너지 기업과 발전설비업체인 지멘스사(Siemens AG), 그리고 도이치방크, 뮌헨재보험(Munich Re), 유니크레디트(Unicredit) 등 대형 금융회사를 포함하는 60여 개 기업의 컨소시엄이다.

이 두 단체가 분열하게 된 근본적인 이유는 이 프로젝트를 통해 달성하려는 목표가 상충하기 때문이다. 데저테크재단이 에너지 문제와 지구온난화의 해결이라는 '이상주의'를 목표로 하는 데 반해 DII는 이윤 극대화를 목표로 하고 있다.

현재 데저테크재단은 튀니지에 수천 개의 거울을 설치해서 태양광을 수집하고 이것으로 물을 데워 증기기관으로 전기를 얻으려는 시범 프로젝트를 구상하고 있다. 2016년부터 이 발전을 통해 얻을 수 있는 전력량은 2기가와트로, 중간 규모의 원자력발전소 두 개에서 얻을 수 있는 양이다. 이 전력을 지중해 전송망을 통해 이탈리아에 공급할 수 있다고 한다. 이 프로젝트에 대해 DII는 단지 '허수'에 지나지 않는다고 폄하하고 있다. DII는 데저테크 프로젝트 자체에 대한 관심은 크게 줄었지만 완전히 포기하지는 않은 것으로 보인다. 에온이 모로코에서 추진하고자 하는 파일럿 프로젝트를 보면 그것을 알 수 있다. 이 프로젝트는 서부 사하라 사막에 500메가와트 규모의 태양열/태양광 발전소를 건설해서 2016년부터 모로코와 스페인에 전력을 공급한다는 구상이었다. 그런데 이 프로젝트가 높은 투자비 때문에 일단 150메가와트로 축소되었다. 그에 소요되는 투자자금이 6억 유로인데 이마저도 에온은 '사업상 커다란 리스크'가 수반된다는 이유로 주저하고 있다(참고로 에온의 연간 매출액은 1,150억 유로이다). 이 커다란 위험이란 다름이 아니라 사막의 태양열 전기가 현재 킬로와트당 약 22센트인데 모로코의 전기 가격은 정부 보조를 받아 4센트에 지나지 않기 때문이다. 현재 에온은 차액 18센트를 독일 정부가 지원해 주기를 요청한 상태다. 명분은 EU가 설정하고 있는 기후변화 목표와 개발원조에 부합되기 때문이다. 18센트씩 20년간 지원하면 약 15억 유로가 되는데 당장 EU에서 그 금액을 지원할 수 있는 프로그램은 없다. 그래서 DII는 그러한 프로젝트를 지원할 수 있는 '재생에너지법'을 제정할 것을 독일 정부에 요구하고 있다. 지금까지 독일 내 개인 재생에너지발전사업자(풍력, 태양열, 태양광)에 대한 지원을 극렬하게 반대해 오던 독일 에너지 업계가 DII를 빌미로 독일 정부에 보조금 신청서를 제출한 상태이다.

이처럼 국민경제 또는 세계경제에는 지극히 효율적일 수 있는 사업도 개별 기업의 이윤극대화(효율성) 잣대에 부합되지 않으면 거부되는 것이 신자유주의 경제학에서 말하는 시장의 효율성이다. '계열사 일감 몰아주기'와 데저테크 프로젝트의 사례는 기업의 이익과 국민(세계)경제의 이익이 합치되지 않는 사례들이다.

제7꼼수

혹세무민 — 중소기업 없는 세상에서 살고 싶다

"중견기업이 되면 중소기업 때 받던 지원혜택 160개가 사라지고 대기업 규제만 늘어난다. 누가 중견기업을 하겠느냐?"

이 발언이 의도하는 바가 무엇일까? 문제를 객관식으로 접근해 보자. ① 중소기업에 대한 지원을 줄여야 한다. ② 중견기업에 대한 지원을 늘려야 한다.

2011년 6월 13일 대한상공회의소 중견기업위원회 기자간담회에서 제기된 요구라면 답을 찾기 쉬울 것이다. 당연히 ②이다. 그런데 만약 ①이 답이라고 주장하는 이가 있다면 어떨까? 즉 이 "하소연은 과다한 중소기업 지원 및 보호 시책이 오히려 중소기업의 성장을 저해하는 요인임을 압축적으로 표현하고 있다"(참고문헌 〔51〕)라고 주장한다면 블랙유머일까?

중견기업계의 이같은 요구를 중소기업에 대한 보호와 지원을 없애라는 요구로 해석하는 것이 신자유주의 경제학자의 해석이다. 그래서 신자유주의 경제학에서는 정부의 보호와 지원을 받지 않는 중소기업이 재벌기업에 '맞장 뜨는' 경제가 한국경제의 바람직한 모습이다. 그 경제는 "대기업과 중소기업, 국내기업과 해외기업을 막론하고 가격과 품질, 신제품 개발 등에서 치열하게 경쟁"해서 "산업도 발전하고 소비자후생도 증진되는" 경제이다. 참으로 '개구리 올챙이 적 생각 못하는' 몰역사적 희망이자 위선의 극치이다. "국내기업과 해외기업"이 세계시장에서 정말 치열하게 경쟁하는 걸까? 담합했다고 선진국 정부로부터 과징금을 부과받았다는 보도를 종종 접하는 것은 결코 "치열한 경쟁"과는 거리가 멀다. 2006년 미국에서 삼성전자와 하이닉스는 반도체 담합으로 4억 8,500만 달러의 벌금을 부과받으면서 임원 7명이 징역형을 선고받았다. 그 밖에도 해외에서 국내 재벌기업들이 담합으로 과징금을 부여받는 사례는 수없이 많다. 과징금도 가히 천문학적이다. 그 많은 과징금을 내고도 담합하는 것이 과연 이익인가 의아스러울 정도이지만 담합은 계속된다. 국내시장에서는 재벌기업들이 외국기업과 함께 담합하기도 한다. 공정위는 2011년 10월 LCD(액정 디스플레이) 패널 가격과 공급량을 담합한 삼성전자와 LG디스플레이 등 한국과 타이완의 10개 제조사에 1,940억 원의 과징금을 부과했다. 이는 당시 공정위가 처리한 국제 카르텔 사건 가운데 가장 많은 과징금을 부과한 사건이었다.

담합은 재벌기업들끼리 국내에서 자행되기도 한다. 공정위가 발표한 '10대 대기업 및 계열사의 2000년 이후 공정거래법 위반 현황'에 따르면 2000년 이후 2011년 5월까지 삼성그룹은 80건의 공정거래법을 위반해 1,188억 원의 과징금을 부과받았다. 기업별로는 삼성카드가 10건을 위반해 가장 많았고, 삼성물산 9건, 삼성생명 7건이었다. 현대차그룹은 52건 위반에 과징금이 1,430억 원이었고, SK그룹은 76건에 2,441억 원이었다. 액화석유가스(LPG) 담합으로 994억 원을 물었던 SK의 과징금이 가장 큰 금액이었다. LG그룹은 53건에 758억 원, 롯데그룹은 69건에 349억 원이었다. 하지만 대기업들은 자진신고를 통해 과징금의 절반 이상을 감면받은 것으로 조사되었다. 146건의 대기업 담합사건으로 부과된 당초 과징금은 7,176억 원이었지만 이 가운데 절반이 넘는 3,891억 원은 자진신고로 감면되었다. 이런 현실을 두고 "치열한 경쟁"을 말할 수 있을까?

다음으로, 한국 실정에서 "대기업과 중소기업"이 문자 그대로 "치열하게 경쟁"하면 어떤 결과가 나타날까? 경쟁은 부문 내 경쟁과 부문 간 경쟁으로 구분된다. 우선 부문 내 경쟁을 본다면, 동일한 부문에서 재벌기업과 중소기업이 경쟁하면 중소기업은 곧 퇴출된다. 대형 할인매장이 들어서는 곳마다 골목상권과 재래시장이 몰락하고 있다. 재벌기업이 빵집 체인을 열면 동네 빵집들은 문을 닫는다. 지금처럼 재벌기업에 대한 규제가 없다면 중소기업은 있다가도 사라진다. 재벌기업과 중소기업의 차이는 단지 자본 규모나 종업원 수, 매출액 등에서 나타나는 양적인 차이가 아니다. 중소기업과 달리 재벌기업은 경제학원론에서 말하는 '시장지배력'(market power)을 가진다. 석유제품 시장에서 4대 회사의 시장점유율은 98퍼센트를 넘는다. 나머지는 중소 수입업체가 차지하지만 이들의 경쟁력이 미약하기 그지없다. 석유제품 시장에서는 수송과 저장에 대규모 투자가 필요하기 때문에 중소기업이 진입하기 어렵고, 진입한다고 할지라도 할당관세가 적용되기 때문에 수입제품의 가격우위가 크지 못하다. 휘발유 가격이 2,000원을 넘어서자 정부가 할당관세를 한시적으로 면제해 주었지만 중소기업이 수입하는 석유제품의 시장점유율이 워낙 낮기 때문에 시장에서 가격인하 압력은 크지 못하다. 석유제품 시장의 과점구조는 지금으로서는 해소될 수 없고 중소기업은 생존하기에 급급하다.

이제 부문 간 경쟁을 보자. 신자유주의 경제학은 재벌기업과 중소기업 사이의 부문 간 경쟁이 비대칭적이라는 사실을 인정하지 않는다. 중소기업이 활동하는 부문에 재벌기업은 얼마든지 진입할 수 있지만, 반대로 재벌기업이 장악하고 있는 부문에 중소기업이 진입하는 일은 불가능하다. 그래서 경제학원론에는 진입이 불가능한 독과점시장이 진입이 자유로운 완전경쟁시장과 구별되어 설명되고 있다. 또한 독과점기업은 무엇보다도 소비자 후생을 감소시키며 '비효율적'이기 때문에 국가에 의한 감독과 규제가 필요하다고 설명되고 있다. 신자유주의 경제학자들은 바로 이 진리를 부정하고 싶어한다. 그래서 해외기업과의 경쟁을 국내시장에 독점기업이 존재하지 않는다는 주장의 근거로 제시한다. 그러나 이 해외기업도 대기업이지 중소기업은 아니다. 따라서 경쟁이 이루어진다고 해도 대기업끼리의 경쟁일 뿐 대기업과 중소기업의 경쟁은 아니다. 그리고 현실에서 대기업끼리의 경쟁의 실상은 앞에서 살펴본 바와 같이 담합이다. 그래서 '대기업과 중소기업의 자유경쟁'이란 '뜨거운 얼음'과 같은 형용모순이다. 중소기업의 입장에서 볼 때 그것은 단적으로 경쟁이 아니기 때문이다. 형용모순을 안고 있는 '학문'은 학문이 아니라 그냥 선전일 뿐이다.

결국 재벌기업과 중소기업이 "치열하게 경쟁"하면 중소기업은 재벌기업의 상대가 되지 않는다. 그렇게 재벌기업과 중소기업이 "치열하게 경쟁"해서 한국경제가 중소기업이 없는 재벌경제가 되면 재벌들끼리서만 잘 살 수 있을까? 전혀 그렇지 않다. 중소기업에 희망이 없는 경제는 그 자체로 희망이 없다. 지속 가능하지 못하다. 그 이유는 재벌기업들 사이에서 "치열한 경쟁"은 사라지고 담합만 남아 경제 전반의 역동성이 사라지게 될 것이기 때문이다. 한국경제에서 재벌기업이 지배하고 있는 시장은 이미 담합경제이다. 30년 넘게 공정거래법이 있지만 공정위의 부실한 조사와 솜방망이 제재로 인해 담합은 근절되기는커녕 방조되고 있다. 국민권익위원회는 2013년 2월 7일 공정위가 4대강 사업과 관련한 담합을 확인하고도 검찰에 고발하지 않았다며 검찰에 수사를 의뢰했다. 부당이익의 3배까지 배상해야 하는 징벌적 손해배상제도가 적용되는 미국 같은 나라에서도 담합을 하는 이들이니 한국에서 담합하지 않는다면 오히려 이상할 것이다. 한국에서도 담합에 대해 징벌적 손해배상제도를 도입하자는 의견이 강하지만 특히 재벌들의 반대로 도입되지 못하고 있다. 반대 명분은 언제나 "기업의 영업활동에 지장을 준다"라는 것이다. 말하자면 재벌들에게는 담합이 이미 '정상적인 영업활동'으로 고착되어 담합하지 않으면 영업이 불가능하다. 담합에 따른 피해는 고스란히 소비자 몫임은 두말할 나위가 없다. 담합경제가 시장경제가 아님은 물론이다. 이처럼 재벌기업과 중소기업이 "치열하게 경쟁"한다는 전제가 성립되지 않으니 "산업도 발전하고 소비자 후생도 증진"된다는 결과도 기대할 수 없게 된다. 재벌경제에서는 소비자 후생이 최소화된다.

중소기업이 꾸준히 발전하고 한국경제 전반에서 혁신에 기반한 역동성이 사라지지 않으려면 재벌기업과 중소기업 사이에는 "치열한 경쟁"이 아니라 "시장의 지배와 경제력의 남용을 방지하는 규제와 조정"(헌법 제119조 제2항)이 이루어지는 공정한 경쟁이 보장되어야 한다. 그러므로 한국에서 공정경쟁을 부정한 채 자유경쟁만을 부르짖고, 아울러 "시장의 지배와 경제력의 남용을 방지하는 규제와 조정"이 경제적 자유를 제한한다고 반대하는 신자유주의 경제학은 헌법을 부정하는 재벌경제학이다.

신자유주의 경제학은 '대기업과 중소기업의 자유경쟁'을 주장하기 때문에 중소기업에 대한 정부지원에 반대한다. 중소기업에서 그나마 수익성이 있는 이유가 정부지원 덕분일 터인데, 수익성이 낮은 중소기업이 '온존'하는 이유가 정부지원 때문이니 "중소기업 안주성향을 부추기는 기업복지정책을 근본적으로 바꿔서"(참고문헌 〔51〕) 이들의 퇴출을 강제 또는 촉진해야 한다고 인과관계를 역전시키고 있다. 가히 혹세무민의 극치라 할 만하다. 복지를 혐오하는 신자유주의 경제학의 분위기에 편승한 것으로 보이는 출처 불명의 "기업복지"가 정말 사라진다면 한국의 '기업 생태계'는 어떻게 변할까? 정부지원에 기대어 근근이 연명하는 중소기업은 금방 사라질 것이다. 그럼 수익성이 좋은 중소기업은 정부지원이 사라졌으니 중견기업으로 성장할까? 아니면 지원 덕분에 그나마 지탱되던 수익률이 낮아져 퇴출당하는 중소기업이 더 많이 생길까? 그리고 이들이 사라진 자리에 어떤 중소기업이 들어설까? 이제 정부지원과 보호마저 기대할 수 없어 '맨땅에 헤딩해야 하는' 중소기업이 들어설까? 아니면 일감 몰아주기로 '땅 짚고 헤엄치는' 재벌 계열사가 들어설까?

중소기업이 정부가 주는 지원 혜택을 포기할 수 없어 중견기업으로 성장하는 것을 기피하는 성향은 물론 한국경제가 해결해야 하는 제도적 과제이다. 그 핵심은 중소기업 지원과 중견기업 지원 사이의 격차를 해소하는 것이다. 이 격차를 해소하는 방법은 두 가지이다. 하나는 이 신자유주의 논객이 주장하듯이 "160가지" 중소기업 지원책을 없애는 것이고, 다른 하나는 중소기업이 무리 없이 중견기업으로 성장할 수 있도록 중견기업 지원책을 보강하는 것이다. 어느 길이 중소기업과 중견기업을 위한 것인지는 자명하다. 중소기업 지원제도를 없애라는 신자유주의 경제학의 주장은 한 마디로 재벌경제학이고 국내판 "사다리 걷어차기"(장하준)다. 하지만 국민들은 다 알고 있다. 한국의 재벌들이 정부의 어떤 특혜와 지원을 받아 성장했는지를. 그래서 한국의 재벌과 일본 정부가 어떤 공통점을 가지는지를. '과거를 묻지 마라.'

제 8 꼼수

우격다짐 — 하여튼 민영화해라

신자유주의 경제학의 효율성 지상주의는 공공재 공급을 민영화해야 한다는 주장에서도 극명하게 드러난다. 교육, 보건의료, 인프라스트럭처는 물론 국방(안보)과 치안까지도 수익자부담원칙에 따라 민간부문에 공급을 위탁하라는 것이다. 그래서 미국과 영국에서는 안보산업이 번성하고 있다.

민영화의 첫 번째 모토는 비용절감이다. 그러나 이 모토는 국민경제에 치명적인 결과를 가져다준다. 민영화가 되면 사업을 평가하는 기준이 이윤 극대화가 되기 때문에 재투자와 설비투자도 이 관점에서 이루어지게 된다. 그러면 수익이 발생하는 곳에는 투자가 이루어지지만 그렇지 않은 곳에는 투자가 이루어지지 않는 불균형이 나타나게 된다. 그래서 사람이 많이 살지 않는 오지에는 투자가 이루어지지 않고 급기야는 서비스 공급이 중단되게 된다. 기차나 버스가 안 다니고 배도 안 다니게 된다. 경제학원론에서 공공재 공급의 필요성으로 거론하는 '시장 실패'가 고스란히 재현되는 것이다. 이들 서비스가 민간기업에 의해 공급되도록 하려면 정부가 세금도 면제해 주고 보조금도 주어야 한다. 그러면 결국 민영화하기 전의 상태로 되돌아가는 결과를 낳게 된다. 그런데 정부 입장에서 볼 때 공기업으로 운영하면서 감당해야 하는 적자와 민영화한 후에 같은 질의 서비스를 공급하기 위해 지급해야 하는 보조금이 비슷한 규모라면 그래도 '잘한 거래'이다. 이런 경우는 실제로는 세상에 없다. 공기업을 사들인 민간기업은 공기업에는 없는 목표가 있기 때문이다. 바로 '이윤'이다. 그것도 가능한 한 많은 이윤을 달성하려 한다. 때문에 민간기업은 자신만의 기준에 해당하는 효율성 향상, 즉 이윤 증대의 원칙에 따라 대부분 두 가지 방향으로 새로운 전술을 채택한다. 이윤＝총수입－총비용이므로 총수입을 늘리기 위해 이런저런 명분으로 가격을 인상한다. 그리고 총비용을 줄이기 위해 정리해고를 하고 설비투자를 게을리한다. 그것이 영국 철도의 민영화였고, 독일의 에너지 산업 민영화의 현주소이다. 영국 철도는 설비투자 부진에 따른 빈번한 사고와 거듭된 요금인상으로 민영화가 결국 취소되었다. 독일의 에너지 산업에서도 거듭되는 요금인상은 물론 설비투자의 부진으로 송전탑이 무너지기도 했다. 가동을 중단하기로 예정되었던 원전을 에너지 기업으로부터 로비를 받은 독일 정부가 가동기간을 연장해 주었다가 일본의 후쿠시마 원전 사고를 보고 다시 취소하는 상황도 연출되었다.

민영화의 필요성에 관한 신자유주의 경제학의 논리를 따르자면 공기업은 비효율적이니 민영화해서 효율성을 높여야 국민에게 값싸고 질 좋은 재화와 용역을 공급할 수 있다는 것이다. 정말 그렇다고 한다면 공기업 중에서 가장 비효율적이고 적자가 크게 나는 것부터 민영화해야 순리이고 국민경제의 효율성을 높이는 길일 것이다. 그런데 현실은 정반대이다. 공기업을 민영화하는 경우에는 KTX나 인천공항처럼 수익성이 검증된 것부터 민영화하려고 한다. KTX는 한국철도공사에서 흑자를 기록하는 유일한 사업부문이고, 인천공항은 세계 최고의 공항이라는 평가를 수년째 계속 받고 있다. 그래도 이명박 정부는 '민영화하면 효율성을 높일 수 있다'라는 판에 박힌 논리로 민영화를 밀어붙이려 했다. 그렇게 해서 억지로 민영화가 관철되고 나면 민영화된 부분은 수익성 덕분에 계속 공급되겠지만, 공기업으로 남은 부분은 더욱 심한 적자에 시달리게 된다. 이쯤 되면 신자유주의 경제학은 스스로 자신의 주장이 맞아떨어졌다며 두 가지 억지를 부릴 수 있게 된다. 실제로는 수익성이 높아 민영화되었는데 신자유주의 경제학은 민영화되어 수익성이 좋아졌다고 주장할 것이다. 다음으로 실제로는 수익성이 없어 민영화되지 않고 공기업이 계속 공급하게 된 부분은 공기업이 공급하기 때문에 적자가 발생하는 사례로 계속 내세우게 될 것이다. 두 경우 모두 인과관계가 분명 뒤집혔지만 신자유주의 경제학은 개의치 않고 같은 주장을 반복할 것이다. 공기업은 비효율적이고 민영화하면 효율성을 높일 수 있다고.

시장이 국가보다 효율적이라는 신자유주의 경제학의 맹목적인 이데올로기에 입각해서 추진되는 사업이 민자유치사업이다. 고속도로, 상수도, 발전소 등 사회간접자본을 건설하도록 민간자본을 유치하는 것이다. 이 사업에 참여한 민간자본은 모두 엄청난 수익을 올리고 있다. 그런데 이 수익은 시장이 국가보다 효율적이기 때문에 얻어지는 것이 결코 아니다. 이 사업에는 두 가지 '함정'이 있다. 첫 번째 함정은 국가가 일정한 수익률을 보장해 주어 민간자본이 '땅 짚고 헤엄치게' 만들어주는 구조이다. 계약서에 명시된 수익률에 미치지 못하면 국가가 세금으로 부족한 만큼을 보전해 준다. 말하자면 사업에 따른 위험은 국가가 몽땅 떠안게 되는 구조이다. 민간사업자는 실제 사업에서 비용을 절감하거나 매출을 높이려는 노력을 기울일 유인이 별로 없다. 경영혁신은 말뿐인 구호가 된다. 만약에 이 사업이 정말 수익성이 좋아 보장된 수준을 초과하는 수익이 달성된다고 하자. 그러면 두 번째 '함정'이 기다리고 있다. 투자자는 자본금을 회수하고 사업자는 투자자가 설립한 다른 회사로부터 대출을 받는 것이다. 투자된 자본금에 대한 배당금은 수익에 포함되는 데 반해 대출금에 지불하는 이자는 비용으로 수익에 포함되지 않는 한국적 기업회계원칙을 악용하는 것이다. 과거 한국의 개발연대 시절에 회사자금을 '가지급금' 명목으로 빼돌려 이 자금을 자기 회사에 높은 이자를 받고 다시 빌려주는 악덕 기업주들이 적지 않았다. 그 결과 기업은 망해도 기업가는 망하지 않는 신화가 창조되었다. 현재 한국의 민자사업은 자기 회사에 자기가 시장금리보다 높은 이자를 받고 돈을 빌려주어 국민의 혈세를 빼돌리는 엄청난 특혜이자 '갈취행각'이다. 국내 민자고속도로 12개에 자본참여를 하고 있는 맥쿼리한국인프라투융자회사(이하 '맥쿼리인프라')의 행태가 바로 그러하다. 한 가지 사례만 보자(『시사인』, 2012년 6월 22일자 참조). 오스트레일리아 사모펀드 맥쿼리인프라는 천안논산고속도로(주)의 지분 60퍼센트를 보유하고 있다. 이 회사의 영업이익은 2010년 1,028억 원, 2011년 1,162억 원을 기록했는데, 이 가운데 국가보조금이 각각 501억 원과 484억 원이다. 그러나 장기차입금 6,237억 원에 대한 이자비용이 매년 1,000억 원에 가까워 좀처럼 순이익을 내지 못했다. 결국 2011년 말 현재 자본금 1,462억 원, 자본총계 마이너스 590억 원으로 '완전 자본잠식'에 빠져 있다. 사업자인 천안논산고속도로(주)는 순이익을 내지 못해도 투자자인 맥쿼리인프라는 엄청난 이익을 챙기고 있다. 사업자가 장기차입금 가운데 4,151억 원을 맥쿼리인프라 등으로부터 빌리면서 높은 이자를 지불하고 있기 때문이다. 이자율은 2007년까지 6퍼센트, 2008년에는 8퍼센트, 2009~12년에는 16퍼센트, 2013년부터는 20퍼센트로, 갈수록 높아지는 구조이다. 당초 이 고속도로를 LG건설과 금호산업 등 11개 국내 건설사가 소유하고 있던 2004년까지는 자본금이 지금의 3배 정도인 4,500억 원에 달했고, 당시의 장기차입금은 7,300억 원이었다. 그런데 이 회사를 2005년 인수한 맥쿼리인프라가 자본금을 3분의 1 수준인 1,462억 원으로 줄이고, 장기차입금을 9,967억 원으로 늘려 돈을 빌려준 것이다. 맥쿼리인프라 등의 주주들이 자본금에서 뺀 돈(3,038억 원) 가운데 대부분(2,667억 원)을 부채로 바꿔치기한 것으로 보인다.

세금을 내는 국민의 입장에서는 이런 사업이라면 차라리 국가가 국채를 발행해서 조달한 자금으로 수행하는 편이 비용 면에서 훨씬 효율적이다. 대출금 이자로 위장된 수익 빼돌리기가 발생하지 않을 것이고, 일정한 수익률을 보장해 주지 않아도 될 것이기 때문이다. 그리고 국가가 국채에 지급하는 이자는 민간기업이 대출받을 때 지불해야 하는 이자보다 훨씬 적다. 2013년 2월 말 현재 3년 만기 국채금리는 3퍼센트도 안 된다. 천안논산고속도로(주)가 맥쿼리인프라에게 지급해야 하는 이자율 20퍼센트보다 17퍼센트 포인트 이상 낮다. 이처럼 적은 비용이 소요되기 때문에 통행료도 쌀 것이고, 따라서 민자고속도로가 개통될 때마다 불거지는 과다 통행료 문제가 발생하지 않을 것이다. 그런데도 민자사업이 효율적이라고 우기는 것이 신자유주의 경제학이다. 이런 명백한 사실에도 불구하고 국가가 국채를 발행해서 고속도로를 건설하지 못하는 것은 재정건전성이라는 이데올로기의 족쇄 때문이다. 신자유주의 경제학은 국가에는 건전재정의 족쇄를 채워놓고 자신은 수익과 이자로 세금을 빼돌리면서 재정건전성을 해치는 (금융)자본의 이데올로기적 도구이다. 사육사가 곰의 쓸개에 빨대를 꽂아 웅담을 채취하면서 철창 안에 가둬놓은 곰의 건강을 걱정하는 모양새다.

결국 1980년대 이후 각국에서 실험된 사례에 비추어볼 때 공기업 민영화는 마땅한 투자처를 찾지 못하고 전 세계를 돌아다니고 있는 투기자본들에게 이미 검증된 먹잇감을 던져주는 정부 조치이다. 민자사업 또한 기업들이 아무 위험부담 없이 안전하게 국민의 혈세를 착복하게 해주는 정책에 지나지 않는다. 그래서 '겉 다르고 속 다른 민영화'의 실상을 은폐하기 위해서 필요한 것이 각종 꼼수들이다. 한국에서 KTX와 인천공항을 둘러싼 민영화 꼼수는 이제 시작에 불과하다. 물과 가스, 전기 등 전통적으로 공공재로 불리던 재화가 민영화 꼼수를 기다리고 있다. 그리고 그 피해는 결국 고스란히 국민들의 몫이 될 것이다.

제 9 꼼수

안하무인 — 정치는 경제의 말을 들어라

신자유주의 경제학은 경제학 제국주의를 지향한다. 특히 정치를 수요와 공급의 법칙으로 설명하고 효율성의 잣대로 평가하려 한다. 과연 올바른 접근일까? 결코 아니다. 정치활동의 목적은 자유와 인권, 정의, 평등, 평화와 같은 보편적 가치를 실현하는 데 있다. 좋은 정치인지 아닌지를 판단하는 기준은 이들 가치를 실현하고 있느냐에 있는 것이지 얼마나 적은 예산을 사용했느냐에 있는 것이 아니다. 신자유주의 경제학처럼 정치활동에 대해서도 효율성의 잣대를 들이대는 것은 정치활동을 경제활동으로 환원시키고, 그래서 인간을 문자 그대로 순수한 경제적 동물로 전락시키려는 반인간적 · 동물적 시도이다. 이는 (신)자유주의 경제학자들이 습관처럼 저지르는 독선이다. 학술적인 글은 아니지만 한국경제연구원에 투고된 에세이들에서 몇 가지를 인용해 보자.

> "현대의 사회에서 능력 있고 효율적인 것이 능력이 없고 비효율적인 것을 자연스럽게 대체하는 가장 대표적인 분야가 바로 기업들이 주도하는 경제 분야일 것이다. 결국 더 좋은 물건을 더 저렴한 비용으로 생산하는 기업이 승리할 수밖에 없기 때문이다. 반면 무능력이 능력을 이기고 비효율이 효율을 이기는 대표적인 분야라고 하면 바로 정치일 것이다. …… 경제와는 달리 정치는 정말 되는 일도 없고 안 되는 일이 없는 분야라는 생각이 든다"(참고로 이 논객에게는 일왕이 아직도 천황이다, 참고문헌 〔44〕).

한국 정치가 동네북으로 전락한 지는 이미 오래이다. 한국 정치가 '고비용-저효율'이라는 비난을 받은 지도 어제오늘의 일이 아니다. 국회에서 볼썽사나운 장면이 연출되거나 몇몇 국회의원의 무능과 부패가 드러날 때마다 한국인들은 한결같이 정치 현실을 개탄한다. 특히 지식인인 척하는 사람일수록 정치에 대한 혐오감을 노골적으로 드러낸다. 그러나 솔직해지자. 한국의 정치는 한국인의 자화상이다. 한국 정치를 '삼류'로 비난하기만 하는 것은 '누워서 침 뱉기'이다. 똑같은 한국인들이 경제도 하고 정치도 한다. '일류경제'만 하는 한국인이 따로 있고 '삼류정치'만 하는 한국인이 따로 있는 것이 아니다. 경제는 일류라고 주장하는 재벌들이나 신자유주의 논객들이 스스로 하는 정치행위는 일류인가? 그들은 '삼류정치'에 책임이 없는가? 오히려 재벌들의 정치행위가 부정부패를 부추겨 한국의 정치를 혼탁하게 만들고 '고비용-저효율'을 초래하는 것은 아닌가? 그리고 이 '고비용-저효율' 정치의 최대 수혜자는 재벌들 스스로가 아닌가? 마치 경제인들은 정치행위를 하지 않고 정치인들은 경제행위를 하지 않는 것처럼 망상하는 것이 신자유주의 경제학(자들)의 꼼수이다.

경제행위가 효율성을 기준으로 평가되어야 한다는 데에는 이의가 있을 수 없다. 그렇지만 정치도 효율성을 기준으로 평가되어야 하는가? 정치에서 구체적으로 저비용은 무엇이고 고효율은 무엇인가? 국회의원의 수를 줄이고 월급을 깎으면 비용 절감이고, 국회의원 보좌진의 수를 줄이면 저비용인가? 그렇다면 국회를 폐지하는 것이 가장 효율적인가? 경제는 결국 시간절약으로 귀결된다고 했으니 국회에서 여야가 논의하지 않고 여론 수렴도 거치지 않으면서 장관이나 대통령이 알아서 신속하게 결정을 내려 시간을 절약하면 고효율인가? 그렇다면 유신시대의 정치가 효율적인 정치였는가?

신자유주의 경제학자들은 정치 영역도 정치시장으로, 정치가들을 정치 서비스의 공급자로, 국민을 정치 서비스의 소비자로 규정하면서 가능한 적은 비용(세금)으로 양질의 정치 서비스가 거래되는 것을 바람직한(효율적인) 정치시장의 상황으로 판단한다. 과연 정치에서도 효율성이 가장 중요한 기준인가? 고비용의 정치는 배제되어야 하는가? 국민의 자유와 권리를 위축시켜서라도 비용이 덜 드는 효율적인 정치가 환영받아야 하는가? 아니면 돈을 더 들여서라도 국민의 자유와 권리를 넓혀주고 남북한 평화와 인류평화에 기여하는 정치가 이루어져야 하는가? 효율적인 정치를 위해 국회의원 수를 줄이면 누가 혜택을 가장 많이 볼까? 단연코 재벌들이다. 입법 로비를 해야 하는 대상의 수가 줄기 때문이다. 재벌들은 경제민주화와 복지국가를 저지하고 민영화나 규제완화를 촉진하는 입법 로비를 통해 국회의원의 수를 줄여 국민들이 얻을 수 있는 세금절약과는 비교할 수 없을 정도로 막대한 경제적 이익을 챙길 수 있는 것이다.

'정치시장'이 성립할 수 없는 결정적인 이유는 이 시장에서 제공되는 '정치 서비스'는 수요공급이론의 분석 대상이 될 수 없다는 것이다. 시장에서는 많은 가격을 지불하는 소비자가 많은 재화와 용역을 제공받는 것이 당연하다. 1원1표주의이다. 그러나 정치 영역에서는 많은 세금을 내는 국민이 많은 자유와 평등을 누리는 것이 아니다. 아니 누려서는 안 된다. 정치 영역에서는 모든 국민이 자유와 권리를 평등하게 누릴 수 있도록 최상의 노력을 기울여야 한다. 세금을 얼마나 내는지와는 상관없이 모든 국민이 동등한 권리를 누리고 의무를 지는 1인1표주의이다. 그렇다면 언제부터 한국 정치가 '고비용-저효율'이라는 비난을 받았을까? 그것은 민주화 시기로 거슬러 올라간다. 1980년대까지 한국 정치의 최대 목표는 민주화였고, 그를 위한 처절한 투쟁이 전개되었다. 그 덕분에 1980년대 말부터 점진적인 민주화가 진전되었다. 민간인 대통령이 탄생했고 수평적 정권교체도 이루어졌다. 시위 현장에서 최루탄이 사라졌고 계엄령도 사라졌다. 한국 정치에서 민주화는 더 이상 현안이 아닌 것처럼 보였다. 적어도 이명박 정부가 들어서 민주주의가 후퇴할 수도 있다는 교훈을 알려줄 때까지는 말이다. 이러한 정치적 격변 속에서도 성장 제일주의의 이데올로기는 굳건히 유지되었다. 1980년대부터 영미권을 풍미하던 신자유주의가 1990년대 들어 한국에도 점차 자리를 잡기 시작했다. 김영삼 정부의 경제사회개발5개년계획 종식과 '신경제계획'의 수립, 자본시장 개방, OECD 가입은 물론 세계화를 'globalization'이 아니라 'Segyewha'로 추진하려던 촌극이 그러했다. 1997년 외환위기를 계기로 IMF를 앞세운 미국의 요구에 따라 추진된 김대중 정부의 4대개혁은 신자유주의의 완결판이었다. 개방화와 자유화, 유연화, 민영화, 규제개혁 등 새로운 화두가 한국경제는 물론 정치와 사회를 뒤덮기 시작했다.

이 국면에서 재벌들은 '관치경제'를 대신할 '민간주도 경제'를 주창했다. 국민의 자유와 권리를 제한하던 독재국가를 청산하는 정치적 민주화의 대세에 편승해서 재벌들의 경제적 자유를 제한하는 것으로 느껴지는 국가에 대해 반기를 든 것이다. 신자유주의의 '작은 정부론'은 재벌들의 이러한 관심에 딱 들어맞는 이데올로기가 되었다. 하지만 정부 주도의 성공적인 경제성장의 경험이 기억 속에 생생하게 살아 있는 한국 사회에서 '작은 정부론'은 자칫 역풍을 맞을 우려도 없지 않았다. 반면 민주화 국면에서 특히 국회가 보여준 '보스정치'와 '패거리정치'을 포함한 정치권의 부패는 한국 정치를

'고비용-저효율'로 비난하는 데 좋은 빌미가 되었다. 그래서 법을 집행하는 행정부보다 법을 제정하는 국회가 정치 혐오의 주된 표적이 되고 있다. 위험스러운 현상이 아닐 수 없다.

정치적 타협을 경제적 담합보다 훨씬 더 심각한 폐해를 초래하는 행위로 맹비난하는 신자유주의 경제학자도 있다(참고문헌 〔46〕).

> "경제시장은 개인의 선택이 모두 시장에 반영되지만, 정치시장에서는 전체 선택 중에서 다수의 선택만이 살아남게 되는 차이를 가진다. …… 정치시장만이 승자독식의 법칙이 적용되는 시장이다."
>
> "경제시장에선 소수 수요자들의 선택을 받더라도 이들의 선택이 고스란히 점유율로 남아 역전의 기회를 언제든지 노릴 수 있다. 그러나 정치시장에선 다수 선택을 받은 정치인만이 생존할 수 있으므로 선택결과가 국민에게 주는 영향은 비교가 안 될 정도로 크다." (그런데) "정치 담합에는 이를 금지할 법률도 없고 정치 담합에 분노하는 국민들의 의사가 반영될 여지도 없다. …… 불행하게도 정치시장에서 적어도 향후 4년 동안 정치소비자들인 유권자들은 소비자의 힘을 발휘할 기회가 없다." (그러니) "경제담합을 막기 위해 그동안 구축한 법과 제도, 행정체계를 정치 담합을 막기 위해서도 똑같이 적용해야 한다. 가칭 '공정정치법'을 만들고, 이를 위반했을 경우에 수천억원대의 과징금을 정당에게 부과해야 한다."

기발한 요설이고 혹세무민의 절정이다. 그리고 참으로 용감한 발언이다. 입맛에 맞는 사실의 작은 일부만을 발췌해서 '선동'하고 있다. 설혹 '정치시장'이라는 개념을 인정한다고 할지라도 이러한 주장만은 받아들일 수 없는 이유는 적어도 민주주의를 전제로 할 경우에 논리적이고 현실적인 허점들이 군데군데 보이기 때문이다. 우선 경제시장에서 공급되는 사유재와 정치시장에서 공급되는 공공재는 본질적으로 다르다. 전자는 배제성과 경합성을 가지는 데 반해 후자는 비경합성과 비배제성을 가진다. 그렇기 때문에 어떤 세력이든 국민 다수의 지지를 받으면 정책에 관한 결정에서는 '승자독식'을 관철시킬 수 있지만 정책의 효과를 사유재로 특정 개인(들)에게만 공급하고 다른 개인들을 배제할 수는 없다. 정부가 세금을 들여 길을 내면 그 길은 아무나 다닐 수 있다. 설혹 정책 결정의 효과가 일부 개인에게만 국한되는 경우에도 명분은 가능한 한 공익이어야 한다. 정부가 환율이 급격히 떨어지지 않도록 시장에 개입할 때 내세우는 명분은 경제성장을 위해 수출경쟁력을 유지해야 한다는 것이다. 이때 특정 수출업자에게만 혜택을 몰아주는 것은 불가능하다.

그리고 '승자독식'을 뜻하는 '여당독주'가 한국에서처럼 만연하는 것은 정치적 후진성의 징표이다. 민주주의가 성숙한 나라일수록 여당은 독주하기보다 야당과의 합의(타협)를 우선시한다. 합의가 언제나 성공하지는 않을지라도 이는 국정운영의 연속성을 보장하기 위해서 불가피하다. 승자독식이 문자 그대로 실현된다면 정권이 바뀔 때마다 정책이 대부분 바뀔 터이니 사회적 혼란은 불을 보듯 빤하다. 민주주의가 성숙할수록 경제와 정치, 사회 등 모든 영역이 단절과 연속이 중첩되는 가운데 변화하고 발전하는 것이다. 민주주의의 생명이 다수결보다는 오히려 소수의 보호에 있는 이유는 바로 다수의 오류 가능성을 항상 열어놓고 승자독식을 방지해야 하기 때문이다. 그래서 민주주의에서는 다수뿐만 아니라 소수도 '생존'할 수 있으며 다음 기회를 기다릴 수 있는 것이다. 이 용감한 신자유주의 논객의 주장과는 반대로 정치시장에서는 '소수'가 '다수'가 될 수 있으며, 다수에 의해 선택받지 않은 정치인도 '생존'해 있으면서 '역전의 기회'를 노릴 수 있다. 한국 현실에서는 오히려 경제시장에서 독과점구조 때문에 '승자독식'이 관철되고 '역전의 기회'를 잡는 것이 힘들다.

이념적으로 도저히 용납할 수 없는 '불량상품'을 정치 소비자로 하여금 선택하게 한 정치적 담합을 금지해야 한다는 주장은 매우 위험한 독재적 발상이다. 정치는 '타협의 예술'이라고 했다. 타협이 없는 정치는 독재다. 그리고 그 타협은 정책 연대와 후보단일화, 합당, 연립정부 등의 다양한 형태를 취할 수 있다. 야권연대로 인해 후보가 단일화되어 '종북적 사고'를 가진 인사가 당선된 것을 "수천억 원의 과징금을 물려야 할 정치 담합"으로 성토하는 것은 '내가 하면 로맨스, 남이 하면 불륜'이라는 사고에 지나지 않는다. 정치 담합은 여권에서도 후보 사퇴 등 일상적이기 때문이다. 또한 이 비난은 야권 단일후보임을 알고 선택한 유권자를 무시하는 독재적인 발언이다. 이 용감한 신자유주의 논객이 주장하듯이 야권단일화로 "정치 담합에 분노하는 국민들의 의사가 반영될 여지도 없다"라는 주장도 새빨간 거짓말이다. 여권후보가 있기 때문이다. 그리고 정치적 타협(담합?)은 선진국에서는 일상화되어 있다. 가장 높은 차원의 타협이 연립정부 구성이다. 미국처럼 양당제가 고착되어 있지 않은 유럽의 나라에서는 연립정부가 아닌 정권이 오히려 예외적이다. 이들 연립정부를 구성한 정당들에도 담합을 했다고 "수천억 원대의 과징금"을 부과해야 할까?

2012년 총선에서 유권자들이 혹시라도 입법활동에서 대한민국의 정체성에 어긋날 수 있는 인물을 선택하게 된 것은 후보단일화라는 타협 때문이 아니라 오랜 기간에 걸쳐 정치인들을 역량과 비전의 측면에서 검증하는 시스템, 말하자면 '정치인 양성 시스템'이 한국에는 없었기 때문이다. 선출된 정치인에게 "유권자들은 4년간 소비자의 힘을 발휘할 기회가 없다"라는 것도 지방의원과 지방자치단체장에게는 주민소환제라는 '반품' 기회가 있으니 해당되지 않는다. 신자유주의 경제학의 잣대와 편견을 가지고 정치를 재단하고 훈수를 두려는 무리수를 두다 보니 억지스러울 수밖에 없다.

신자유주의 경제학은 정치는 경제에 개입하지 말라고 하면서 스스로는 정치에 마음껏 개입한다. 그것도 대단히 독선적으로 말이다. 이제 또 한 가지 사례를 보자.

> "우리나라는 민주공화국이다. 그래서 5년에 한 번씩 새로운 대통령을 보통선거로 뽑는다. 보통선거에서 모든 국민은 한 표를 행사한다. '정치시장'에서 모든 사람은 동등한 가치를 가진다. 부자든 가난한 사람이든 한 표를 행사하기 때문이다. 이는 '경제시장'의 논리와 충돌한다. 경제시장에서는 1원이 한 표이다. 한 사람이 한 표를 행사하는 보통선거는 효율성과 충돌한다. 대통령 선거 과정에서 무분별하게 발의된 법안들은 그 자체가 '사회적 비용'이다. 이것을 민주주의의 시행에 따른 대가(代價)라고 할 수 있으나 대가가 너무 크면 민주주의에 대해 근본적인 의문을 제기할 수밖에 없다"(참고문헌 〔25〕).

효율성 지상주의가 기어이 자폭하고 있다. "한 사람이 한 표를 행사하는 보통선거는 효율성과 충돌한다"라고 문제를 제기하고 법안들이 "무분별하게 발의"되어 발생하는 사회적 비용이 "너무 크면 민주주의에 대해서도 근본적인 의문을 제기할 수밖에 없다"라는 망언을 태연하게 내뱉고 있다. 효율성을 위해서라면 언제라도 정치에서도 1인1표주의를 폐기하고 1원1표주의의 금권정치를 복원하고 싶어하는 것이 신자유주의 경제학이다.

신자유주의 경제학자들의 경제학 제국주의는 정치뿐만 아니라 다른 사회과학 분야에도 적용된다. 경제학 논리와 효율성 논리를 강요하는 것이다. 그래서 인간이 모든 행위를 경제적 기준에 따라 할 것을 요구함으로써 무의식 중에 인간을 순수한 경제적 동물로 전락시킨다. 에두르지 않고 이러한 신자유주의 경제학의 본심을 말하면서 복지에 엄격한 잣대를 들이대는 논객도 있다.

> "복지는 미래 경제적 자원 육성을 위한 투자이므로 사회학, 행정학, 사회복지적 접근은 보조적이 되어야 하고 경제적 관점에서 예산편성-집행효율-경제적 기여에 대한 평가가 이루어져야 한다"(참고문헌 〔21〕).

복지를 거부하는 다른 신자유주의 경제학자들과는 달리 이 논객은 그래도 복지를 '투자'로 인정하고 있다. 그런데 문제는 복지를 '투자'로 규정하다 보니 경제논리에 예속시켜야 한다는, '꼬리가 몸통을 흔드는' 주장을 펴고 있다. 이 논객에 따르면 경제논리에 어긋나는 행위나 정책은 상식에 어긋나는 '무지의 상징'이 된다. 그러나 "사회복지적 접근은 보조적"이 되고 경제논리에 우선적으로 따르는 정책은 복지정책이 아니라 경제정책이다. 복지정책이 따라야 하는 원칙은 정의와 연대라는 보편적 가치이다. 노동능력의 유지와 개선, 경제성장에의 기여 등 경제적 효과는 복지정책의 결과이지 출발점이 아니다. 다른 정책도 아닌 복지정책에서 사회복지적 접근이 '보조적'인 역할만 해야 한다는 말을 사회복지학자들이 들을까 두렵다.

끝으로 신자유주의 경제학이 정치를 효율성의 잣대로 평가하면서도 국가의 경제행위와 시장 개입에 극구 반대하는 것은 문자 그대로 자기모순이다. 국가는 기본적으로 정치기구이지 경제기구가 아니다. 실제로 국가가 하는 행위의 대부분은 경제행위가 아니라 정치행위이다. 정치행위가 경제행위와 달리 분류되는 것은 그 행위의 목적과 기준이 다르기 때문이다. 정치행위의 판단 기준은 자유와 인권, 평등, 정의, 평화를 국가가 얼마나 실현하는가이다. 국가는 모든 국민을 차별 없이 평등하게 대해야 하고, 모든 국민의 자유와 인권을 보장해야 한다. 국가는 어떤 국민도 돈 없고 권력이 없어서 억울한 일을 당하는 일이 없도록 해야 한다. 그런 국가가 하는 행위에 효율성이라는 경제적 잣대를 들이대는 것은 국가에 정치행위를 하지 말고 경제행위만 하라고 요구하는 것이나 다름없다. 국가가 경제원리에 따라야 한다면 세금을 많이 내는 국민에게는 공공 서비스를 많이 제공하고, 세금을 내지 않는 국민에게는 제공하지 말아야 할 것이다. '공짜 점심은 없다'라는 경제적 기준에 따라 정치행위를 하도록 요구하는 것은 신자유주의 경제학 스스로 간섭하지 말고 시장에서 나가라는 국가를 다시 시장으로 끌어들이는 꼴이며 정치를 경제로 만드는 꼴이다. 경제민주화가 시장에서 적용되는 1원1표주의를 1인1표주의로 변경하려는 것에 반대하는 데 열중하다 보니 정치에서마저 1인1표주의를 1원1표주의로 역사의 수레바퀴를 되돌리려는 것이다. 그것은 바로 봉건제를 막 타도하고 나온 초기 '부르주아 민주주의'의 모습이 아니었던가? 이러한 모습은 재산 규모에 따라 선거권의 수가 달랐던 18~19세기와 여성에게는 선거권이 아예 주어지지 않았던 20세기 초반까지 이어졌다. 미국이 독립한 직후에 '민주주의' 원칙은 "토지를 가진 자가 통치한다"(존 제이)였다. 그래서 인구의

10퍼센트만이 선거권을 가졌다. 세계 민주주의 역사에서 큰 획을 그은 프랑스 혁명 직후에 채택된 헌법도 프랑스인 20만 명에게만 선거권과 피선거권을 부여했고, 세금을 내는 400만 명에게 선거권이 인정되었으며, 나머지 2,190만 명(84퍼센트)에게는 어느 것도 인정되지 않았다. 신자유주의 경제학자들은 기회가 있을 때마다 근대 (자유)민주주의가 봉건제와 왕정에 비해 진보적이라고 거듭 자랑한다. 앞은 보지 말고 뒤만 보라고 하며 뒤로 돌아가고 싶다고 한다.

제10꼼수

동문서답 — 현금보유는 더 늘리겠다

경실련이 2011년 4월 기준 자산총액 15위에 속하는 재벌 그룹의 비금융계열사를 조사 대상으로 하여 분석한 결과에 따르면 총자산은 2007년 592.5조 원에서 2010년 921.6조 원으로 329.1조 원(55.6퍼센트)이 증가했다. 그 가운데서도 특히 토지자산은 2007년 38.9조 원에서 2010년 83.7조 원으로 44.8조 원(115.1퍼센트)이 급증했는데, 이는 총자산보다 2.1배 높은 증가율이다. 또한 15대 재벌의 사내유보금은 2007년 32.2조 원에서 약간 감소추세를 보이다가 2010년에는 56.9조 원으로 24.7조 원(76.4퍼센트)이 급증한 반면, 같은 기간 설비투자액은 15.1조 원(37.5퍼센트)만 증가해 사내유보금이 설비투자액을 상회한 것으로 나타났다(〈표 10〉). 이 설비투자액은 토지자산 증가의 3분의 1에 불과한 수준이다. 따라서 설비투자보다 부동산투기에 열을 올리고 있다는 비난을 피하기 어렵게 되었다.

이처럼 재벌기업이 현금은 쌓아두고 투자를 소홀히 한다는 비판에 대해 재벌측 논객은 '유보율' 범주로 동문서답을 하고 있다. "기

항목	2007	2008	2009	2010	3개년 증감액 (2010-2007)	3개년 증감률
총자산	592.5조 원	739.1조 원	814.3조 원	921.6조 원	329.1조 원	55.6퍼센트
토지자산	38.9조 원	55.3조 원	79.3조 원	83.7조 원	44.8조 원	115.1퍼센트
사내유보금	32.2조 원	24.1조 원	28.0조 원	56.9조 원	24.7조 원	76.4퍼센트
설비투자액	40.3조 원	50.8조 원	42.1조 원	55.4조 원	15.1조 원	37.5퍼센트

출처: 경실련.

〈표 10〉 연도별 총자산, 토지자산, 사내유보금, 설비투자액 추이

업의 유보율이 급증한 것은 기업의 수익성이 증가한 데 따른 긍정적인 현상이며, 투자 위축에 따라 발생한 현상이 아니다"거나 "유보율은 기업의 자본구성에 관한 정보를 제공해 주는 지표이므로 투자와는 별도로 결정되는 지표"(참고문헌 〔28〕)라는 반박이 그것이다. 회계학적 천착을 거친 이 반박이 그 자체로는 틀린 것이 아니다. 다만 비판의 초점을 흐리고 있다. 재벌기업이 보유하고 있는 현금이 증가한 절대규모에 비해 투자가 증가한 절대규모가 너무 작다는 비판에 대해 유보율(잉여금/납입자본금)이라는 상대적 범주를 이용해 아직도 낮다고 반발하고 있다. 이윤이 실물투자로 연결되는 규모가 너무 작고 현금 상태로 보유된다는 비판에 대해서는 보유현금이 납입자본금에 비해서는 아직도 적다고 동문서답을 하고 있다. 현금으로 쌓아두지 말고 투자하라는 촉구에 대해 유보율의 변화에 비추어보면 아직 더 유보금을 쌓아야 한다고 반발하고 있는 셈이다. 미국과 비교할 때 아직도 한국 재벌기업의 유보율이 낮다고 하니 실물투자가 활발하게 이루어질 때까지는 시간이 아직 더 걸릴 것 같다.

이 분석에서 나타난 결과는 감세를 통한 투자 촉진 전략이 실패했다는 전 세계적 경험을 한국도 공유하고 있다는 사실이다. 이제는 정부가 직접 투자에 나서야 할 시점이며, 그 주요산업의 하나가 부품산업이다. 그동안 재벌들이 적극적으로 추진한 '글로벌 소싱' 때문에 6대 산업의 국산화율이 통신기기와 일반기계를 제외하고는 점차 하락하고 있는 추세이다. 이 추세를 역전시키기 위해서 산업별, 지역별로 특화단지를 조성한다면 지역균형발전에도 도움이 될 것이다. 여기서 한 가지를 더 언급한다면 재생에너지산업이다. 데저테크 프로젝트 사례에서 보듯이 이 산업은 전형적인 시장 실패가 발생하는 부문이므로 정부의 적극적인 투자가 필요하다.

제11곰수

공포탄 — 세계화

철지난 신자유주의 노래를 생각 없이 부르는 논객도 있다(참고문헌 〔36〕). 1980년대 후반 어느 미국 경제 에세이집에 들어 있음직한 정통 신자유주의 가사이다. 그것이 2012년 미국 대선도 아니고 공화당 대선 후보 경선에서 다시 살아나는 것을 보고 반색하고 있다. 약간 길더라도 인용해 보자.

"우리는 세계화로 경제적 국경이 사라지고 글로벌생산양식의 변화로 노동자의 국적이 고용의 걸림돌로 작용하지 않는 세계에 살고 있다. …… 감세를 통해 경제의 기반을 튼튼히 하고 보다 많은 일자리를 창출하여 세입기반을 확대하고, 이를 통해 확보된 세수입을 복지를 위해 지출할 때 경제가 성장하면서 소득불균형을 해소할 수 있다는 것이다.

…… 미국은 물론 선진국 대부분이 큰 정부와 높은 조세부담률을 후회하고 높은 복지지출과 국가채무로 나라의 근간이 흔들리고 있는 것에 경악을 금하지 못하고 있다"(참고문헌 〔36〕).

한국인들도 김영삼 정부 이후 '세계화'와 '무한경쟁'이라는 말을 참 많이 들으면서 살고 있다. 실제로 국민들 의식과 삶 속에서도 치열해진 경쟁은 생생하게 살아 있다. 그렇다면 이 신자유주의 논객이 주장하듯이 정말로 "세계화로 경제적 국경이 사라"졌는가? 결코 아니다. "노동자의 국적이 고용의 걸림돌로 작용하지 않는 세계"는 완벽한 허구이다. 시장을 자본시장과 상품시장, 노동시장으로 구분할 때 노동시장은 가장 세계화가 덜 된 부분이다. 노동시장에서는 '노동자의 국적'이 매우 중요하다. 모든 나라는 자국 노동자의 고용을 촉진하는 정책을 펴고 있다. 취업을 목적으로 하는 이민을 제한하지 않는 나라는 세계에 하나도 없다. 노동시장에서는 국경과 국적이 어느 시장보다도 가장 엄연하게 존재한다. 선진국일수록 더 높은 장벽을 쌓아놓고 있다. 멕시코의 불법이민자를 막기 위해 밤새 순찰을 도는 미국 국경수비대를 상상해 보라. 폴란드가 EU에 가입할 때 인접국 독일이 내건 조건이 폴란드 노동자의 자유로운 이동의 제한이었다. 중국 동포에게 한국 노동시장은 얼마나 개방되어 있는가? 노동시장은 세계화가 가장 이루어지지 않은 시장이고 아마도 영원히 이루어지지 않을 시장이다.

자본시장은 세계화가 가장 진전된 부문이다. 특히 금융시장에서는 마우스 클릭 하나로 수억 달러의 자본이 국경을 넘나들면서 한 나라의 경제를 뒤흔들 수도 있다. 그래서 금융자본시장은 무한경쟁에 가장 가까운 부분이고, 경제의 세계화는 다름 아닌 금융시장의 세계화이다. 그러나 금융시장의 규제를 철폐하고 자유로운 이동을 허용한 결과가 글로벌 금융위기라는 사실이 밝혀지면서 미국과 유럽의 선진국들이 얻은 교훈이 금융의 재규제이다. 그래서 선진국들이 지금 후회하고 있는 것은 복지국가가 아니라 바로 금융자유화이다. 이에 따라 가장 세계화되었던 금융시장은 투기목적의 이동을 제한하는 방향으로 정책이 이미 전환되었다. 한국 자본시장은 신흥공업국 가운데 가장 많이 개방되어 있다. 그로 인해 경제의 불안정성이 커졌기 때문에 자본유출입을 보다 강하게 규제해야 한다는 목소리가 높다. 한국이 높은 금융시장 개방도로 인해 효율성이 증대되기보다는 불안정성이 높아지는 부작용이 훨씬 큰데다 막대한 '국부 유출'까지 이루어지는데도 불구하고 외국인 투기자본을 규제하지 않는 이유는 순전히 "시장개방은 효율성을 높인다"라는 신자유주의 경제학의 이데올로기 때문이다. 자본시장의 다른 한 축인 실물자본시장은 결코 '빛의 속도'로 움직일 수 없다. 중국의 임금이 많이 올랐다고 베트남으로 공장을 이전한다면 몇 년은 걸린다. 그래서 외자유치국에는 똑같은 외국인투자라 할지라도 실물자본투자가 훨씬 더 유리하다.

상품시장도 WTO의 출범으로 개방화가 많이 진전되었지만 관세장벽은 공식적으로 아직 남아 있고 '긴급수입제한'도 살아 있다. 정부는 환율을 조절하면서 무역 흐름에 영향을 끼칠 수도 있다. 그래서 상품시장에서 '경제적 국경'은 아직 펄펄 살아 있다. 세계화로 경제적 국경이 사라졌다는 주장은 신자유주의 경제'개혁'을 관철하려는 공포탄일 뿐이다.

세계화와 무한경쟁은 한국에서 신자유주의 경제'개혁'의 결정적인 논리적 근거였다. 한국이 신자유주의 영향을 본격적으로 받으면서 입버릇처럼 언급되던 '무한경쟁'은 한국시장을 개방하려는 수사어로서 역할을 톡톡히 했다. 실제로 자본이 떠나는 것보다 떠나겠다는 위협이 더 위력적이었다. 한 자본이 기업을 못하겠다고 떠나면 단기적으로 일자리가 줄어들고 GDP가 줄어들지만 그 자본을 붙들어두기 위해 제도를 바꾸면 장기간에 걸쳐 국민경제 전체에 그 영향을 끼치기 때문이다. 세계화와 무한경쟁의 불안 속에서 많은 나라들이 실제로 감세와 임금인상 억제, 민영화, 규제완화의 길을 걸었다. 그렇다면 신자유주의 30여 년의 (중간)결산보고서는 어떠한가?

호르스트 아펠트(Horst Afheldt)는 저서 『가난하게 만드는 경제』(*Wirtschaft, die arm macht*)에서 신자유주의 20년의 결과를 비판적으로 성찰하고 있다. 그는 1950년부터 2000년까지의 세계 경제성장을 1950년부터 1973년까지와 그 이후로 나누어 비교했다. 그 결과 신자유주의 국면에서의 성장률이 이전에 비해 절반밖에 되지 않는다는 사실을 밝혀냈다. "자유지상주의 경제는 경제성장을 위해 충분히 효율적이지 않았다"라는 것이 그의 결론이다. 더욱이 근로자의 실질소득은 정체된 반면에 이윤과 자산소득은 크게 증가했다. 경제적 불평등은 악화되었고, 사회적 양극화는 크게 심화되었다. 임금 정체에 따른 수요부족은 성장을 불안정하게 만들었다. 게다가 민영화로 공공재 공급이 줄어들면서 많은 사람의 삶의 질이 떨어졌다. 이것은 당초 신자유주의가 약속한 땅이 아니었다. 전기와 수도, 가스를 민영화하면 효율적으로 운영되어 보다 질 좋은 재화를 저렴하게 공급받을 수 있을 거라던 약속은 정반대의 결과를 안겨주었다. 그런데도 신자유주의의 주문은 한결같았다. "성장률을 높이고 경기를 부양하려면 허리띠를 더욱 졸라매야 한다. 임금을 인하하고 해고보호를 해지하고 모든 무역장벽을 철폐하며 기업의 조세 및 사회보장 분담금의 부담을 덜어주어야 한다." 그래서 신자유주의 경제학은 인간을 철저하게 수단으로 전락시키면서 괴롭히는 경제학이다.

제12꼼수

허수아비 때리기 — '학문적 기업이론'

재벌기업에 대한 정부의 규제를 현실과는 무관한 관념적 행태라고 비난하는 신자유주의 경제학자가 있다. 그가 제시하는 대안은 이른바 '학문적 기업이론'이다(참고문헌 〔17〕). 내용을 보자면 거래비용 이론이다. 거래비용을 절감하기 위해서 기업을 만든다는 것이다. 여기까지는 새롭지 않다. 그런데 정부가 기업을 규제하는 이유가 신기하다. 정부가 경제학 교과서에나 나오는 이상적인 기업상을 옆에 그려놓고 현실의 기업을 거기에 맞추기 위해서 규제하는 '열반의 오류'에 빠져 있다는 것이다.

'학문적 기업이론'이란 대기업이 계열사를 만들고 경제력을 남용하는 데에는 다 이유가 있으니 정부가 그것을 사전에 규제하려 하지 말고 그때그때 사안별로 사후 처벌하라는 것이고, 그 위법성은 국가가 입증책임을 져야 한다는 것이다. 기업의 거래비용을 절감하기 위해서 정부의 행정비용이 증가하는 것은 감안하지 않는 철저한 기업 이기주의이다. 원래 기업은 이익은 내 것으로 하고 비용은 국가에 떠넘기려는 본성을 가지니 그렇다 치자. '학문적 기업이론'에 내재하는 결정적인 약점은 허구성이다.

세상에 어떤 정부가 교과서에나 존재할 법한 이상적인 기업상을 옆에 세워두고 현실의 기업을 거기에 맞추는가? 이 '이론'에서 비판하고 있는 정부는 실존하는 정부가 아니라 '학문적 기업이론' 안에서만 존재하는 허구적인 정부이다. '이상적인 기업'을 상상하는 이상한 정부를 상상하고서는 그 정부를 비난하고 있는 것이다. 전형적인 '허수아비 때리기'이다. 정부에 의한 대기업 규제의 출발점은 경제학원론이 아니라 실제로 '법인격'을 가지고 활동하는 기업들의 행위이다. '학문적 기업이론'은 상상과 허구의 세계를 동원해서 대기업 이기주의를 합리화하려는 모델에 지나지 않는다.

비현실적인 가정에서 출발하는 것은 신자유주의 경제학의 전형적인 접근 방법이다. 현실과 동떨어진 몇 가지 가정을 설정해 모델을 만든 다음 가정은 잊은 채 현실에 그 모델을 적용하는 것이다. 이 신자유주의 논객처럼 '이상한' 정부에서 출발하면 당연히 "현실의 불완전한 시장을 이상적인 완전시장과 비교하며 법과 규제를 통해 현실을 뜯어고쳐 이상에 도달하고자 해도 도달하지도 못할 뿐만 아니라 오히려 현실을 왜곡하는" '열반의 오류'가 도출된다(참고문헌〔17〕). 그렇지만 이상적인 시장을 설정해 놓는 '이상한' 정부라는 가정만 제거하면 '열반의 오류'는 금세 사라진다. 정부가 "법과 규제를 통해 현실을 뜯어고치려는" 이유는 실제로 재벌기업들이 '이상한' 행동을 하기 때문이지 어떤 이상적인 기업상을 염두에 두고 있기 때문이 아니다. 이 논객은 정부가 규제에 관한 생각을 하도록 만든 원인이 재벌기업의 행태라는 사실은 숨기고 정부가 이상주의적 생각을 하다가 재벌 규제를 한다고 반발하고 있는 것이다. 정부가 사전적으로 규제하고 있는 담합이나 '납품가 후려치기', 기술 탈취, 일감 몰아주기 등 어느 것 하나 실제로 재벌기업들에 의해서 자행되는 불공정거래행위가 아닌 것이 있는가? 국가가 형법을 제정해서 처벌받을 행위 유형을 정해 놓은 것을 보고 마치 정부가 이상적인 인간상을 설정해 놓고 현실의 인간을 맞추려 한다고 주장하는 것이나 다름

없다. 정부가 기업에 관해 비현실적인 이상주의적 사고를 가졌는가, 아니면 '합리적 기업이론'이 '이상한' 정부를 상상하고 있는 것인가?

백번 양보해서 정부가 교과서에나 나오는 이상주의적 기업상에 집착해서 현실의 재벌기업에 대해 사전에 규제를 한다고 치자. 그렇다면 규제의 내용을 두고 시장경제질서의 확립과 유지에 기여하는 것인지를 하나하나 따져야 할 것이지 '사전적' 규제라는 이유만으로 반대해서는 안 될 것이다. 정부가 해서는 안 되는 행위라고 규제하는 담합과 납품가 후려치기, 기술 탈취, 일감 몰아주기 등이 해서는 안 되는 행위가 아니라 시장경제질서에 부합되는, 따라서 해도 되는 행위라는 근거를 제시하면서 이의를 제기해야 할 것이다. 성폭행범에게 전자발찌를 채우는 것이 범인의 인권을 침해한다는 주장도 있지만 전자발찌를 채우지 않아서 (잠재)피해자가 당할 인권 침해가 회복 불가능할 정도로 크기 때문에 전자발찌는 정당화되는 것이다. 재벌기업에는 한 차례의 기술 탈취에 지나지 않을 수 있지만 그로 인해 중소기업이 망한다면 그 피해는 회복되기가 거의 불가능하다. 그래서 기술 탈취는 당연히 사전에 금지되어야 하고 위반할 경우에는 징벌적 손해배상을 부과해야 하는 것이다.

끝으로 사전적 규제는 하지 말고 사후적 규제만을 하라는 주장은 한 마디로 궤변이다. 사전적 규제가 없는 사후적 규제는 불가능하기 때문이다. 담합을 예로 들어보자. 담합을 금지하는 사전적 규제가 없으면 재벌기업들이 실제로 담합을 했을 때 법적 근거가 없기 때문에 사후에 처벌할 수도 없게 된다. 사전적 규제란 사후적 규제를 위한 제도적 준비절차일 뿐이다. 사전적 규제는 하지 말고 사후적 규제만 하라는 '학문적 기업이론'의 주장은 결국 '법적 근거가 없는 규제'를 하라는 허무맹랑한 요구이거나 아니면 정부를 법치주의와 반대되는 행정편의주의의 함정에 빠뜨리려는 유혹일 뿐이다. 이처럼 공상과 궤변을 '학문적'이라 부르는 것이 신자유주의 경제학이다.

제13꼼수

오발탄 — "정치인은 기업인의 머슴"

정부는 재벌들을 규제할 자격이 없다고 주장하는 신자유주의 논객도 있다. 재벌에 대한 "수많은 비판의 대부분은 근거가 없고 사실이 아니며 정부와 정치권이 내세우는 정책으로는 자신들이 지적한 문제를 해결하기는커녕 오히려 개악시킬 뿐이다"(참고문헌 〔42〕). 구체적인 설명은 없고 선언만 있을 뿐이다. 그래도 이 신자유주의 논객의 논리를 한번 따라가보자. 왜 정부는 재벌을 규제해서는 안 되는지에 대해 첫째로, 정부와 정치인은 절대 무능하기 때문이라고 한다. 그것을 대한민국에서는 누구나 다 알고 있다고 한다.

> "우리 사회의 개혁대상 제1호가 관료와 정치인이라는 사실은 공감대가 형성된 지 오래이다. …… 기업과 기업인들은 언제나 상당한 경쟁력이 있는 것으로 나타나고 있다. 잘못하는 집단이 잘하는 집단을 호통치는 코미디가 연출되고 있는 셈이다."

'누가 재벌들에게 돌을 던질 것인가?'라며 정치권을 나무라고 있다. 흠결이 있는 사람은 다른 사람의 흠결을 나무랄 자격이 없는가? 얼마나 정부와 정치권이 무능하기에 재벌들에게 '호통'을 칠 자격도 없는 것일까?

"견제하고 감독하라고 설치한 기관들도 한통속으로 유착하여 국민의 세금을 낭비하거나 불량품 생산을 방조하고 있다. 수많은 위원회에서 혈세를 들여 작성되는 것은 탁상놀음의 로드맵이고 말의 유희와 성찬이 대부분이다"(참고문헌 〔42〕).

이쯤 되면 정부를 아예 없애는 것이 더 낫지 않을까? 그런데 이러한 정치인 폄하는 한국의 여론주도층의 생각과는 크게 다르다. 미국 홍보업체 에델만(Edelman)이 세계 26개국의 여론주도층을 설문조사한 결과에 따르면 한국 여론주도층은 기업에 대해 세계에서 가장 낮은 31퍼센트의 신뢰도를 보였다(『연합뉴스』, 2013년 1월 22일자). 평균치는 59퍼센트였다. 더욱 놀라운 사실은 한국 여론주도층의 정부에 대한 신뢰도는 44퍼센트로 기업 신뢰도보다 크게 높았다는 사실이다. 평균은 50퍼센트였다. 한국은 정부와 기업 사이의 신뢰도 격차가 가장 큰 나라였다. 이쯤이면 누가 누구를 비난해야 할지 판가름 난 셈이다.

두 번째 이유는 재벌들은 정부의 특혜를 받은 적이 없고 열심히 노력한 결과로 성장했기 때문이라고 한다.

"재벌이 왜 재벌이 되고 대기업이 왜 대기업이 되었는가? 관료와 정치가 같이 거드름을 피우고 위세를 부려서 그렇게 되었는가? 아니면 근로자, 중소기업가, 납품업자를 착취하여 그렇게 되었는가? 거드름 피고 위세 부리고 착취한 일 없다. 그러한 일이 없고 그러할 수도 없다. …… 오늘날과 같이 된 것이 정부가 주는 특혜 때문이라면 중소기업이 더 잘되어 있어야 한다"(참고문헌 〔42〕).

이쯤 되면 떼쓰기를 넘어 우격다짐이다. 재벌들도 낯간지러워 할 만한 아부다. 한국개발연구원(KDI)을 중심으로 구성된 '한국경제 60년사편찬위원회'가 2010년 발간한 『한국경제60년사』가 있다. 전체 5권으로 총 3,400쪽에 달하는 방대한 저술이다. 이 '60년사'도 지난 정부 정책에 대해서는 지나치게 인색하고 이명박 정부의 정책에 대해서는 관대한 서술이 군데군데 눈에 띈다. 그리고 역사는 언제나 현재의 시각에서 기술하는 것이라는 듯 정부 역할에는 인색하고 기업(가)에 대해서는 매우 관대한, '비즈니스 프렌들리한', 시장주의적 관점을 견지하고 있는 점도 눈에 두드러진다. 이러한 문제를 안고 있는 이 책에서도 재벌의 성장이 정부 지원에 힘입은 바가 크다고 적고 있다.

> "1960년대와 70년대에 한국은 **정부주도**의 성장전략을 채택하고 경제성장에 모든 노력을 기울였다. 그 중요한 수단은 금융억압, 높은 수입장벽, 독과점 보장 등이었으며, 이를 통해 **수출산업 및 중화학공업과 같은 특정 산업을 집중적으로 지원**하였다. 이 과정에서 한국경제는 유례없는 성장을 기록하였는데, 여기에는 경제주체들이 기존의 **비생산적 지대추구행위**에서 벗어나 생산적 활동에 매진하도록 한 정치적 리더쉽이 중요한 역할을 수행했던 것으로 보인다"(『한국경제60년사』, 제I권, 68쪽 이하, 강조는 필자).

한국의 경제성장을 설명할 때는 언제나 '정부 주도'라는 수식어가 붙는다. 부족한 자원(자본)을 정부가 '5개년계획'을 세워 특정 산업과 특정 기업에 배분했다. 이를 위해 각종 특별법이 제정되었다. 이는 동시에 이 '계획'에 포함된 생산물을 생산하는 기업가에게 막대한 특혜를 제공해 기업가군, '자본가계급'을 육성하는 과정이기도 했다. 자신의 탄생과 성장에 결정적인 도움을 주었던 정부의 역할을 부정하는 신자유주의 경제학의 자세는 마치 자식이 성인이 되었다고 부모와 조상을 부정하는 것과 같다.

정부가 재벌을 규제해서는 안 되는 세 번째 이유를 보면 흠잡을 데 없는 '오발탄'이다.

> "정치인과 관료는 국민과의 관계에서 기본적으로 국민의 대리인, 즉 머슴이다. …… 문제는 머슴에 불과한 관료와 정치인이 주인인 기업인 위에 군림하려는 데 있다. 많은 경우 머슴이 주인의 의사에 반하게 자신의 이익을 챙긴다"(참고문헌 〔42〕).

국민을 슬쩍 기업인으로 바꿔치기하고 있다. 기업인이 정치인의 주인인가? 정치인이 기업인의 머슴인가? 아마도 정치인을 머슴으로 부리고 싶어하는 재벌들의 속마음을 이 논객이 대변하고 있는 것으로 보인다. 하지만 주인은 국민뿐이다. 대한민국 헌법 제1조 제2항에 "모든 권력은 국민으로부터 나온다"라고 되어 있다. 주권재민론에서 권력이 기업인으로부터 나온다는 말은 없다. 기업인이 정치인과 관료의 주인이 될 때는 기업인의 자격으로서가 아니라 국민의 자격으로서이다. 더욱이 관료와 정치인들이 주인의 의사에 반해서 자신의 이익을 챙긴다는 주장인데, 정치인들이 부당한 이익을 챙길 수 있도록 도와주는 것은 과연 누구인가? 기업인, 특히 재벌들로부터 받는 뇌물이 한국 관료와 정치인 부패의 핵심이 아닌가? 주는 것은 괜찮고 받는 것만 나쁜 짓인가?

이 신자유주의 논객의 결론은 명확하다. 재벌들을 규제하려는 정책은 그만두라는 것이다.

> "영어에 길들이기(taming) 표현이 있다. 필자가 아는 한 길들이기의 대상은 정부 자체(taiming the government)이다. 정부가 기업을 길들이는 것은 자본주의 시장경제에서는 개념적으로 상상도 할 수 없는 사항이다. 기업을 길들이는 것은 소비자의 선호이고 기업 간의 경쟁이지 결코 정부의 몫이 아니다"(참고문헌 〔42〕).

"길들이기 표현"은 우리말에도 있다. 정부가 기업을 길들인다는 표현은 자극적인 말장난에 지나지 않는다. 국민이 아무리 주인일지라도 개개인이 나쁜 짓을 하면 법의 심판을 받게 되는 것과 마찬가지로 재벌기업도 나쁜 짓을 하면 당연히 벌을 받아야 한다. 정부의 그러한 권한은 당연히 자신이 섬겨야 하는 주인인 국민으로부터 위임받았다. 아무리 자본주의 시장경제라 할지라도 기업이 법 위에 군림할 수는 없다. 신자유주의 경제학의 태두 프리드리히 폰 하이에크가 말하는 법치주의가 기업의 초법적 지위를 뜻하지는 않는다. 정부의 정당한 법 집행을 길들이기로 비난하는 것이야말로 신자유주의 경제학의 '안하무인' 속내를 노골적으로 드러내는 언사이다. 정부와 정치권이 무능하고 부패하다면 유능하고 청렴한 정부와 정치권으로 교체해야지 정부더러 아무 행동도 하지 말라고 억눌러서는 안 된다. 신자유주의 경제학이 이처럼 정부 규제에 대해서 적대적인 이유는 스스로 가치 판단을 거부하는 척하면서 재벌들의 기득권을 옹호하기 때문이다.

"경제현상을 놓고 선한 것과 악한 것을 구분하려는 것만큼 경제현상을 이해하지 못하는 경우가 없다. 재벌경제가 따로 없으며 중산층 경제도 따로 존재하지 않는데, 재벌경제는 나쁘고 중산층 경제는 좋다는 식으로 자신들이 인식하고 이러한 몰이해를 남에게 강요하는 무지에서 벗어나지 않는 한, 우리는 제대로 된 경제정책을 가질 수 없다"(참고문헌 〔42〕).

경제는 수단이다. 수단에 관한 한 선악의 구분은 가능할 뿐만 아니라 반드시 필요하다. 사람의 삶을 편안하고 풍요롭게 만들어주는 경제는 좋은 경제이고, 사람을 핍박하고 죽음으로 내모는 경제는 당연히 나쁜 경제이다. 경제에 대한 선악 판단을 하지 말자는 주장은 현재의 경제를 고치지 말고 그대로 두자는 말이다. 결국 재벌경제를 고치지 말자는 결론이다. 이처럼 본심을 숨기고 가치중립을 가장하다 보니 이 논객은 하나의 문장 안에서 논리적 모순을 범하고 있다. 경제정책이란 언제나 바람직한 미래경제상을 설정하고 그것을 달성하는 데 필요한 다양한 정책수단을 선택하는 행위이다. 경제정책은 정부의 관점에서 '좋은' 경제를 목표로 해서 그 방향으로 발전시키려는 노력이다. 그러므로 '좋은 경제, 나쁜 경제'에 대한 가치판단이 없는 경제정책은 없다. 경제에 대한 가치판단은 부정하면서 '제대로 된 경제정책'을 바라는 것이야말로 연목구어이다. 경제에 대한 가치판단을 부정하려면 경제정책에 대해서도 '제대로' 되었는지에 대한 가치판단을 포기하고 모든 경제정책을 받아들여야 한다. 이 논객은 이해할 수 없지만, 재벌경제는 망하는 경제이고 중산층 경제는 흥하는 경제이다. 그래서 재벌경제는 나쁘고 중산층 경제는 좋다. 정부는 당연히 중산층 경제를 지향하는 경제정책을 펴야 한다.

제14꼼수

유체이탈화법 — 케인스 사망선고

신자유주의 경제학이 상황에 따라 무한한 변신을 일삼는다는 것은 경제(학)에 대한 가치판단에서도 나타나고 있다. '좋은 경제'와 '나쁜 경제'가 따로 없다고 주장하는 논객도 있지만(참고문헌 〔42〕), '좋은 경제학'을 주장하는 신자유주의 논객도 있다(참고문헌 〔20〕). 어떤 경제학이 '좋은 경제학'인가? 결론적으로 말하자면 케인스 경제학은 나쁜 경제학이고 '자유시장 경제학'이 좋은 경제학이다. 왜 그러한가? 이를 증명하는 데 객관적 사실을 숨겨서 인과관계를 호도하는 꼼수들이 동원되고 있다.

첫째로는 케인스 경제학이 2008년 금융위기에 대한 처방을 잘못했기 때문이라고 한다. 이 논객에 따르면 2008년 금융위기가 발생하자 각국은 케인스 경제학에 의거해 "천문학적 규모의 재정지출과 유동성을 풀었음"에도 불구하고 세계경제는 아직도 장기침체에서 벗어나지 못하고 있다. 이 논객에 따르면 "케인스적 처방이 옳았다면 지금쯤 세계경제는 회복되었어야" 하지만 아직 회복되지 않았다. 자유주의 경제학은 이미 "케인스적 처방은 경제를 살리기보다는 더 큰 위기로 몰고 갈 것이라고 꾸준히 경고했었다. 적어도 장기침체를 유발할 것이라고 했다"(참고문헌 〔20〕)라고 자찬한다.

지금 세계경제가 침체국면을 벗어나지 못하고 있는 것은 분명 사실이다. 그런데 신자유주의 경제학이 '장기침체'를 예견했다고 새삼 자랑할 일은 아니다. 장기침체를 케인스적 처방의 실패라고 진단할 일은 더더욱 아니다. 장기침체의 근본 원인은 바로 금융위기를 초래한 신자유주의 거품경제이기 때문이다. 만약에 정부지출 확대가 없었더라면 세계경제는 전대미문의 대공황에 빠졌을 것이다. 만약 정부가 통화증발과 재정지출 확대로 대응하지 않았더라면 세계경제는 침체 정도가 아니라 이미 대공황에 처해 있을 것이다. 각국 정부가 천문학적 재정지출로 겨우 목숨을 살려놓았더니 "아직도 건강하지 않다"라고 핀잔을 주고 있는 격이다.

작금의 장기침체에 이론적으로 책임을 져야 한다면 무한한 규제완화를 주장했던 신자유주의 경제학이 책임을 져야지 케인스 경제학에 책임을 물을 일이 아니다. 각국 정부가 재정적자(국가부채)가 악화되는 것을 염려한데다 미국 공화당처럼 바로 신자유주의 세력의 반대에 부딪쳐 충분한 경기부양조치를 취할 수 없었다는 사실까지 감안한다면 신자유주의의 책임은 가중된다. 오바마 정부가 정부지출 확대로 일자리를 창출하는 데 성공하면 오마바 재선에 도움이 될 것을 우려해 2012년 국채 한도를 증액하는 데 미국 공화당이 비협조적이었음은 널리 알려진 사실이다. 신자유주의 경제학은 금융위기의 발생뿐만 아니라 극복이 지연되고 있는 상황에 대해서도 책임을 져야 하는 것이다. 신자유주의 경제학자 스스로 "불황은 고통스럽지만 시스템을 균형으로 돌리기 위한 적응과정"으로 간주하고 있으니 지속적인 경기부양대책에는 반대하고 있는 것이다. 더욱이 이 지출마저 금융기관에 대한 구제금융으로 투입되었기 때문에 실제 경기부양에 기여한 부분은 크지 않았다는 사실까지 고려한다면 케인스주의 실패를 운운할 때는 더더욱 아니다. 그런데도 작금의 경기침체를 케인스주의의 실패로 주장하는 것은 '유체이탈화법'의 전형이다.

케인스 경제학이 '나쁜' 경제학인 둘째 이유는 금융위기 진단을 잘못했기 때문이라는 것이다. 유효수요의 부족으로 금융위기가 발생했다는 케인스적 진단이 틀렸다는 주장이다. 그 이유는 2003~07년에 미국의 "전 산업 평균 설비투자와 건설투자의 증가율이 각각 7.25퍼센트, 7.08퍼센트였다. 미국뿐만 아니라 다른 국가들에서도 투자가 꾸준히 증가했다"라는 점에서 유효수요의 급감은 없었기 때문이라고 한다. 이 주장은 2008년 위기가 왜 '금융위기'라 불리는지 망각하고 있는 꼼수이다. 위기가 발생한 직접적인 원인은 미국 서브프라임 모기지의 부실화라는 금융 요인이었다. 그러면 왜 서브프라임 모기지가 부실화되었는가? 그것은 바로 소비수요 급감과 거품경제 붕괴의 다른 표현이다. 이를 케인스 경제학을 '나쁜' 경제학으로 비난하는 세 번째 이유와 연관시켜 자세히 살펴보자.

세 번째 이유는 케인스 경제학은 앞뒤도 구분하지 못하면서 '시간' 개념을 무시하기 때문이라고 한다. 금융위기 이전에 왜 총수요가 감소했는지에 대한 설명이 없을 뿐만 아니라 금융위기가 발생하고 나서 "사후에 일어난 총수요의 감소를 사전에 발생한 것으로 오도하고"(참고문헌 〔20〕) 있다는 것이다. 과연 그러한가? 금융위기의 발발 과정을 찬찬히 들여다보자. 앨런 그린스펀(Alan Greenspan) 전(前) 미국 연방준비제도이사회 의장은 재임 당시 '마이더스의 손'으로 불릴 정도로 저금리정책을 이용해 경기침체에 선제적으로 대응함으로써 미국의 경제성장을 이끌어왔다는 평가를 받았다. 훗날 금융위기가 발생한 후 미국 의회의 증언에서는 잘못을 시인했지만. 시중에는 유동성이 넘쳐났고 소비자들은 '집값의 꾸준한 상승'에 대한 기대감을 가지고 빚을 내서 부동산 투기에 몰두했다. 주택수요가 증가하니 당연히 건설투자도 증가했다. 금융위기 직전까지 미국이 대규모 무역적자에도 불구하고 경제성장을 할 수 있었던 이유이다. 그런데 소비자의 주택수요 증가가 소득증가가 아니라 담보대출로 뒷받침되면서 '거품경제'가 형성되었다. 이 과정에서 발생한 금융기관이나 소비자의 온갖 도덕적 해이나 방만함에 대해서는 가히 책을 쓸 만하다. 소득도 직업도 없는 소비자에게도 주택을 담보로 이루어진 '묻지마' 대출, 즉 'NINJA'(No Income No Job) 대출, 주택가격 상승을 기대하면서 집값의 100퍼센트를 초과해서 이루어진 대출, 상환능력이 없을 경우 담보물만 채권은행에 넘기면 채무상환의무가 면제되는 대출관행은 그 몇 가지 예에 지나지 않는다. 이러한 거품경제가 지속될 수 없다는 것은 너무나도 명확하다. 미국 연준이 인플레이션을 우려해 기준금리를 인상하기 시작하자 서브프라임 모기지에서부터 부실채권이 발생하기 시작했다. 이는 곧 주택수요의 감소와 유효수요의 감소를 초래했다. 이에 따라 주택가격이 하락하기 시작했고, 이는 담보물 가치의 하락을 의미했으며 곧바로 대출 중단 및 회수로 이어졌다. 주택수요 감소 → 주택가격 하락 → 주택담보대출 부실화 및 주택시장 공급 증가 → 가격 하락의 악순환이 일면서 금융회사의 부실화가 연쇄적으로 나타났고, 이것이 금융위기의 시작이었다. 따라서 유효수요가 증가했음에도 불구하고 금융위기가 발생했다는 이 논객의 상황 진단은 저금리 → 유동성 팽창 및 '거품' 유효수요 증가 → 인플레이션 우려 → 금리 인상 → 부실채권 증가(＝유효수요 감소) → 주택가격 하락(＝거품 붕괴) → 주택담보대출 부실화 → 금융회사 부실화 → 금융위기라는 인과관계에서 바로 유효수요의 감소를 의미하는 부실채권 증가와 그에 따른 거품 붕괴를 금융위기의 발생 과정에 대한 설명에서 빠뜨린 결과이다. 금융위기를 금융시스템의 붕괴 및 작동능력의 상실로 이해한다면 그것을 초래한 직접적인 원인은 바로 주택시장의 거품 붕괴와 유효수요의 급감인 것이다. 금융위기가 발생하면서 유효수요가 추가적으로 감소한 것도 사실이지만 금융위기가 발생하기 직전에도 유효수요는 급감했다. 따라서 유효수요 급감이 금융위기를 초래했다는 케인스적 진단은 정확하다. 신자유주의 논객이 위기 발생의 인과관계에서 유효수요가 실제로 급감한 '시간'을 슬쩍 뛰어넘으면서 마치 없었던 것처럼 숨기는 꼼수를 발휘하고 있을 뿐이다. 케인스 경제학이 금융위기 "사후에 일어난 총수요의 감소를 사전에 발생한 것으로 오도하고" 있는 것이 아니라 신자유주의 논객이 금융위기 직전에 유효수요가 급감한 '시간'이 있었다는 사실을 숨기고 있을 뿐이다. 그래서 자신의 꼼수를 상대의 꼼수로 무고하는 유체이탈화법에 빠져 있다.

케인스 경제학의 종말을 서둘러 선언하는 신자유주의 경제학자는 또 있다. 그는 "케인스적 처방전이 극심한 부작용을 초래하면서 폐기 수순을 밟고 있다고 할 때 그 대안은 무엇인지, 나아가 민간부문의 역할이 어떤 식으로 증대되고 제고되어야 하는지에 대한 논의가 보다 활발하게" 이루어져야 할 필요성을 제기하고 있다(참고문헌〔26〕).

아마도 1970년대에 쓰였더라면 적지 않은 지지를 받았을 것 같은 주장이다. 그런데 이 글은 2012년에 쓰였다. 이 논객도 시간을 초월하는 꼼수를 부리고 있다. 처음에는 "대공황 이후 현재까지 선진국을 포함한 각국 정부들이 재정적자를 무서워하지 않고 남발하면서 국가부채 규모를 엄청나게 늘렸다"라고 주장한다. 그러나 다른 한편에서는 "2008년 글로벌 금융위기를 경험하면서 세계 각국은 즉시 케인스적 처방을 도입했고 재정적자를 기록하면서 지출을 늘리고 양적 완화를 통해 돈을 찍어내는 식의 팽창적 정책으로 전환했다"라고 적고 있다. 앞에서는 "대공황 이후 현재까지" 케인스주의가 경제정책을 지배했다는 듯이 설명하다가 뒤에서는 2008년 이후 다시 도입된 것으로 주장하고 있는 것이다. 재정적자의 책임을 전부 케인스주의에 뒤집어씌우려다 보니 시기가 오락가락하고 있다. 먼저 1929년 대공황 이후 현재까지 재정적자가 계속 증대했다는 것은 사실이 아니다. 미국의 재정적자는 제2차 세계대전 동안 크게 증가했다가 전후 줄어들었고, 1960~70년대에는 거의 일정한 수준에 머물렀다. 그러다가 다시 빠른 속도로 증가하기 시작한 것은 1980년대 레이건 정부의 출범과 정확하게 일치한다. 레이건 정부는 주지하는 바와 같이 신자유주의를 정책이념으로 채택한 정부였다. '작은 정부론'을 내세우며 감세와 지출감축을 표방했지만 지출감축보다 감세가 큰 폭으로 이루어졌기 때문에 재정적자는 눈덩이처럼 불어났다. 그래서 '레이건 적자'라 불린다. 2008년 이전에 "재정적자를 무서워하지 않고 남발하면서 국가 부채규모를 엄청나게 늘렸"던 정부는 아이러니하게도 '작은 정부론'을 입에 담고 살았던 바로 신자유주의 정부였다. 따라서 글로벌 금융위기 직전까지 30년 동안의 재정적자 증가를 케인스 경제학 탓으로 돌리는 것은 완전한 사실왜곡이다. 그리고 2008년 이후 늘어난 재정적자는 글로벌 금융위기를 뒷수습하기 위한 불가피한 결과였다. 결국 "빚 무서운 줄 모르고 써대다가 결국 한순간에 폭삭 소리가 나는 모습을 보며 가계와 기업만이 아니라 정부도 이제는 빚을 무서워할 줄 알아야 한다는 뼈저린 교훈"(참고문헌 〔26〕)을 들어야 할 경제학은 신자유주의 경제학이지 케인스 경제학이 아니다. 종말을 고해야 할 것은 겉으로는 '작은 정부'를 내세우면서도 천문학적 재정적자를 남겨준 위선적인 신자유주의 경제학이다. 신자유주의 논객의 유체이탈화법이다.

| **참고문헌** |

〔1〕 강성원(2011), "무상복지의 장기비용 추계", 한국경제연구원, KERI Insight, KERI 정책제언 11-02.

〔2〕 김필헌(2010), "PIIGS 국가부도 위기의 교훈", 한국경제연구원, KERI 정책제언 10-11.

〔3〕 김상겸(2012), "헌법이 말하는 경제민주화", KERI Column, 2012년 11월 2일.

〔4〕 김이석(2012), "하이에크의 「노예의 길」과 경제민주화", 한국경제연구원, KERI Column, 2012년 10월 24일.

〔5〕 김인영(2012), "독재 스타일 경제민주화", KERI Column, 2012년 10월 31일.

〔6〕 김정호(2012), "기존의 경제민주화 조치부터 잘 챙겨보라", 한국경제연구원, KERI Column, 2012년 10월 17일.

〔7〕 김창배 · 최남석 · 유정선(2012), "유럽위기 확산이 한국경제에 미치는 영향", 한국경제연구원, KERI 정책제언, 12-03.

〔8〕 김행범(2012), "정치도 경제도 망하게 하는 경제민주화", 한국경제연구원, KERI Column, 2012년 9월 24일.

〔9〕 김현종, "기업집단 계열사 간 거래의 효율성과 시사점", 한국경제연구원,

KERI Brief 11-22, 2011년 9월 16일.
〔10〕 민경국(2012a), "총선이 화려한 축제가 될 수 없는 이유", 한국경제연구원, KERI Column, 2012년 4월 9일.
〔11〕 민경국(2012b), "김종인씨와 독일의 경제민주화 개념", 한국경제연구원, KERI Column, 2012년 9월 26일.
〔12〕 박동운(2012), "'경제민주화'를 내세운 선동은 중단되어야 한다", KERI Column, 2012년 4월 18일.
〔13〕 박정수(2012), "국가는 왜 실패하는가?", 한국경제연구원, KERI Column, 2012년 4월 18일.
〔14〕 송원근(2012), "경제민주화와 관료주의", 한국경제연구원, KERI Column, 2012년 11월 19일.
〔15〕 신석훈(2012a), "성역이 되어버린 '경제민주화'", 한국경제연구원, KERI Column, 2012년 6월 25일.
〔16〕 신석훈(2012b), "경제민주화와 진보주의(Progressivism)의 부활", 한국경제연구원, KERI Column, 2012년 10월 5일.
〔17〕 신석훈(2012c), "대기업정책과 '열반의 오류'(Nirvana Fallacy)", 한국경제연구원, KERI Column, 2012년 5월 4일.
〔18〕 신중섭, "'경제민주화'는 마법의 언어인가", 한국경제연구원, KERI Column, 2012년 9월 19일.
〔19〕 안순권(2011), "제2의 리먼 사태 가능성 점검과 정책 대응", 한국경제연구원, KERI Column, 2011년 9월 28일.
〔20〕 안재욱, "좋은 경제학이 필요하다", KERI Column, 2011년 9월 30일.
〔21〕 이종욱(2011), "국가 미래보다 득표 영합의 무상지원, 진보 또는 무지의 상징인가?", 한국경제연구원, KERI Column, 2011년 12월 21일.
〔22〕 오정근(2012a), "절망의 천만 구직자와 경제민주화", 한국경제연구원, KERI Column, 2012년 8월 3일.
〔23〕 오정근(2012b), "일자리가 시대정신이다", 한국경제연구원, KERI Column, 2012년 12월 7일.
〔24〕 오정일(2011), "20만 원, 수치심의 가격: 무상급식에 대한 하나의 견해", 한국경제연구원, KERI Column, 2011년 8월 31일.

〔25〕 오정일(2013), "대통령 선거의 사회적 비용", 한국경제연구원, KERI Column, 2013년 1월 14일.

〔26〕 윤창현(2012), "케인스적 처방전의 시대가 저물고 있다", 한국경제연구원, KERI Column, 2012년 9월 2일.

〔27〕 이병기(2010), 『고용보호 완화와 기업의 투자변화: 실증분석과 사례연구』, 한국경제연구원, 연구 10-03.

〔28〕 이병기(2011), "대기업의 현금보유 및 투자 변화 추이와 시사점", 한국경제연구원, KERI Brief 11-18, 2011년 7월 7일.

〔29〕 이병기(2012a), "대기업 성장의 낙수효과 현실과 과제", 한국경제연구원, KERI Brief 12-05, 2012년 8월 9일.

〔30〕 이병기(2012b), "글로벌 경쟁력 관점에서 보아야 할 대기업정책", KERI Column, 2012년 9월 5일.

〔31〕 정규석(2012), "글로벌 기업을 쫓아내는 경제민주화", 한국경제연구원, KERI Column, 2012년 9월 5일.

〔32〕 장석인 외(2010), 『주요산업별 대중소기업 성과 및 거래구조 분석과 정책적 시사점』, 산업연구원, 정책자료 2010-132, 2010년 12월.

〔33〕 전삼현(2012), "경제민주화와 일자리 창출", 한국경제연구원, KERI Column, 2012년 11월 7일.

〔34〕 전용덕(2012), "김종인 위원장의 경제민주화에 대한 비판", 한국경제연구원, KERI Column, 2012년 11월 5일.

〔35〕 조경엽(2012a), "녹색성장을 빌미로 한 제2차 좌편향 경쟁 우려된다", 한국경제연구원, KERI Column, 2012년 2월 15일.

〔36〕 조경엽(2012b), "미국 공화당 대선후보 경선이 주는 교훈", 한국경제연구원, KERI Column, 2012년 3월 19일.

〔37〕 조성봉(2012), "민주적이지 못한 경제민주화", 한국경제연구원, KERI Column, 2012년 10월 10일.

〔38〕 조하연(2012), "반값 등록금과 무상시리즈에 대한 진단과 해결안", KERI Column, 2012년 1월 13일.

〔39〕 좌승희(2012a), "한국의 경제민주화", KERI Column, 2012년 11월 9일.

〔40〕 좌승희(2012b), "헌법을 왜곡하고 있는 경제민주화 논의", KERI Column, 2012년 11월 12일.

〔41〕 좌승희(2012c), “경제민주화는 오늘날 경제 어려움의 뿌리”, KERI Column, 2012년 11월 14일.

〔42〕 최광(2012a), “정치하기 쉬운 나라, 기업하기 힘든 나라”, KERI Column, 2012년 2월 24일.

〔43〕 최광(2012b), “민주주의와 시장경제는 근본이 다르다”, KERI Column, 2012년 10월 29일.

〔44〕 한순구(2012), “부국강병의 길 : 효율이 비효율을 대체할 수 있어야”, 한국경제연구원, KERI Column, 2012년 7월 30일.

〔45〕 현진권(2012a), “복지는 성장을 위한 정책이 아니다”, 한국경제연구원, KERI Column, 2012년 3월 9일.

〔46〕 현진권(2012b), “경제담합 막는 ‘공정거래법’은 있는데 왜 정치 담합 막는 ‘공정정치법’은 없는가”, 한국경제연구원, KERI Column, 2012년 6월 4일.

〔47〕 현진권(2012c), “경제학자도 모르는 경제민주화”, 한국경제연구원, KERI Column, 2012년 9월 17일.

〔48〕 황상현, “‘2013년 균형재정’ 달성, 지출 축소부터……”, 한국경제연구원, KERI Column, 2011년 8월 26일.

〔49〕 황상현, 『세수입의 한계비용과 재정건전성에 대한 시사점: 부가가치세와 소득세를 중심으로』, 한국경제연구원, 연구 11-07, 2011년.

〔50〕 황수연, “경제민주화의 어의 분석”, 한국경제연구원, KERI Column, 2012년 9월 21일.

〔51〕 황인학(2011), “대기업이 되고 싶지 않은 160가지 이유”, 한국경제연구원, KERI Column, 2011년 9월 21일.

Afheldt, Horst(2003), *Die Wirtschaft, die arm macht. Vom Sozialstaat zur gespaltenen Gesellschaft*, München.

Alesina, Alberto(2000), “The political economy of the budget surplus in the US”, *NBER Working Paper* 7496.

Asmussen, Jörg, Verbriefungen aus Sicht des Bundesfinanzministeriums, in: *Zeitschrift für das gesamte Kreditwesen*, 2006. 10. 1, pp. 1016~18.

Atkinson, Anthony/Thomas Piketty/Emmanuel Saez(2011), "Top Incomes in the Long Run of History", in: *Journal of Economic Literature*, vol. XLIX, March 2011, pp. 3~71.

Bundesministerium für Wirtschaft und Technologie(2011), "Allgemeine Wirtschaftspolitik: Schlaglichter der Wirtschaftspolitik", *Monatsbericht*, Juni 2011.

Cogan, John F./Tobias Cwik/John B. Taylor/Volker Wieland(2010), "New Keynesian versus old Keynesian government spending multipliers", *Journal of Economic Dynamics and Control*, vol. 34, Issue 3, March 2010, pp. 281~95.

Deutsche Bundesbank, "Asset-Backed Securities in Germany: The Sale and Securitisation of Loans by German Credit Institutions", in: *Monatsbericht der Deutschen Bundesbank*, Juli 1997, pp 55~64.

Flassbeck, Heiner/Friederike Spiecker, "Greenspans Politik war es nicht: Realwirtschaftliche Ursachen der Finanzkrise", in: *Wirtschaftsdienst*, no. 12, pp 805~09.

IMF(2008), Fiscal Policy for the Crisis, IMF Staff Position Note, SPN/08/01, Dec. 29.

Lenz, Rainer(2012), Der Finanzmarkt braucht keine Banken, Plädoyer für eine grundlegende Finanzreform, Friedrich-Ebert-Stiftung, *Internationale Politik- analyse*, Berlin 2012. Online : http://library.fes.de/pdf-files/id/ipa/09203.pdf.

Shiller, R. J.(2008), *The Subprime Solution - How Todays Global Financial Crisis Happened, and What to Do about it*, Princeton.

Schnabl, Gunther/Holger Zemanek(2011) Deutsche Wiedervereinigung und europäische Schuldenkrise, *WiSt - Wissenschaftliches Studium* 40 (12), pp. 636~43.

Wikipedia, "Laffer Curve", 2012. 12. 17.